上海开放大学学术专著出版基金资助

教育改进：
我国应用型高校课程建设研究

Research on Curriculum Development in Application-Oriented Colleges and Universities in China from the Perspective of Educational Improvement

秦一鸣 著

天津出版传媒集团
天津人民出版社

图书在版编目（CIP）数据

教育改进 ：我国应用型高校课程建设研究 / 秦一鸣著. -- 天津 ：天津人民出版社, 2024. 12. -- ISBN 978-7-201-20627-1

Ⅰ. G642.3

中国国家版本馆 CIP 数据核字第 20250PC673 号

教育改进:我国应用型高校课程建设研究

JIAOYU GAIJIN:WOGUO YINGYONGXING GAOXIAO KECHENG JIANSHE YANJIU

出　　版　天津人民出版社
出 版 人　刘锦泉
地　　址　天津市和平区西康路35号康岳大厦
邮政编码　300051
邮购电话　(022)23332469
电子信箱　reader@tjrmcbs.com

责任编辑　佐　拉
封面设计　景　洋

印　　刷　天津新华印务有限公司
经　　销　新华书店
开　　本　710毫米×1000毫米　1/16
印　　张　17.75
插　　页　2
字　　数　220千字
版次印次　2024年12月第1版　2024年12月第1次印刷
定　　价　89.00元

自 序

在高等教育日新月异的今天,应用型高校作为培养适应经济社会发展需求的高素质应用型人才的重要基地,其课程建设的重要性不言而喻。然而,随着科学技术的迅猛更新迭代,各行各业正以前所未有的速度经历着深刻变革,新技术、新业态层出不穷,对就业市场和人才需求提出了前所未有的严峻挑战。传统行业加速转型,新兴领域蓬勃兴起,不仅要求劳动者具备扎实的专业知识和技能,更需要他们具备持续学习、创新应变的能力。面对这样的现实背景,本书《教育改进:我国应用型高校课程建设研究》应运而生,旨在深入探讨我国应用型高校课程建设的现状、如何有效应对科学技术发展带来的新挑战,以及针对当前严峻的就业和人才问题提出的针对性改进策略。通过本书,期望能够为推动我国应用型高等教育的持续健康发展,培养出更多符合时代需求、具备创新精神和实践能力的高素质人才贡献绵薄之力。

随着全球化和信息化的加速推进,社会对人才的需求日益多元化和专业化。应用型高校作为高等教育体系中的重要组成部分,承担着培养具备扎实专业知识、良好实践能力和创新精神的应用型人才的重任。然而,当前我国应用型高校在课程建设方面仍面临诸多挑战,如课程内容陈旧、评价体系不完善、实践教学环节薄弱等,这些问题严重制约了应用型人才培养的质量。

鉴于此,本书从教育改进的视角出发,系统分析了我国应用型高校课程建设的现状,深入剖析了存在的问题及其成因。本书综合运用了文献分析、实证研究、案例分析等多种方法,以应用型高校课程建设的“规划”(Plan)环节、“执行”(Do)环节、“评价”(Check)环节和“总结再行动”(Action)环节为主要研究内容,构建出课程建设的PDCA教育改进循环,从而完整呈现当前我国应用型高校课程建设的路径。

在“规划”环节,经由国家层面和省级层面政策文件的内容分析和文本分析,本书在使用词频和编码方式构筑的政策逻辑框架基础上,发现当前国家和省级政策对应用型高校课程建设的目标重点是专业设置、实践与就业和师资队伍建设三个块面。同时也发现了两个层面之间存在的差异,尽管存在少部分政策转化不够深入,但省级层面的政策已经将制度设计和宏观要求,转化成在本省市具有可行性的课程建设目标。

在“执行”环节,本书选取了30个应用型高校作为样本,针对课程建设方案(人才培养方案和课程方案),使用文本分析的方式展开研究,获得了当前应用型高校在执行层面具备的特征:挖掘本校课程特色、具有系统课程开发意识、重视实践实训与校企合作课程、注重“双师型”教师队伍建设、加强课程建设的制度与政策跟进等。并围绕“规划”环节的三个重点块面初步形成了课程建设执行路径图谱。整体上,“规划”环节关注的政策目标与要求重点基本能够在应用型高校得到实践,并且取得了良好的实施效果。在此基础上,针对样本中具有特色的应用型高校课程建设模式进行实践案例的分析,共获得协同推进式、信息技术式和同伴互助式三个具有推广和借鉴意义的建设模式,分别对应校企合作课程建设、课程信息化建设、课程主体建设三个不同层面。

在“评价”环节，依据“规划”环节和“执行”环节中总结出的应用型高校课程建设的关注重点，本书对学生和教师展开实证调查，形成了体系较为完整的、逻辑较为科学的学生问卷和教师访谈提纲。通过对调查结果的量化与质性分析获得了师生双方对课程建设的评价。研究发现，学生层面，当前课程数字化建设情况较好，学生对于创新创业课程、实训实践课程的参与热情高，但对应用型高校课程整体的目标、体系了解不够；教师层面，受高校自主权的影响，当前应用型高校课程建设的实践压力较大，课程系统中各个环节的评价方式与评价制度是制约课程建设发展的重大阻碍，当前的课程设计与内容仍然不能适配就业需要。

在“总结再行动”环节，重点针对“评价”环节中分析得出的结果，结合“规划”“执行”环节中已经发现的问题，围绕几个层次提出改进建议：在政策方面应引领和支持应用型高校课程建设，在高校方面应以学生为中心多元设置课程体系，在行业企业方面应提高其在课程建设中的参与度，在教师方面应重视教师在课程建设中的主体地位等，从而全面支持应用型高校课程建设的持续发展，不断推进应用型高校人才培养质量提升的进程。

在撰写过程中，笔者深感应用型高校课程建设是一项系统工程，需要政府、高校、行业企业等多方面的共同努力。应用型高校课程建设是一个持续不断的过程，需要不断地进行反思和改进。本书虽然提出了一些改进策略和建议，但仍有待于在实践中进一步检验和完善。希望本书的出版能够引起更多学者和实践者对应用型高校课程建设的关注和思考，共同推动我国应用型高等教育的蓬勃发展。

秦一鸣

2024年11月

引　言

引导部分地方普通高校向应用型转变是我国高等教育改革发展过程中的一件大事。对于高等教育适应和服务经济新常态，助力创新创业、产业转型和国家一系列重大经济战略的实施有着十分重要的意义。[1]围绕应用型人才培养，应当教给年轻一代什么？是高校转型中需要通过课程建设回答的一个重要问题。人们以前未能以一种经过细心思考的实际计划或“预期的课程”的方式对这一问题作出有力的回答。应当看到，课程问题绝不仅仅是一个教育上的问题或教学上的问题，它具有政治的、意识形态的、社会的和经济的含义。[2]在应用型高校中，课程应该体现那些被人们视为有价值的关于人类文化的观点，人们以它为媒介把自然界和社会的各种知识系统地传授给年轻一代。现在，科学知识及其应用的大爆炸和传统上对抽象知识、理论知识和实践知识的严格区分正在消解，使从不断增长的人类智慧和知

---

① 孙诚：《引导部分普通本科高校向应用型转变势在必行》，2016年4月7日，[2021-10-15].http://www.moe.gov.cn/jyb_xwfb/moe_2082/zl_2015n/2015_zl58/201511/t20151115_219016.html.

② ［英］菲利浦·泰勒、科林·理查兹：《课程研究导论》，王伟廉、高佩译，春秋出版社，1989年，第81页。

识中选择有价值的内容的任务变得尤为艰巨。[①]我国高等教育普及化高速发展,对于应用型高校来说,传统意义上高等教育课程建设路径已经不能承载当前人才培养的需要,教育改进势在必行。

为了更为细致全面地展现应用型高校课程建设的历史、现状、挑战与未来发展等多维度的情况,本书以“教育改进学”为主要视角,将应用型高校课程建设作为系统进行分析,以整体的视角把系统当作相互作用的动力源,拆解其内部包含许许多多相互作用的过程。[②]基于已有的模型并结合当前应用型高校的实践情况,绘制出本书的改进图谱。而课程理论则作为基础性理论,支撑本书对课程本身的探讨,从而完善应用型高校课程建设的路径。

“教育改进学”是一个相对新的概念,理论基础和实践探索相对较少,所以究竟如何能够解释与指导应用型高校课程建设,通过何种方式来对应用型高校课程进行分析与梳理,是本书需要解决的难题,因此有必要对本书的架构进行详细的解释说明。在理论梳理和文献探讨的基础上,本书主要参考教育改进学PDCA模型来构建基本框架。自改进学嵌入PDCA循环模式中,历经近20年的发展,它的经验充分证明了PDCA模型能够适用于所有类型的组织以及组织中的各个环节,为应用知识理论指导的改进方法和工具提供框架,从而为人们提供了一种简单的方法,使他们能够采取行动,从而在实际的学习中产生有用的结果。[③]作为改进图谱的一种方式,PDCA教育改进循环是用于持续改进方法的基础工具,使用PDCA周期来理解和改变系统和组织。在各个环节中通过持续反馈形成循环,这些循环具备的灵活性

---

① [英]B.霍尔姆斯、M.麦克莱恩:《比较课程论》,张文军译,教育科学出版社,2001年,第2~3页。

② [美]艾伦·C.奥恩斯坦、[美]费朗西斯·P.汉金斯:《课程:基础、原理和问题》(第三版),柯森译,江苏教育出版社,2002年,第6~8页。

③ Moen R., Norman C., Evolution of the PDCA cycle, *Asian Network for Quality Conference(Tokyo)*, 2006, 09.

质使它们能够在不同的环境中使用。[①]PDCA教育改进循环的四个阶段不是只执行一次,而是反复执行。系统建立后,问题得到解决,同时对系统进行优化。当四个阶段全部完成时,PDCA教育改进循环将再次从第一阶段重新开始。系统通过这种方式持续进行评估,从而实现螺旋上升和持续优化的目的。[②]随着时间的推移,这些微小的变化结合在一起,产生更大的改进,同时解决存在的环境约束与限制,从而建立全系统的持续学习能力。[③]这一模型可以帮助我们建设一个开放且具有发展能力的改进图谱。

在课程系统内,参考相关高等教育课程的PDCA教育改进循环研究,[④]本书在内容层面主要分为三个大的块面。首先,通过历史梳理和内容分析探索政策对课程建设的要求,即当前课程建设的政策"规划"(Plan);其次,在高校层面对应用型高校课程建设的执行情况进行分析,并重点分析了相关特色案例,探讨"改进"是如何发生的,即课程建设实践的"执行"(Do)情况;接着,针对当前课程建设的情况展开实证调查,了解师生对课程建设的"评价"(Check);最后,对形成的应用型高校课程建设进行总结,并提出相关政策建议以促进应用型人才培养质量的持续提升,即"总结再行动"(Action)。通过系统地分析,整体上形成一条我国应用型高校课程建设的路径,促进当前政策目标的改进乃至新的课程目标的制定,进而产生新的改进循环(见图引-1)。

---

① Cohen-Vogel L., Tichnor-Wagner A., Allen D., et al., Implementing educational innovations at scale: Transforming researchers into continuous improvement scientists, *Educational Policy*, 2015, 29(1).

② Vogel P A., Vassilev G., Kruse B., et al., PDCA cyclus and morbidity and mortality conference as a basic tool for reduction of wound infection in colorectal surgery, *Zentralblatt fur Chirurgie*, 2010, 135(4).

③ Morris A. K., Hiebert J., Creating shared instructional products: An alternative approach to improving teaching, *Educational Researcher*, 2011, 40(1).

④ Asif M., Raouf A. Setting the course for quality assurance in higher education, *Quality & Quantity*, 2013, 47(4).

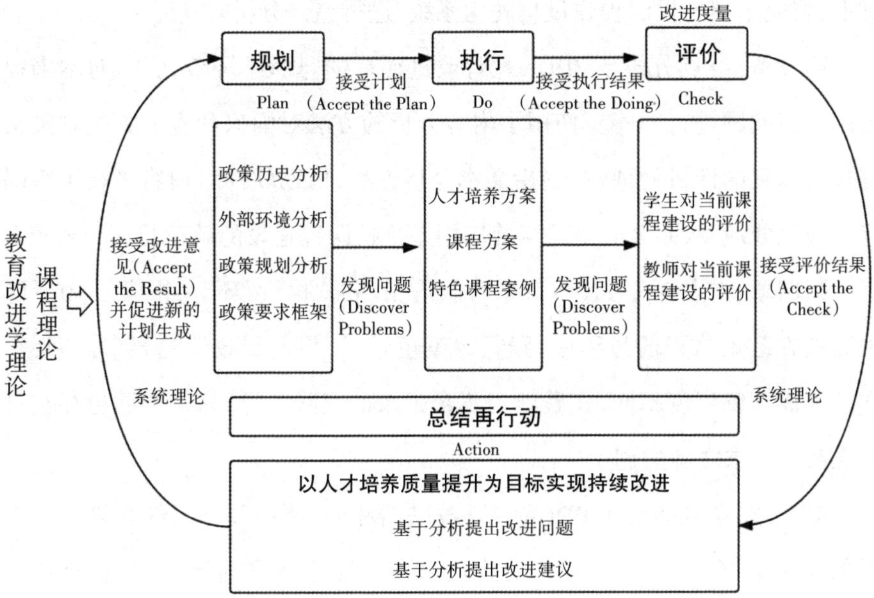

图引-1 本书的分析框架图

在这一过程中，大循环套中循环、中循环套小循环，环环转动，相互促进。各层次循环紧密联系，互相推动，使整体质量不断提高。[①]但这种循环并不是一蹴而就的，也不是以水平、均速的方式推进改进的发生，在过程中存在各种各样的问题，如国家要求与地方政策之间的不匹配，高校执行上存在的实际困难以及对改进要求理解的偏差等。具体到课程实践上，也存在国家理解的课程、高校理解的课程、教师理解的课程与学生理解的课程之间的异化。但整体上，在一以贯之的政策目标的指引下，应用型高校课程的改进正在持续发生，形成了一条中国特色的应用型高校课程建设路径。

在各章的内容上，第一章和第二章首先通过文献梳理和理论探讨解决理论问题，明确应用型高校课程建设蕴含的教育改进内涵，在理论建构的基

① 李波：《PDCA循环理论在高校教学质量管理体系中的应用》，《现代教育科学》，2010年第5期。

础上,将应用型高校课程建设理解为系统,进行整体分析。

第三章,重点分析了PDCA教育改进循环的“规划”环节,尝试对本书提出的政策问题进行回答。使用了内容分析的方法对国家和省级相关政策文本进行细致的计量处理,并使用文本分析方法,借助软件对内容进行了编码和可视化处理,从而全面呈现当前应用型高校课程建设的政策目标与要求。

第四章,重点探究了PDCA教育改进循环的“执行”环节,探索了30所样本高校在政策执行的过程中,践行政策逻辑时,与宏观政策的要求之间,存在一方面理解程度不同、实践能力不足带来的实践差异,另一方面也存在自身在政策要求之外的创生。

第五章,重点研究了PDCA教育改进循环的“评价”环节,综合来自多方面的实证数据,深入了解师生对应用型高校课程建设的评价,挖掘存在的问题。

第六章,综合讨论了PDCA教育改进循环的“总结再行动”环节,在前三个环节的基础上,重点针对“评价”环节中发现的问题,尝试对建议问题提出基于本书的改进建议,促进人才培养质量的提升。

第七章,对研究进行总结,提出本书的主要结论,并探讨了研究局限与研究展望。

整体来看,本书以实践和理论为主要依据,通过对政策内容的深入分析与讨论,梳理出政策层面对应用型高校课程建设的要求与目标,再针对“执行”环节的实施和效果进行讨论,最终形成当前我国应用型高校课程建设从理论到实践、从政策到执行的脉络,以期对课程持续的质量提升带来帮助。

总体来说,本书是基于前沿理论教育改进学,针对应用型高校课程建设的政策设计与实践执行的研究,在理论上最大的目的在于完善应用型高校课程建设的理论探讨。当前对于应用型高校课程建设的实践研究较多,但对于应用型高校课程建设分析的理论视角和路径探讨相对匮乏。

第一,当前在应用型高校的课程建设层面,存在很大程度上理论不清的问题,有关应用型高校自身概念的混乱也影响了课程建设理论基础的建构,因此在概念厘清的基础上,通过历史梳理和原因分析深入探讨了在课程系统外,社会对应用型高校人才培养产生的作用以及这些作用又是如何影响课程建设,从而有助于丰富应用型高等教育课程理论的发展。

第二,本书从教育改进学的理论视角出发,将课程基本理论、课程系统理论融入PDCA教育改进模型,创新使用质性和量化结合的研究方法,通过对政策的话语分析、高校人才培养和课程方案的文本分析以及案例的探讨,结合学生和教师两个层面对于当前应用型高校课程建设的评价,丰富和完善教育改进学在高等教育领域的应用,最终形成了具有中国特色的应用型高校课程建设的教育改进学理论框架,从而为本书话题提供理论参考。

在实践上,本书的目的在于能够在政策与实践两个层面对应用型高校课程建设提供帮助。首先,我国应用型高校转型发展的政策背景之下,课程自身也有转型和改进的需求,原有的高等教育课程体系已经无法适应现实需要,本书通过对课程建设的系统分析,使用PDCA教育改进模型集中探讨了当前系统内存在的特点和问题,以期为教育改进的持续发生提供进一步的行动依据。其次,当下并没有针对应用型高校课程建设的评价标准,本书基于教育改进学视角,从当前课程建设的关注重点出发,构建了学生评价问卷和教师评价访谈提纲,其形式和结论可以为相关工作的展开提供参考。最后,当前已有的政策并未对应用型高校课程建设提出系统的要求,省级层面和高校层面也并没有对政策提出的要求进行明确的路径回应,而本书所提出的框架模型可以为应用型高校课程政策的制定和课程建设的规划提供参考。

目 录

第一章　应用型高校课程建设的基本概念

2024年，国务院总理李强在第十四届全国人民代表大会第二次会议上作政府工作报告，在工作任务的“深入实施科教兴国战略，强化高质量发展的基础支撑”中提出“建强应用型本科高校”，应用型高校建设已经从“引导转型发展”到“建强”。他明确提出了“建强应用型本科高校”的任务。这一表述不仅是对过去应用型高校“引导转型发展”阶段的总结与肯定，更是对未来应用型高校建设方向与目标的明确指引，标志着应用型高校建设已经进入一个全新的“建强”阶段。

当下，在全新的政策要求下，我国高等教育体系正经历着深刻变革，从规模扩张转向质量提升，在高等教育多样化的背景下，不同类型的高校承担着不同的教育使命和社会责任。应用型高校作为高等教育的重要组成部分，其课程建设对于推动整个高等教育体系的转型升级具有重要意义。此外，当今社会，人才的需求日益多元化，不仅需要具备扎实的专业知识，还需要具备良好的实践能力、创新精神和团队协作能力。应用型高校作为培养应用型人才的主要阵地，其课程建设必须紧跟时代步伐，注重人的全面发展，以满足社会对多样化人才的需求。与此同时，教育改进学也为“应用型高校课程建设”提供了有益的启示。这一理论强调教育过程的优化与教育质量的提升,强调以学生为中心的教育理念。对于应用型高校课程建设而言,这意味着需要关注学生的实际需求和发展潜力,注重课程的实用性和针对性,以更好地培养学生的实践能力和创新精神。

为了顺应政策要求、满足社会需求、推动人才多样化发展并借鉴教育改进学的理念,我们需要对应用型高校课程建设的背景、概念、待破之题以及研究方法进行深入探讨。这也正是本书接下来要展开的内容:从应用型高校课程建设的背景出发,辨析应用型高校及其课程的概念,探讨课程建设的待破之题,并最终提出科学合理的研究方法,以期为"建强应用型本科高校"这一宏伟目标提供有力的理论支撑与实践指导。

第一节　应用型高校课程建设的背景

随着高等教育迈进普及化,在政策的指引下,高校分类发展已经成为必然,而随着经济社会的整体转型升级,就业市场对高等教育提出了日益多元的要求,这一系列变化成为应用型高校建设的助推器,也为本书的开展提供了现实依据。

一、高校转型发展的政策要求

2015年10月21日,教育部、发改委、财政部三部委联合印发《关于引导部分地方普通本科高校向应用型转变的指导意见》,在政策文本中将"深化人才培养方案和课程体系改革"作为主要任务之一,这一政策的出台标志着"地方高校转型"由问题关注上升为出台专门政策。[①]近年来,教育部协同其

① 陈昌芸、侯长林:《地方高校发展转型的涵义及出路——基于政策文本的分析》,《职教论坛》,2016年第2期。

他部门出台了一系列相关政策，初步完成推动部分高校转型发展的顶层设计，引导地方高校明确自身发展定位。2020年10月，中共中央、国务院印发《深化新时代教育评价改革总体方案》对高等学校分类评价提出要求，要“探索建立应用型本科评价标准，突出培养相应专业能力和实践应用能力”[①]。2021年在《中华人民共和国国民经济和社会发展第十四个五年规划和2035年远景目标纲要》中，对本科教育方面提出的要求是“建设高质量本科教育，推进部分普通本科高校向应用型转变”[②]。这一系列举措基本框定了地方普通本科院校转型发展的方向和政策体系，也是应用型高校课程建设的基本政策依据。

二、高等教育分类管理的需要

应用型高校课程建设同样也是当前高等教育大发展，进行高校分类管理的需要。联合国教科文组织2011年发布的《国际教育标准分类法（ISCED）》将高等教育（5至8级）（Tertiary education，levels 5–8）定义为建立在中等教育之上，在专业化的学科提供学习活动，是高度复杂和高度专业化的学习，包括学术教育、高级职业教育和专业教育。[③]在三类高校所培养的人才类型中，学术型人才在精英教育阶段已经积累了丰富的经验，技能型人才在近几年政策推动下已经取得一定的成果，唯有应用型人才的培养方式、方

① 中共中央 国务院：《深化新时代教育评价改革总体方案》，2020年10月13日，[2021-09-27].http://www.gov.cn/zhengce/2020-10/13/content_5551032.htm。

② 十三届全国人大四次会议：《中华人民共和国国民经济和社会发展第十四个五年规划和2035年远景目标纲要》，2021年3月14日，[2021-09-27].http://www.xinhuanet.com/2021-03/13/c_1127205564.htm。

③ UNESCO, ISCED 2011 Operational Manual Guidelines for Classifying National Education Programmes and Related Qualifications, http://uis. unesco. org/sites/default/files/documents/international-standard-classification-of-education-isced-2011-en.pdf.

法还不明朗,仍处于探索之中。[1]任何教育的最终效果取决于直接面对学生的课程建设和实施过程,因此课程建设是当前提高高等教育质量的核心环节。对于以人才培养类型作为分类标准的高校分类,最终也要落实在与人才培养密切相关的课程。[2]在分类管理的过程中,应用型高校与其他类别高校的本质区别在于人才培养方向的不同,作为人才培养的基础和落脚点,课程的建设成为应用型高校发展的重点。

三、人才多样化发展的必然性

引导部分高校实现应用型转型作为我国高等教育结构变革的重要环节,承载着培养应用型人才,提高人才竞争力,促进经济社会发展的重要作用。课程的建设与改进不仅仅是应用型高校内部发展的需要,也是高等教育人才培养转型提升的需要。当前我国经济进入新常态,整体社会结构正在转型阶段,经济结构变化而导致的结构性失业显著提高。就业问题不仅挑战着应用型高校的课程体系建设,也直接影响着社会稳定。课程作为人才培养的基本环节,其目的制定、内容选择、环节设计关系到人才培养目标的实现。高校是否能够真正完成应用型转型,也体现在其课程上。从政策到实践,最终落实到人才培养上,整个课程建设有一系列问题需要解答。而学科知识导向是我国目前高校课程的主要逻辑,对于应用型高校来说,其定位在建设的过程中,职业能力成长、实践能力培养有欠缺,需要在当前的基础上实现改进,形成一条完整的课程建设路径,从而真正为人才多样化培养服务。

---

① 高林、鲍洁、梁燕等:《关于高等教育分类与应用性本科教育培养目标的研究》,《教育与职业》,2006年第17期。

② 潘懋元、周群英:《从高校分类的视角看应用型本科课程建设》,《中国大学教学》,2009年第3期。

四、教育改进学的启示

应用型高校课程建设，在高校转型的大背景下，涉及了社会、经济、文化以及人才培养等多方面的内容，其复杂性和多样性导致了无论是从哪一种课程理论视角出发，均很难梳理出其发展的脉络。教育改进学是以问题为导向，以个体、组织、国家系统甚至全球体系达至进步的过程或手段为研究对象的一门交叉科学，[①]是当前较为前沿、实用性较强的理论体系，其循序渐进同系统提升的观点与应用型高校课程建设在政策设计与实施中的发展性、系统性要求高度契合。因此在课程的基本理论和系统性课程理论的支持下，笔者基于教育改进学理论视角，致力于对应用型高校课程建设的各个环节进行探究，完整呈现出当前应用型高校课程建设的系统路径，从而有效避免本书的讨论完全陷入课程与教学的具体层面，而无法实现对应用型高校课程建设的全局性梳理。

第二节　应用型高校的概念辨析

要回答本书提出的一系列问题，首先要明晰相关概念，进而在此基础上确定研究对象和范围，但当前针对与本书相关的一系列概念与含义，仍未取得一致的共识，需要进一步厘清和界定。

一、应用型高校

不确定应用型高校在我国高等教育中的定位，也就无法确定我国应用

① 蔡心心、秦一鸣、李军：《教育改进学的创建与中国探索：知识基础与学科框架》，《清华大学教育研究》，2020年第3期。

型高校的课程观。而有关应用型高校概念本身一直存在着讨论乃至争议。尽管在概念的界定上,作为教育政策的研究,可以直接以政策中的定义作为本书的界定,使用政策语言理解这一词汇并不会产生过多歧义。但由于这一概念和西方应用技术大学、技术学院等概念有相似之处,因此存在概念上的混淆。

对应用型高校概念本身的讨论,首先必须区分应用型高校和学术型高校的概念。早先在学术研究领域完整提出"应用型本科"概念的是1998年发表于《江南论坛》上的《应用型本科应重视创造性培养》一文。[①]近年来,随着我国高等教育大众化的发展,对于新建本科院校、独立学院以及一部分老牌地方高校来说,怎样培养具有自身特色的人才成为这些学校生存和发展的关键,诸如"应用型本科教育""应用型本科人才""应用型本科人才培养模式"等概念不仅成为这些院校探讨的重点问题,也成为高等教育主管部门高度关注的问题。[②]

因此从实际需要出发,部分面临困境的高校开始进行自我调整和内部改革,政策层面同时引导部分地方本科院校实施"应用型转型",因此出现了与传统学术型高校发展定位不同的应用型高校,也出现了二者的分野。究其本质,应用型高校的发展主体是部分地方普通本科院校(含民办本科院校),发展目标是建设成为应用型高校或应用技术类型高校(如应用技术大学、学院等),人才培养层次是培养本科应用型人才。[③]但作为高等教育中的高校类型,学术型高校和应用型高校之间并不具有优劣和等级区分。

---

① 龚震伟:《应用型本科应重视创造性的培养》,《江南论坛》,1998年第3期。

② 钱国英、徐立清、应雄:《高等教育转型与应用型本科人才培养》,浙江大学出版社,2007年,第32页。

③ 钟秉林、王新凤:《我国地方普通本科院校转型发展若干热点问题辨析》,《教育研究》,2016年第4期。

受历史影响,世界各地均形成了各自特色的应用导向的高校类型,在各地具有不同的名称,如英国称之为理工学院(Polytechnics),法国称为大学科技学院(Institut Universitaire de Technologie),葡萄牙称为理工学院或为应用科学大学(Universities of Applied Sciences),德国称为应用科学大学(Fachhochschule,University of Applied Science)等不一而足,但均与学术型高校不同的是以培养应用型人才为主要目标的高等学校。

除了这种可以直接对应的高等教育机构外,在国外特别是欧洲一些政府的文件和研究中,也将这类高校称为"非大学高等教育(Non-university Higher Education)"或"短期高等教育(Short-cycle Higher Education)"。非大学高等教育是被正式承认为高等教育机构的组织。其主要活动是提供以专业和职业教育为重点的高等教育,可能是研究活动,但无权授予博士学位。[①]随着博洛尼亚进程的推进,整个欧洲的职业教育和高等教育方式与类型也进行了整合,在一定程度上也消解了原有的高等教育多样化的态势。我国一些研究者据此理解欧洲将"非大学高等教育"等同于我国当今的"应用型高校",或将二者归为一类高校进行讨论。[②]但亦有国外研究者将这类大学对等我国的职业院校。从本书的视角来看,二者从形式上是相似类型的高等教育,存在一定相似和重合之处。但和非大学高等教育以及短期高等教育不同的是,我国应用型高校目前主要由原新建本科高校和老牌地方高校转型而成,拥有相当长的发展基础,不少应用型高校在进行本科层次教育的同时,也拥有硕士点和博士点,服务于应用科学,培养高层次应用型人才。

值得注意的是,职业教育体系中亦有高职高专院校,并且也在探索建设

---

① Seeber M., *Non-university Higher Education*, Springer Netherlands, 2016.

② Lyu D, Chen C, Zhang L, et al., Expanding of social service path for application-oriented universities in China, *The Anthropologist*, 2017, 27(1-3).

一流职业大学之路。但从本书的概念范畴和研究对象出发,这两种类型尽管有相互重合的部分,但仍是有一定差别的,首先,应用型高校主要是以应用型本科教育为主,不少学校也进行应用型研究生的培养,其人才培养的水平和层次较高;其次,应用型高校属于高等教育体系的范畴,尽管和职业教育有着非常重要的联系,但其从类别上属于高等教育领域的范畴;最后,本书所定义的应用型高校主要指已经具备一定规模的高等教育机构,在形式上有转型的必要,内容上有改进的迫切需求,而高职高专院校在发展和建设上的情况与应用型高校有很大差异。

结合国内外对于应用型高校的定义,以及我国政策话语中对应用型高校的定义,本书认为,应用型高校或应用型大学,以应用型为办学定位,区别于以培养学术型人才为主的本科普通高校(如综合性大学、研究型大学等),以培养应用型人才、发展应用型科学为主要目标的一种高等教育类型。[①]

二、应用型高校课程

在研究应用型高校课程之前,首先需要对课程概念或者高等教育课程概念进行厘清。尽管课程概念存在多种含义,在不同维度也有不同看法,但需得明确在本书中相对统一的概念体系,否则无法形成一以贯之的研究讨论。

课程(curriculum)的英文解释是“一门课程(course),尤其是大学、学院或学校的固定课程”,1824年,这个词从现代拉丁语翻译到古典拉丁语中,当时的含义是“跑步(running)、课程(course)、职业(career)”,词源是拉丁文currere,意指跑马道或马车跑道,词根是“kers-”,原始含义是跑,课程一词从17

① 在讨论中,尽管有处于不同转型阶段的高校,为了称呼上的方便均统一称为应用型高校,向应用型方向转型,统一称为高校转型发展或高校转型。

世纪30年代，在苏格兰大学英语中用作拉丁词，[①]自此以后在英语中专指课程。

课程有广义和狭义之分，在实践领域，课程往往被认为是科目与教材（subject and subject matter），将课程视为学校教授的科目，如语文、数学等学科的教材内容。虽然此观点较保守，但支配着过去半个世纪课程设计的工作。[②]狭义的课程是指一门学科、一组学科和一组教材。有研究者基于研究需要，直接从相对狭义的角度对高等教育课程进行定义，课程就是课业与学程，指在教师指导下，学习者所经历的全部经验。[③]广义的课程则指学生在学校依据教育目的、在有计划的指导下，所获得的全部经验。在实用主义教育学看来，课程即经验，在这种主张下，课程不是知识、教材、内容、科目等这些计划好的事物，其为学生与这些事物与环境的交互作用及交互作用产生的结果，这即所谓的经验。[④]王策三先生认为课程是教学内容和进程的总和。[⑤]陈桂生先生认为同古代"学程"相比，近代课程则近于"教程"，课程原则上不是从各个学生所"学"出发，而是关于同一学生集体所有学生共同学习的范围与进度的构建，在未来的发展中，应该再次以学生的学为核心，再次回归"学程"[⑥]。在高等教育领域，有研究者提出广义上课程指所有学科（教学科目）的总和，或指学生在教师指导下活动的总和。高等学校的课程具有不同的分类，例如学科课程、分科课程、综合课程、核心课程等。[⑦]具体

---

① Online Etymology Dictionary. Curriculum, 2019年12月21日，https://www.etymonline.com/word/curriculum#etymonline_v_489。

② 王文科：《教育研究法》，五南图书出版公司，1998年。

③ 杨德广：《高等教育学概论》（修订版），华东师范大学出版社，2010年，第163页。

④ 黄政杰：《课程评鉴》，师大书苑出版社，2000年。

⑤ 王策三：《教学论稿》，人民教育出版社，2000年。

⑥ 陈桂生：《"课程"辨》，《课程·教材·教法》，1994年第11期。

⑦ 颜洽茂、金娟琴、谢桂红：《课程建设和精品课程建设项目的实践与思考》，《中国大学教学》，2004年第8期。

到应用型高校,与职业教育相比,“学科教育”应理解为技能院校与应用型高校的分界线,其区别在于对理论学习深度以及应用环境复杂的程度上。[①]

无论从哪个角度来理解,都必须承认的是,课程是一种手段,人们借助它把自然界和社会的各种知识系统地传授给年轻一代。课程体现着那些被人们视为有价值的关于人类文化的观点。[②]因此结合以往各种对课程的综合认识以及本书的研究对象的特征,本书倾向于从相对广义的概念来理解课程,认为课程是在教育目的的指导下,全部学科和教育活动的总和,包括教学内容、教学进程、教学资源、师资队伍、教材教法等多个层面。

因此,循前文中所梳理的应用型高校的定义和课程定义,本书所理解的应用型高校课程,是以培养应用型人才为主要目的,应用型高校中学科和教育活动的总和,包括教学内容、教学进程、教学资源、师资队伍、教材教法等多个层面。

总的说来,本书的主要研究对象以“应用型高校”为主要转型目标的各类高校中的课程,探索其在应用型导向发展过程中的课程建设。作为研究主体,面对大量的待转型和已转型的高校,目前并无明确的分类和评价标准,并且这些高校的转型和发展阶段各不相同,由此而来的课程建设进程也不同。

前文已经对这类高校进行了界定,而在课程建设的讨论中,本书亦以时间为序对高校进行了划分。在这方面有部分研究以教育部1999年1月出台的《面向21世纪教育振兴行动计划》为界,将此前既已开展本科教育的高校称之为“老牌高校”“老牌地方高校”或“老牌地方本科”,将此后方才开展本

① 郭建如:《地方本科高校转型发展中的核心问题探析》,《黄河科技大学学报》,2017年第1期。

② [英]菲利浦·泰勒、[英]科林·理查兹:《课程研究导论》,王伟廉、高佩译,春秋出版社,1989年,第18页。

科教育的高校称之为“新建本科高校”[①]。而从培养人才的不同层次和规格来划分，高校还可分为两个层次：一是经批准能够授予硕士学位的高校，二是只培养本科生的院校，前者为解放后兴办的行业性高校和地方院校，后者为近几年从专科学校升格为普通本科的地方院校。[②]无论从哪个角度上来说，大抵都将这类高校以扩招和新建地方高校政策执行的2000年为界，分成“老牌”和“新建”应用型高校，这也是本书进行分类的主要依据。

事实上在本书中，研究对象的载体更多的是处于转型进程中的高校，并且每一所高校的转型速度和情况都有所差别，按照政策的要求“引导一批高校向应用型转型”，统称为“转型高校”更为确切。从研究的整体指向来说，无论是应用型高校课程的改进乃至高校整体转型发展的目标都是建设应用型高校、培养应用型人才，这些高校已具备的和应具备的优秀特质也是应用型高校所需要的。因此，为避免概念的混淆，在本书中，统称为“应用型高校”。不过这并不意味着本书所提到的所有高校都完成了转型，只是对当前高校的类型进行界定。值得注意的是，本书重在讨论“改进”概念，因此地方本科、新建本科、老牌地方高校是本书的重点研究对象，而自建设起以应用型为主要导向的新建应用型高校不属于本书主要讨论的范畴。

第三节　应用型高校课程建设的待破之题

根据已有研究和现实情况，应用型高校课程建设从顶层设计到底层逻辑，有一系列问题需要解答。因此，在不断深入分析与解构的过程中，从教

---

① 刘彦军：《地方高校建设应用型大学的实践探索与发展策略》，《北京教育》（高教），2017年第4期。

② 刘国钦、伍维根、彭健伯等：《高校应用型人才培养的理论与实践》，人民出版社，2007年，第75页。

育改进学的立场出发,本书逐渐聚焦从理论到实践、从政策到执行的一系列问题。

第一,在理论上:教育改进学是如何支持应用型高校课程建设的?

在文献梳理上,需要深入挖掘和分析应用型高校课程建设已经有了哪些研究,有哪些经验值得借鉴;“教育改进”作为一个在学界相对新的概念,如何支撑应用型高校课程建设的环节分析,是需要进行深入讨论的。

第二,在政策上:课程建设的关注重点与核心导向是什么?

政策要求方面,我国政策从国家到地方对于应用型高校建设非常重视,作为实践的引领,在应用型高校课程建设内外提出了各个方面的要求。并且政策中有关课程的要求相对松散,当前并无专门针对应用型高校课程建设的相关政策方针。因此,究竟政策对于应用型课程建设关注的重点是什么,最重要的要求是什么,在政策设计上还存在哪些问题,是需要系统梳理的。

第三,在实践上:高校是怎么做的?做得怎么样?师生有什么评价?

实践执行方面,课程是一个实践概念,面对的是最直接的教育教学,现下应用型高校是否进行了课程建设,在实践中在多大程度上体现了政策的核心要求,又有哪些已经取得的成果和经验,是需要详细了解和深入探究的。

评价评估方面,课程最终面向的是学生与教师,当前课程建设究竟有没有满足学生的需要,能不能在教师教学上得到实现,需要获得他们对课程建设的评价与看法。

第四,在建议上:从政策到实践应该怎么改进?

发展建议方面,经过对从政策、实践和评估几个环节的逐一梳理,针对已经存在的问题和不足,在哪些方面需要改进,如何改进,有必要进行全面、详细地探讨。

第四节　应用型高校课程建设的研究方法

为了对研究问题进行逐一解答，形成应用型高校课程建设的系统分析，本书主要构筑了质性和量化研究交织的研究框架，广泛收集了相关政策和实践资料，展开了实证调查，共同支撑起全书的内容结构。

一、研究方法

在研究方法的使用上，本书主要采用质性和量化相结合的混合研究方法，在内容上采用质的自然研究设计，量的资料收集和量的统计分析，依托于计算机辅助分析来处理大量文本材料和问卷数据材料。

（一）内容分析法

内容分析法（Content Analysis）是一种对研究对象的内容进行深入分析，透过现象看本质的科学方法，其中包括解读式内容分析法（Hermeneutic Content Analysis）、实验式内容分析法（Empirical Content Analysis）、计算机辅助内容分析法（Computer-aided Content Analysis）三种类型。[①]内容分析法是一种对文献内容作客观系统的定量分析的专门方法，其目的在于揭示文献所含有的隐性情报内容，对事物发展作情报预测，实际上是一种半定量研究方法，是一种基于定性研究的量化分析方法。[②]内容分析法具有系统性、客观性和定量性等特点。该方法针对明显的传播内容进行客观的、系统的定量分析与描述，目的在于研究信息中某些可测量的变量，得出经验性的数据与结论。内容分析法不需要接触和影响研究对象，是对信息内容进行分析。

① 邱均平、邹菲：《关于内容分析法的研究》，《中国图书馆学报》，2004年第2期。
② 郑文晖：《文献计量法与内容分析法的比较研究》，《情报杂志》，2006年第5期。

具体的做法是将文本简化为数字,即计算文本中某些元素出现的次数。在本书的分析过程中,主要在三个方面使用了内容分析方法:

一是在文献梳理中,以“中国知网”为载体,针对“应用型高校”并含“课程”主题的相关文献进行主题词梳理,在知网数据库提供的资料基础上,获得已有期刊文献中有关本书话题的研究重点,并对各主题词进行共现分析,以此作为应用型高校课程建设文献分析的依据和参考(第一章)。

二是在“规划”环节的分析中,使用内容分析的方法分析政策中的话语特点,为了保证研究的科学性,能够在“悬置”个人的“倾见”和研究界的“定见”,[①]借助质性分析软件Nvivo 12.0进行分析。该软件是澳大利亚质性解决方案与研究公司(Qualitative Solutions & Research,QSR)研发的强大而灵活、支持定性和混合方式搜索的质性分析软件,[②]可以帮助使用者从质性或混合方法的数据中挖掘有价值的信息,产生更丰富的洞见,并形成有严格证据支持的清晰、可靠的发现。[③]最新版本是Nvivo 12.0,该软件同时也是本书进行文本分析的工具。借助Nvivo 12.0首先针对国家层面政策文本进行内容分析,以词长最短长度为2,包含词长为3及以上长度的词,本书从近25000字的政策信息中梳理出601个政策高频词,获得大量的关键信息,以此作为文本分析中开放编码的参考。由包括笔者在内的两位研究者独立对高频词进行逐个分类,筛选词汇的重合比例为74.52%,筛选主题重合比例为88.89%,整体一致性较好,保障了文本分析的信度。最终形成5个政策重点和9个具体类别,形成对国家层面应用型高校整体建设的政策逻辑分析,作为对应用

① 陈向明:《质的研究方法与社会科学研究》,教育科学出版社,2000年,第332~334页。

② 龚倩:《为了公平的课程——基于社会实在论视角的地理课程探索》,华东师范大学,2019年,第81页。

③ QSR, Unlock insights in your data with powerful analysis,[2021年1月21日].https://www.qsrinternational.com/nvivo-qualitative-data-analysis-software/home.

型高校课程政策系统分析的外层与基础(第三章)。

三是在“执行”环节的分析中，针对30个样本高校课程建设的相关文本(人才培养方案、课程方案、高校自述文本)，使用内容分析的方式，借助Nvivo 12.0对高校实践中的关注重点进行词频分析，通过与“规划”环节中的政策重点进行比对，确定“规划”环节与“执行”环节中对课程建设的政策设计与实践实施之间的相对一致性，以此明确“执行”环节分析文本分析的基石(第四章)。

总之，本书中内容分析法为文本分析法的使用提供支持，以科学的分析手段尽可能避免笔者和已有研究对编码形成带来的影响，从而形成各个环节编码的科学依据。

(二)文本分析法

在文本分析法的使用上，本书主要借助Nvivo 12.0对笔者收集的政策文本、高校人才培养方案、课程方案、描述文本进行分析。也可以认为文本分析法包含本书所使用的内容分析法，文本分析可以看作从不同理论视角和学科背景来分析法律法规和规章以及政府公文的多种文本分析方法的集合，既包括了传统意义上偏于定量的内容分析，也包含有对政策文本中官方语言偏于定性的话语分析。[①]而本书所选择的全部文本分析材料均属于“已有文本”，为特定目的建构文本，这些文本是在特定的社会、经济、文化和形势的语境中产生的行为。它们依赖于特殊的话语，提供了对行动的记录、探究、解释、辩护和预测。反映了与每个主题有关的共享定义(Shared definition)，反映了加强这些定义的权力。[②]通过对这些信息的分析，解释、预测文

① 涂端午:《教育政策文本分析及其应用》,《复旦教育论坛》,2009年第5期。

② [英]凯西·卡麦兹:《建构扎根理论:质性研究实践指南》,边国英译,重庆大学出版社,2009年,第48页。

本中有关主题的本质性的事实及其关联的发展趋势。[①]

本书中,在“规划”环节,针对国家层面的政策文本,以内容分析中确定的9个具体类别和5个政策重点为参考,使用Nvivo 12.0对全部文本进行逐级编码。从教育改进学的理论视角来看,课程建设是应用型高校建设大系统中的一环,受到多方面政策因素的影响,因此为体现政策层面对应用型高校课程建设多方面的真实要求,将全部的分类都纳入了编码考量中。形成1075个编码参考点,在此基础上发现和建立概念类属之间的各种联系,形成69个概念类别后,将这些概念类别经过系统分析赋予其核心类属,[②]共计形成30个核心类别,共同构筑了应用型高校政策的目标框架。在此框架系统内,有关“应用型高校课程建设”共形成3个核心类别,9个概念类别,支撑了本书对“规划”环节国家政策层面的分析(第四章)。

在“执行”环节,基于“规划”环节的讨论,在内容分析中确定的词频重点基础之上,本书基于教育部学校规划发展建设中心的高校转型案例库选择了30个应用型高校课程建设样本,针对其高校案例库文本、人才培养方案、课程方案和高校公开发表的文本进行全面的文本分析。以“规划”环节中分析出的“专业设置”“实践与就业”和“师资队伍建设”三个维度作为基本的编码框架,共分析高校案例库文本30个,公开发表文本21个,人才培养方案和课程大纲43个,总分析字数近30万字。综合考虑各校自身在课程建设方面的实践,丰富和完善了各编码主题的内容,形成1283个参考点、13个解释类别、3个核心类别,并将两个内容较多的解释类别分拆为4个子编码(第五章)。

---

① 李钢:《公共政策内容分析方法:理论与应用》,重庆大学出版社,2007年,第4页。

② 陈向明:《质的研究方法与社会科学研究》,教育科学出版社,2000年,第332~334页。

（三）调查研究法

基于本书对应用型高校课程建设实际情况的了解，在内容和文本分析的基础上，开发设计了应用型高校课程评价问卷，从高校教师（包括专职教师和高校管理人员）、学生两个层次，对当前课程重构的实施效果进行评价，从而支撑课程建设"评价"环节的分析，为课程理念转变和课程建设的实现提供依据。

为了获得学生对于应用型高校在课程建设方面的看法和需求，编制了应用型高校课程建设评价问卷（见附录3）。在结构上，根据"规划"环节和"执行"环节中析出的逻辑框架编制了问卷的维度，确保了结构的有效性，[①]也能够保证PDCA每个教育改进循环的讨论在同一维度。问卷的分析主要借助量化分析软件SPSS（Statistical Product and Service Solutions，统计产品与服务解决方案，以下简称SPSS）进行。采用可靠性分析对正式问卷进行分析，[②]获得问卷信度，克伦巴赫alpha系数为0.834，在统计意义上内部一致性较好。[③]本书的信息收集采用了线上数据收集的方式，在样本高校中选择了三种不同学科倾向的高校，以学院为单位进行问卷调查。问卷在设计上要求所有题项都必须回答，因此每一位被调查者必须完整填写整个问卷才可以提交。在进行统计时，全部选项的有效统计量均为1407，经逐一审查，其中有6份答卷为废卷，删去废卷后共1401份有效问卷，回收率为99.57%，回

---

① 问卷以本书中政策文本分析和高校课程建设文本分析中析出的逻辑框架作为基础，以此作为问卷的结构效度保障，并且问卷的目的在于通过基本事实与情况的调查，获得学生对应用型高校课程建设的评价，不涉及深入的量化逻辑分析，故不再进行深入的信效度讨论。

② 在正式发放问卷之前先展开了小规模的试测（发出纸质测试问卷10份），对于应用型高校学生难以回答的题项进行了调整或删除。

③ 信度系数是一套常用的衡量心理或教育测验可靠性的方法，是目前社会研究最常使用的信度指标。取值在0到1之间，一般来说，该系数大于0.7，即可认为条目之间的一致性较好。

收情况较好,[①]基本可以反映学生对于当前应用型高校课程的真实看法。

与此同时,也根据“规划”环节和“执行”环节析出的课程建设重点,围绕“专业设置”“实践与就业”和“师资队伍建设”三个部分,建构了针对高校管理层和高校教师的访谈提纲(见附录4和附录5)。其中CQ为针对高校管理人员的题项编号,TQ为针对高校教师的题项编号,Q1下话题围绕“专业设置”中“课程体系建设”展开,Q2下话题围绕“实践与就业”展开,Q3下话题围绕“师资队伍建设”展开。采用半结构化访谈的方式对应用型高校校长、书记、主管教学的领导、课程与教学负责人、教师进行访谈。对访谈结果转录和整理后,为了便于展开讨论,将访谈对象编号与回答问题编号进行组合作为访谈结果的编码(如C8c-TQ1Ae,是指访谈对象为案例库中编号为C8c高校的教师,回答的内容是有关课程体系建设相关话题下的问题Ae:“您所在的系所/教授的专业是否涉及课程数字化?有何做法?”)。在此基础上,对访谈结果进行处理,结合实际情况,从实践角度出发,梳理高校转型发展中课程发展的现实困境与需求,为政策建议提供了依据。

在多种研究方法的支持下,依靠丰富多元的资料,本书形成文本分析、学生问卷调查、教师访谈三个方面的互证逻辑,加强了研究的真实性和说服力,整体资料的情况见表1-1。

表1-1 资料收集情况一览表

文本内容	文本数量	字数统计
案例库文本	30	117135
样本高校公开发表文本	21	
人才培养方案和课程方案	43	99863

---

① 这6份主要问题在于作答时间偏短,填写的专业情况与学校不符,谨慎起见,作废卷处理。

续表

文本内容	文本数量	字数统计
国家政策文本	9	24779
省级政策文本	14	
访谈对象	访谈人数	访谈时长
学校管理层	10	12小时55分钟
学校教师	12	
问卷数量	1401	/

二、资料来源

在内容收集上，“规划”环节政策文本的收集主要来源于各发文单位网站和中华人民共和国政府网站公布的官方文件原文。在“执行”环节中，由于涉及“转型发展”和“应用型高校课程建设”的高校和专业过多，很难穷尽全部专业，也比较容易将非转型发展的专业和课程纳入讨论。因此将教育部学校规划发展建设中心的高校转型案例库以及教育部“高校转型发展和应用型大学建设典型案例汇编”作为主要依据，按照我国地理区划尽可能穷尽高校所在的地区，选择了30所处于不同转型发展阶段的应用型高校，收集其自身针对转型发展的介绍（学校撰写的公开和非公开材料）、试点专业的人才培养方案、课程建设方案（包括课程简介、专业介绍等文本材料）。在本书的案例分析中，三所案例高校的资料全部来源于实地收集。“评价”环节中，选择了30所高校中的部分高校进行学生问卷调查和教师访谈调查，采用线上为主，线下为辅的方式获取研究资料。

第二章　应用型高校课程研究现状

应用型高校已经成为社会主义高等教育体系中重要的组成部分，承担着多数高等教育人才培养尤其是应用型人才培养的重任。随着应用型高校的政策地位逐渐凸显，学界对应用型高校课程建设的关注也日趋增加，这些研究为本书提供了良好的内容、方法参考，也有助于进一步明晰研究问题和研究思路。因此根据本书的主题与视角，对应用型高校课程建设的相关研究首先进行分析。应用型高等教育是当下教育研究中的热点话题，我国应用型高校课程建设已经形成了大量理论研究和实践研究，在境外与“应用型高校”相类似的概念也形成了丰富的讨论。而在不同的语境中，这些研究对于应用型高校的定位与意义上存在一定的不同，因此在本章，将已有研究分为国内和国外两个部分进行探讨。

第一节　应用型高校课程建设国内的相关研究

在国内外学界已经形成了大量对应用型高校、应用型高校课程的研究，其中不乏系统化、理论化的名篇佳作。但由于高校转型是个典型中国语境中政策引导下的高等教育结构性变革，课程建设是其中的基础性环节，因此首先对本土研究进行梳理。

一、文献可视化分析

以往学者在针对应用型高校和应用型高校课程建设的文献多以内容性的梳理为主，多对“应用型高校”或“应用型高等教育”大概念进行全局性的文献分析，较少针对应用型高校课程建设进行计量的、可视化的处理。本书基于词频统计、共线分析以及学科主题，对当前我国应用型高校课程建设的相关期刊文献进行可视化分析。一方面，梳理出当前研究的发展历程，通过与相关政策设置的勾连，整体上了解应用型高校课程建设研究的脉络；另一方面，通过分析，了解相关研究的热点与关键词，把握应用型高校课程建设的核心。

（一）研究历程分析

2024年中，笔者利用“中国知网”文献总库，以“应用型高校课程建设”“教育改进”“应用型高校”“教育改进”“应用型高校课程”并含“教育改进”为关键词进行主题搜索，发现文献数量比较少，说明和本文完全契合的研究并不多见。因此扩大到本书主题的上位概念进行搜索，以关键词“应用型高校”并含“课程”进行主题搜索，在“应用型高校”概念里还包含了其历史概念“应用型地方本科”和“地方本科院校”，共获得9357篇文章，说明学界对本领域较为关注，研究热度较高。

为了探索已有文献的变化情况，对全部文献进行了时间排序，整体情况如下（见图2-1）：

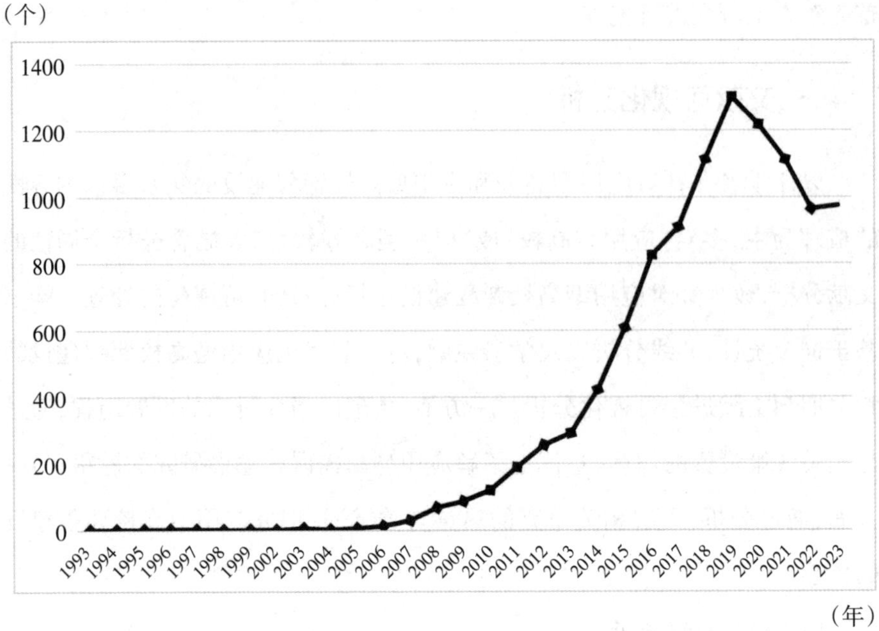

图2-1 “应用型高校”并含“课程”主题文献数量变化①

从研究的发展来看,本话题的研究是随着“地方本科高校转型发展”和“应用型高校建设”同时产生的,但在政策出台的2015年前后,和转型发展大话题相比,“课程”相关的研究并不多。对比来看,无论是文献数量还是深度,2018年以后,本话题的相关研究迎来了井喷式发展。这无疑与国家政策的重视有关,也说明随着高校转型的逐步深入,越来越多的研究关注到高校发展的内部,课程建设经验也被总结出来。和其他高等教育理论研究相比,应用型高校课程的研究起步比较晚,但是基本和高等教育扩招后高校毕业生数量激增、高校数量攀升的时间基本一致。也随着高校分类发展体系的逐渐完善,近两年的相关研究数量出现下调,并趋于稳定,每年1000篇上下。

作为应用型高校建设相对内隐层面的改革,课程的整体研究相对滞后

① 2024年数据不完整,故2024年的数据不计入统计。

于政策的制定。一般理解上，我国高校以2000年作为节点，2000年之后的高校被称为"新建本科院校"[①]，这一批高校也基本上对应了当下政策话语中的"应用型高校"。随着政策话语的确定，执行层面不断渗透，从2003年开始，针对应用型高校课程方面的研究开始出现逐年攀增的状态。2004年新增了本科院校40所，大都定位于"应用型"办学，随着办学实践的发展，应用型本科教育的研究工作也逐步走向深入。[②]随着高校合并升格，地方高校不断走向成熟，各地也开始进行高校转型的探索，如安徽省于2008年成立应用型高校联盟，[③]四川省2013年在全省开始高端技术技能型本科人才培养改革试点[④]等，整体上随着应用型高校实践不断推进，文献数量也不断增加。应用型高校课程的研究作为应用型高校内部发展问题，也伴随着政策和理论层面对于应用型高校关注的加深不断深入。

2015年10月，教育部联合三部委印发《关于引导部分地方普通本科高校向应用型转变》，在政策上明确了"应用型高校"的概念，也确定了"深化人才培养方案和课程体系改革"的任务，在这之后的2016年，文献数量就激增至800篇。2017年10月，中国共产党第十九次全国代表大会，习近平总书记在会上所作的《决胜全面建成小康社会　夺取新时代中国特色社会主义伟大胜利》报告中再次强调"办好人民满意的教育"和"实现高等教育内涵式发展"的要求，在这一政策指导下，至2020年，单年文献数量已经超过1200篇，

---

① 教育部:《新型大学"新使命、新道路、新成就"，合格评估"兜底线、促转变、提质量"》，2016年4月7日，[2019-03-18] http://www.moe.gov.cn/jyb_xwfb/xw_fbh/moe_2069/xwfbh_2016n/xwfb_160407/160407_sfcl/201604/t20160406_236896.html。

② 陈方红、张立青:《应用型本科教育研究的历史嬗变及述评——基于2001—2009年CNKI的统计分析》，《中国高教研究》，2010年第5期。

③ 《安徽省应用型本科高校联盟十年工作总结》，2018年4月11日，[2019-04-30].http://www.hfuu.edu.cn/aaoatu/f0/b3/c3543a61619/page.htm。

④ 四川省教育厅:《四川省教育厅关于开展高端技术技能型本科人才培养改革试点工作的通知》，2013年。

达到了近年来文献数量的顶峰,“十四五”时期以来,国家对应用型本科高校的建设给予了更多的政策支持和指导,进一步明确了应用型高校的发展定位和转型路径,强调了产教融合、校企合作在应用型人才培养中的重要性。随着应用型本科高校建设的深入,越来越多的学者和教育工作者开始关注这一领域,并积极探索适合应用型人才培养的课程建设模式。

2020年以后,应用型高校课程研究的发文数量进入了“高位震荡”期,可能受多种因素影响。一方面是由于应用型高校课程研究进入热潮后,正在逐渐过渡到研究冷静期,新领域的各种话题不断被挖掘,研究者们开始更加注重对已有研究成果的深入分析和总结,而非仅仅是发表新文章。另一方面是在经历了一段时间的转型发展后,已经发现了应用型高校存在的问题,如人才培养同质化,人才培养模式雷同化等,[①]需要进行全局性的思考,深入对发展中存在的问题进行反思,进而从转型向高质量发展迈进。

(二)研究话题分析

在研究历程分析的基础上,笔者对这些文献的关键主题进行统计(见图2-2和图2-3),在40个高频主题中,应用型高校概念相关的高频主题有10个,这是当前文献讨论热度最高的话题。首先,出现频次最高的是“应用型高校”,与之相关的有“应用技术型高校”“地方应用型高校”“应用型本科高校”以及“地方应用性本科高校”,相关概念在政策明确之后提及频次大幅度增加,多为新近文献。其次,是2000年之后出现频次比较活跃的“地方高校”和“本科高校”,是高校扩招后对应用型高校的定位,这些研究也对当下在本领域中继续进行理论和实践的探讨奠定了基础。最后,还有针对“民办高校”等单一领域的研究,是应用型高校中的重要组成部分,体现了社会力量

① 刘小平、郑春生:《高等教育蓝皮书:中国高等教育发展报告(2020—2021)》,社会科学文献出版社,2021年。

参与应用型高等教育的建设实践。整体上这些提法说明了应用型高校概念的发展变化,同时也反映出研究领域对应用型高校概念存在不明晰的问题。

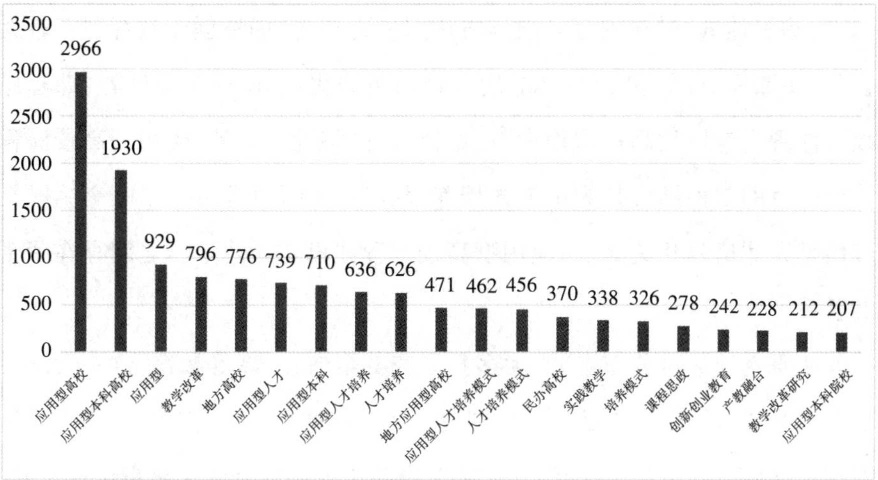

图 2-2 “应用型高校”并含“课程”主要主题文献词频统计

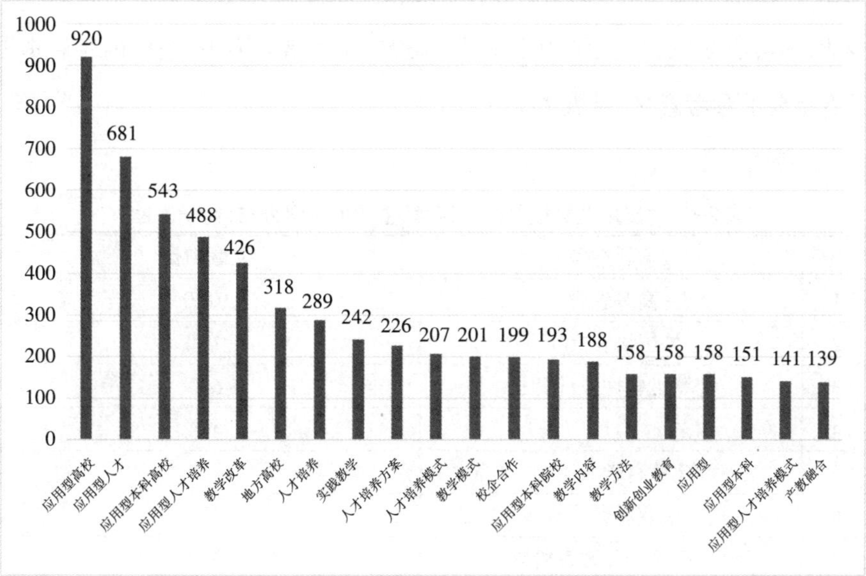

图 2-3 “应用型高校”并含“课程”次要主题文献词频统计

具体到课程与教学方面的讨论,共有10个相关话题,其中关注度最高的是相对微观层面的探讨,聚焦在"教学改革"上,主要关注了教学方法、教学手段等方面的变革。有关应用型高校课程与教学相对具体层面的概念共有12个,除具体的"教学内容""教学方法"外,还包含"创新创业教育""产教融合"。在课程方面,和2020年前后统计的数据相比,出现了新话题"课程思政",体现了应用型高校课程中"立德树人"的特性。此外,应用型高校课程建设的目的归根结底是为了人才培养服务,在40个主题中,有11个主题与应用型人才培养相关,说明应用型高校课程建设与人才培养之间存在紧密的联系。

从研究的学科分布来看,大多数研究都聚焦在"高等教育"这一大学科范畴。非常值得注意的是,在针对"应用型高校课程"的研究中,排序在高等教育科学后的领域为"外国语言文字",说明很大一部分研究聚焦比较研究,这部分文献涵盖了国际应用型高校课程建设历程、框架、内容、方式等多个视角。除此之外,其他相关研究中涉及和应用型人才培养紧密相关的多个专业,内容也多以相关专业建设、课程设置、人才培养为主,这些内容对本书具有重要的参考意义(见表2-1)。

表2-1 "应用型高校"并含"课程"主题的学科分布(前十五位)

排序	学科视角	文献数量
1	高等教育	9150
2	外国语言文字	791
3	计算机软件及计算机	650
4	会计	468
5	建筑科学与工程	418
6	贸易经济	408
7	教育理论与教育管理	389
8	计算机硬件技术	275

续表

排序	学科视角	文献数量
9	美术书法雕塑与摄影	257
10	中国语言文字	240
11	数学	210
12	宏观经济管理与可持	205
13	音乐舞蹈	200
14	工业通用技术及设备	193
15	经济理论及经济思想史	192

整体来看,以中国知网为参考,当前应用型高校课程建设的文献大体上可以总结为“应用型人才培养”和“应用型高校课程环节”两个主要块面。而谈论应用型高校课程理论以及教育改进学在应用型高校课程建设方面应用的文献相对较少,是本书在论述与分析中需要格外关注的。因此本节下文中将以与本书话题最为相关、热度最高的“应用型人才培养”和“应用型高校课程环节”两个主题为核心,以“应用型高校课程理念”的分析为抓手,对已有研究基于本土的情况进行梳理。

二、应用型高校人才培养的相关研究

应用型高校课程是应用型高校人才培养中最重要的组成部分,人才培养的定位直接决定了课程目标的制定和课程内容的选择,也影响着课程建设的整体方向,而大多数应用型高校课程体系和课程目标都蕴含在人才培养方案中,因此在对应用型高校课程进行探讨之前,首先要对应用型高校人才培养的相关研究进行梳理。

(一)应用型人才培养的定位

要对应用型高校课程建设进行分析,首先要搞清楚课程的目标,因此需要针对应用型人才培养的定位进行分析。从概念上来说,“应用型高校”的界定,直接影响了对应用型人才培养的定位。在“引导部分高校应用型转型”政策概念提出之前,很多新建本科、老牌地方高校已经着手实施转型,早期的文献著作主要聚焦“教学型大学”概念,将这类高校定义为以教学为主,以本科生培养为目的的高校,包括一部分能够授予少量硕士学位的高校。[①]在政策明确提出“应用型高校”这一概念之后,越来越多的研究者对“应用型”以及“应用型人才”展开讨论。

在已有的研究中,应用型人才培养的定位大致可以总结为三种取向,一是在高校的教育教学内容上,要从“技术性”的要求出发制定人才培养方案,注意理论基础知识的同时,更要注意学生应用技术能力的培养,加强对学生应用实践的实际训练,突出创新能力、创业能力的培养。[②]二是在人才的“应用型”上,和其他类型相比,应用型高校的培养目标应为各行各业中应用科学理论从事高技术专业工作的应用型专门人才,属于“理论应用型”人才。[③]三是从目标角度出发,应用型人才培养的目标应该是具有良好的思想品德,较高的综合素质,基础扎实、知识面宽、应用操作能力强,服务于生产、管理、服务的技术应用型高级专门人才。[④]而作为课程建设的导向。无论从哪个角度出发,应用型教学和应用型能力两个方面都需要体现在应用型高校课程建设中,从而真正促进应用型人才的培养。

---

① 刘国钦、伍维根、彭健伯等:《高校应用型人才培养的理论与实践》,人民出版社,2007年,第74~75页。

② 陈小虎、刘化君、曲华昌:《应用型人才培养模式及其定位研究》,《中国大学教学》,2004年第5期。

③ 徐理勤、顾建民:《应用型本科人才培养模式及其运行条件探讨》,《高教探索》,2007年第2期。

④ 廖敏霞:《应用型人才培养质量评价体系构建研究与实践》,《职教论坛》,2016年第23期。

当前应用型人才培养定位存在的问题，已有研究将之归因于供给和社会经济发展方式的转变，传统的学科本位教育与社会对劳动者素质的要求之间存在极大的不匹配。高校对学生的教育，过多关注于系统知识的传授以及职业能力的培养，而忽略了知识到能力的转化过程、知识之间的勾连建设以及创造能力的培养。[①]很多定位为应用型本科的院校，在办学机制和人才培养模式上并没有实质性的突破。学科专业设置上盲目追求多学科、综合型的发展方向，没有把培养高素质、应用型人才作为关注重点。[②]具体到高校层面，人才培养定位的区别主要在于具体表达的差异，然而从实际运作来看，这些高校在应用型建设中，尤其是人才培养方面存在着明显的问题和不足，个别院校的转型尚未真正开始。[③]许多地方高校虽然也提出创建自己的特色，包括走应用型教育之路，但是单一的人才观和评价体系，导致没有真正扎实地研究如何培养应用型人才，而是一味地追求办学水平的提升和办学规模的大型化、综合化。因此培养出来的学生仍然不具备能够胜任实际工作的能力。[④]

通过对应用型人才培养定位相关研究的梳理能够看出，在我国应用型高校建设中，发展高等教育多样性对应用型高校课程建设的挑战。当前技术密集型产业和新兴产业与教育之间的产教结合，基本由研究型大学掌控。这是因为技术的进步需要研究型大学的知识创新和应用来引领，而研究型大学加强产业研究可以为他们带来可观的研究资金、研发机会和社会声

---

① 巩丽霞：《应用型高校本科教育改革的思考——基于创新创业教育与专业教育相结合的探讨》，《国家教育行政学院学报》，2011年第9期。

② 刘健：《新建地方本科院校转型发展路径研究》，《三明学院学报》，2014年第3期。

③ 贾东荣：《省属本科院校转型的现状、问题与对策》，《山东高等教育》，2014年第4期。

④ 季诚钧：《应用型人才及其分类培养的探讨》，《中国大学教学》，2006年第6期。

誉。[1]也就是说,在一定程度上,尽管高等教育分类发展正在推行的进程中,研究型大学也掌控着本应由应用型高校承担的教学科研任务,这是应用型高校课程建设中需要注意的。已有的教育经验和长期累积的教育传统导致了当前应用型高校人才培养定位不清的问题,也制约了应用型高校课程建设的发生与发展。

(二)应用型人才培养的内容

从应用型高校人才培养的内容上来看,已有研究主要聚焦于人才培养模式的讨论。如有研究者指出,应用型人才培养模式中应包含技术体系为依据,构建人才培养的课程内容体系,以及以加强能力培养为目的构建"做学结合"为特征的教学方法体系。[2]也有研究者认为应用型人才培养应以能力为中心,以培养技术应用型专门人才为目标,其中包括专业和职业能力,就业与再就业能力以及创造性能力;技术应在基本科学理论之上,超越一般技能概念,具备复合与综合特征,包括经验和理论技术。[3]从任务上来说,以认识世界为目标是研究型人才的任务,与此相对,应用型人才属于改造世界的人才类型,承担着将学术研究成果转化为社会生产实践,为人类社会创造具有使用价值的物质或非物质形态的重任。[4]从特征上来看,应用型人才的特征是知识、能力、素质的全面发展,具有发现、分析、创造性地解决实际问

① 陈星、张学敏:《依附中超越:应用型高校深化产教融合改革探索》,《清华大学教育研究》,2017年第1期。

② 吴中江、黄成亮:《应用型人才内涵及应用型本科人才培养》,《高等工程教育研究》,2014年第2期。

③ 李桂霞、钟建珍、王立虹:《构建应用型人才培养模式的探索》,《教育与职业》,2005年第20期。

④ 宋克慧、田圣会、彭庆文:《应用型人才的知识、能力、素质结构及其培养》,《高等教育研究》,2012年第7期。

题的能力,即实践能力。[①]综合来看,已有研究对应用型人才的定位是对传统技术技能人才的超越,对复合技术与能力提出了要求,这些内容需要体现在应用型高校课程建设中。

从应用型人才培养存在的问题来看,主要是当前经济社会发展对人才的需求是多层次、多类型的,高校人才培养是单一的,甚至是盲目的、无序的,二者之间的矛盾造成了当前人才培养与市场需求之间混乱不清的状况。[②]具体到人才培养方案上,当前存在的问题是多方面的,应用型高校人才培养方案更为强调"教"的过程,而忽视了"学"的认知和实践过程,这就导致了学生自主实践能力不强。[③]与此同时,很多应用型高校对办学定位的认识模糊或不清晰,往往为追求"大而全""小而全"而导致原有的办学特色和竞争优势无法凸显。[④]因此在进行应用型人才培养时,需要综合考虑多个方面的要求,不能只有理论指导或照搬国内外其他学校的模式;需要既适合学校及其学科专业的实际情况,又能够面向社会、面向发展、推动学校及其学科专业进步。[⑤]

应用型高校课程建设的主要目的在于培养应用型人才,但当前有关应用型人才与技术技能型人才培养具体应该涵盖哪些内容,仍存在讨论的空间。从全国来看,在转型方面各省的进展差异较大,地方本科高校的转型并

---

① 华小洋、蒋胜永:《应用型人才培养相关问题研究》,《高等工程教育研究》,2012年,第1期。

② 潘懋元、董立平:《关于高等学校分类、定位、特色发展的探讨》,《教育研究》,2009年第2期。

③ 薛玉香、王占仁:《地方高校应用型人才培养特色研究》,《高等工程教育研究》,2016年第1期。

④ 何艳丽、徐红:《新建地方本科高校转型发展的路径分析》,《中州大学学报》,2016年第4期。

⑤ 周德俭、莫勤德:《地方普通高校应用型人才培养方案改革应注意的问题》,《现代教育管理》,2011年第3期。

不均衡,即便同一省份不同的地方本科高校转型发展的进度也不一致,普遍面临着定位、教育内涵、组织变革、政府引导政策与评价方法等方面的问题。[①]要在高等教育分类中找到自己的位置,应用型高校就必须牢牢把握人才培养的内容,才能够突出自身特色,提升人才培养质量。但已有研究也充分证明,高校转型实践中应用型人才培养的内容仍然是繁杂多样、参差不齐的,是目前深入推进应用高校课程建设所亟待解决的困境之一。

(三)应用型人才培养的质量

从意义上来说,应用型人才培养的质量直接反映的是高校转型的成果也是课程建设的目的,对于当前人才培养质量的探讨多围绕应用型人才培养质量的影响因素、应用型人才培养质量评价两个方面。

有研究通过实证调查发现,在地方本科高校大学生应用型人才培养质量的影响因素中,“双师型”师资水平及结构优化程度、实践教学过程优化程度、应用型人才考核合理程度均正向影响大学生理论学习和实践学习的积极性,并正向促进应用型人才培养质量。[②]此外,有研究者构建了基于过程的应用型人才培养质量集成管理控制体系,依照六西格玛管理方法将各个培养环节进行DMAIC[③]闭环拆分,形成专业实践技术课程、专业实践项目选题、校企联合检查、专业实践审核、专业实践答辩评优和评优体系健全完善

---

① 郭建如:《地方本科高校转型发展中的核心问题探析》,《黄河科技大学学报》,2017年第1期。

② 徐和清、柳和生、赖明谷:《地方本科高校应用型人才培养质量影响因素的实证研究——基于“同级类差”与“同类级差”的视角》,《高等工程教育研究》,2017年第4期。

③ 六西格玛管理中流程改善的重要工具。六西格玛管理起源于美国摩托罗拉公司,通过设计和监控过程,将可能的失误减少到最低限度,从而使企业可以做到质量与效率最高,成本最低,过程的周期最短,利润最大,全方位地使顾客满意。它不仅是理念,同时也是一套业绩突破的方法。它将理念变为行动,将目标变为现实。DMAIC是指定义(Define)、测量(Measure)、分析(Analyze)、改进(Improve)、控制(Control)五个阶段构成的过程改进方法,一般用于对现有流程的改进,包括制造过程、服务过程以及工作过程等。

六个活动。[①]还有研究者构建应用型人才培养质量控制的质量屋理论模型，基于质量功能展开（Quality Function Deployment，QFD）[②]，将应用型人才培养分为四个阶段：培养规划阶段、方案展开阶段、计划规划阶段、教学规划阶段。[③]这些方式通过相互作用的几个环节形成的持续改进流程，能够直接影响和提升人才培养的质量，验证了全面质量管理在应用型人才培养中的作用，大多数相关研究都认为应用型人才培养的质量与课程和教学有着非常密切的关系。

从已有研究中对应用型高校人才质量的评价来看，当前以本科教育为主的大学处于十分尴尬的境地：其毕业生基础理论和研究能力不如一流高水平大学，而实践动手能力又不如高职高专院校。[④]存在部分高校学科交叉渗透不足、实践教学不完善、科教失衡、保障体系不健全，影响了本科应用型人才的培养，使得地方高水平大学本科应用型人才培养出现知识结构不合理、学科专业建设不完善、课程体系失衡、师资队伍建设滞后、人才供给与需求脱节等问题。[⑤]

在转型发展过程中，有部分已经选择转型发展的高校对“如何转型”又重新陷入迷茫与纠结，也有部分已经设计了转型发展举措的高校并未实施，

---

① 李圣、李勇、王海燕：《基于过程的应用型人才培养质量集成管理模式研究》，《研究生教育研究》，2015年第5期。

② 质量功能展开亦称“质量屋”。顾客驱动的产品开发方法。从质量保证的角度出发，涵盖计划、细节、工序和生产四个阶段，通过一定的市场调查方法获取顾客需求，并采用矩阵图解法将顾客需求分解到产品开发的各个阶段和各职能部门中，通过协调各部门的工作以保证最终产品质量，使得设计和制造的产品能真正地满足顾客的需求。

③ 王健、陈晓燕：《基于QFD模型的应用型人才培养质量控制模式设计》，《江苏科技信息》，2019年第20期。

④ 关仲和：《关于应用型人才培养模式的思考》，《中国大学教学》，2010年第6期。

⑤ 马云阔、罗瑶嘉：《提高地方高水平大学本科应用型人才培养质量的策略》，《教育探索》，2018年第6期。

而基层的教师与学生对“转型”不了解等问题不一而足。这些不同利益相关者按照不同的逻辑去认识和理解“地方高校转型”概念,导致实践中多种观念相冲突,矛盾或此消彼长。[①]高校在理念上的摇摆、不同利益群体之间的诉求差异也直接体现在专业设置和课程建设中,这些问题直接影响了应用型人才培养的质量,对应用型高校课程的建设提出了挑战。

三、应用型高校课程要素的相关研究

随着应用型高校课程研究的逐步深入,出现了大量与课程建设各要素包括目标、内容、实施与评价相关的研究。由于当前应用型人才培养存在的诸多问题亟待改进,很多研究聚焦于揭示应用型高校课程系统中各个课程要素存在的问题,体现了当前课程建设中存在的制约与瓶颈,这些文献为研究应用型高校课程建设提供了实践和理论的依据,为本书的开展提供了更为直接的参考内容。

(一)应用型高校课程目标

课程目标作为人才培养目标的下位概念,所指向的是课程学习结束后,学生应该在哪些方面获得了知识技能的提升,具体回答了“培养的人应具备什么样的素质”。从我国高等教育的实践活动情况看,宏观层面上的表述在本科教育中基本上是以素质教育作为基本目标的,强调思想道德、责任心以及学习能力等基本概念,但是在课程管理体系建设以及对于整个培养研究过程中,又忽视了宏观“素质”的培养。微观层面的目标则非常宽泛,比如培养某一专业领域的专业人才,不同院校的人才培养类型没有明确的区别,不

① 孙翠香:《“火”与“冰”:地方高校转型实践中的创新与困境——基于六所地方转型高校的深度调查》,《职教发展研究》,2019年第2期。

足以有效指导本科专业的课程设置和教学。[①]就学校内部的课程目标来说，有学者认为，当前应用型高校在课程培养目标上存在的共性问题是缺乏认真调研和论证，无的放矢，确定的培养目标与实际需要不符合，有的目标只是为了吸引眼球，争取生源，追求培养目标的“高、大、上”，目标内容界限模糊，模棱两可。[②]在课程教学目标的设计方面，虽然可以说对人才定位、职业领域有比较明确的认识，但在人才的知识基础、能力目标、素质教育集体要求的表述上相对宽泛，且有相互趋同或导向学术型高校的特点，不能够突出应用型高校的特征。[③]

从课程目标的具体内容来看，目前的问题主要是在有限的课程时间内过分强调基础科学理论，势必削弱专业内容和实践，从而影响学生能力和素质的培养。[④]因此有学者认为应用型高校所培养的学生不应以通才标准为普遍发展目标，而应当要求学生具有比较强的专业和行业特点，以“特色”取胜。学生的培养应具有“通才底色”甚至“通才特质”的“专门教育”，绝大多数学生毕业后可以成为熟悉现代科学知识、管理知识和各种应用能力的高级专业人才。[⑤]但是基本上较少有高校能够根据自身特色设计一套校本的课程体系，并从学生发展角度出发，基于经济社会的需要提出具体的课程目标，这也是当前课程目标建设上短缺的关键点。

---

① 陈新民：《应用型本科的课程改革：培养目标、课程体系与教学方法》，《中国大学教学》，2011年第7期。

② 杨梓樱、邓宏宝：《基于产教融合的应用型高校课程改革探究》，《职教论坛》，2020年第1期。

③ 陈飞：《应用型本科教育课程调整与改革研究》，《华东师范大学》，2014年，第187页。

④ 周建平：《应用型本科教育课程改革亟待解决的几个问题》，《大学教育科学》，2009年第2期。

⑤ 汪禄应：《应用型本科教育人才培养目标与课程体系建设》，《大学教育科学》，2005年第2期。

(二)应用型高校课程内容

课程内容的选择,就是将知识与当前社会条件和未来社会的一般状况和教育期望联结起来,[①]对于应用型高校而言至关重要,牵扯到高校转型发展过程中,“什么知识最有价值?”的问题。课程设置是否合理,直接影响到应用型人才培养质量的高低。课程内容的应用性、实践性、可雇佣性是应用型人才培养过程中区别于传统本科人才课程体系当中的探究性、理论性和学术性的显著特征。[②]课程内容是课程设置和发展的基石,也是当前应用型高校课程转型的“痛点”。在课程内容选择上需要将学科基础理论的教学与学生实践应用能力、开发研究能力的培养紧密结合。[③]应用型高校应该以行业需求为本位,面向行业企业设置专业,重视知识的复合性、现时性和应用性,以知识应用、解决问题来构建课程和教学内容体系。[④]

对于课程内容的选择,在1995年美国科学、工程和公共政策委员会发表的《重塑科学家和工程师研究生教育》报告中指出,一个人对某一领域的过度关注将限制他或她以后的研究,影响他或她的职业选择,过于狭窄的教育经验将使学生难以适应之后职业的生涯变化,特别是在非传统工作领域。因此在培养时应强调多方面才能的(versatility)教育,提供一个更宽的学业选择范围,使学生能获得更广泛的学术知识和职业技能。[⑤]因此在内容设置

---

① Moritz Rosenmund, Approaches to International Comparative Research on Curricula and Curriculum-making Process, 2002, 32(05).

② 吴中江、黄成亮:《应用型人才内涵及应用型本科人才培养》,《高等工程教育研究》,2014年第2期。

③ 潘懋元、王琪:《从高等教育分类看我国特色型大学发展》,《中国高等教育》,2010年第9期。

④ 赵海峰:《应用型本科院校的商科人才培养模式》,《高等教育研究》,2012年第4期。

⑤ 潘懋元、王琪:《从高等教育分类看我国特色型大学发展》,《中国高等教育》,2010年第9期。

上，针对应用型高校课程内容选择，有研究者提出，应当以“市场需求”作为专业设置和课程设计的基本准则，以“能力本位”作为课程体系的主要价值取向，以“课程开发”作为保证课程体系灵活性和生命力的根本措施。[①]

因此，有学者提出应该打破“学科本位”，以突出实践应用为原则，把某些内容有重复或交叉的课程或理论与实际结合紧密的课程进行优化整合。及时调整课程设置，更新教学内容。应保持相对灵活可变的专业方向的模块，从而能够根据科技进步和社会经济发展的实际及时调整课程设置，更新教学内容，缩短学生所学与企业所用的距离。[②]针对具体课程内容，国外研究相对比较丰富，有研究者针对应用型高校计量科学课程设置进行研究，尽管仪器和测量的基本原理确实需要通过通识课程来教授，但在某些情况下，对于特定的教育需求或限制，加强知识体系和应用领域之间的关联是非常重要的。[③]除此之外，也有针对具体的非学历应用型高校课程的研究，探讨大学培训课程的效果，通过增加前沿的知识和改进教学方法，改变学生的态度、知识、技能和行为，从而帮助学生进行职业方向上的转变。[④]

通过已有文献中对应用型高校课程内容的分析可以看出，研究者们已经对应用型课程内容形成了较为体系的看法，这些内容有没有在当前应用型高校课程建设中得到体现，是需要深入讨论的。

---

① 汪禄应：《应用型本科教育人才培养目标与课程体系建设》，《大学教育科学》，2005年第2期。

② 徐理勤、顾建民：《应用型本科人才培养模式及其运行条件探讨》，《高教探索》，2007年第2期。

③ Macii D , Hueller M., 2016 faculty course development award: application-oriented IM teaching based on industrial electronics and instrumentation at the University of Trento, *IEEE Instrumentation & Measurement Magazine*, 2018, 21(5).

④ Overmeer T, Boersma K, Main CJ, et al. Do physical therapists change their beliefs, attitudes, knowledge, skills and behaviour after a biopsychosocially orientated university course?, *Journal of Evaluation in Clinical Practice*, 2009, 15(04).

(三)应用型高校课程实施

从实践角度看,需要回答"人才培养应该如何实施?"的问题,但目前应用型高校在课程组织、实施和管理上存在很大的问题。首先,在课程设置上,课程设置是否合理,直接影响到应用型人才培养质量的高低。应用型高校不同程度地存在着课程结构不合理,专业性选修课较少,通识课程不能满足学生多样性的需求,有些教学内容较为陈旧,实践性课程严重不足等问题。[①]其次,在课程组织上,普遍存在的是相对简单的课程组织模式,特别是封闭式培训现象严重,导致毕业生应用能力薄弱,高校与社会的融合程度不够。另外,也存在着"重第一课堂、轻第二课堂""重显性课程、轻隐性课程"的倾向。[②]在实践教学的各部分资源没有得到优化并形成体系,教学手段相对传统、单一;部分高校人才培养目标不清晰,致使教学内容与实践要求之间不匹配;实践教学管理比较松散,甚至没有比较完善的实践教学管理制度。[③]

我国高层次应用型人才的培养现状始终不能令人满意,在校企合作上存在的主要问题在于,企业在培养过程中没有形成一套成体系的企业课程,致使培养过程流于形式化,企业课程沦为变相的实习、实训或廉价劳动力的使用。[④]在传统上注重知识理论,强调"教"的过程,而忽视了"学"的认知和

---

① 郭纯平:《地方本科院校提高应用型人才培养质量的相关思考》,《高教学刊》,2015年第21期。

② 陈新民:《应用型本科的课程改革:培养目标、课程体系与教学方法》,《中国大学教学》,2011年第7期。

③ 薛玉香、王占仁:《地方高校应用型人才培养特色研究》,《高等工程教育研究》,2016年第1期。

④ 叶帅奇:《应用型高校企业课程建设的必要性分析》,《职教论坛》,2021年第3期。

实践过程,学生自主实践能力不强。[1]现有的课程体系并没有体现明显的"应用性"特征,有必要围绕"应用"概念在设计基础、目标、实施环节等方面进行不断改进。[2]这些问题的存在,为应用型高校课程建设的实施过程提供了持续改进的方向。

(四)应用型高校课程评价

应用型高校在我国起步较晚,是一种探索中的高等教育类型,目前还没有建立起一套专门的适用于应用型本科院校的教学评价体系。[3]由于课程评价是针对课程实施结果进行评估,以判断预期教育目标是否有效实现的过程,[4]即衡量课程建设和改进达成程度的重要手段,需要回答的是"课程建设得怎么样?"的问题,在应用型人才培养中有着非常重要的地位。

具体到某一领域的课程评价研究相对较多,如有研究者针对地方师范院校英语专业教师教育类课程设置与教学现状展开实证调查,认为当前这一领域的课程存在结构设置不合理、教学内容空洞、教学方式单一、教育实践课程未得到学校主管部门和学生足够的重视等问题。[5]

在经验借鉴上,由于多数课程都旨在培养学习者的实践操作能力,德国应用型高校大部分课程都采用研究型考核和考试与评估相结合的方式进行评价,考核评价方式上也相应地采取实践型方式,从学分来看,工厂实习、分

---

① 薛玉香、王占仁:《地方高校应用型人才培养特色研究》,《高等工程教育研究》,2016年第1期。

② 陈飞:《应用型本科教育课程调整与改革研究》,《华东师范大学》,2014年,第188页。

③ 赵海峰:《应用型本科院校的商科人才培养模式》,《高等教育研究》,2012年第4期。

④ 杜友坚:《应用型人才培养视角下成人高等教育课程评价体系的思考》,《职教论坛》,2013年第30期。

⑤ 何华清:《地方师范院校英语专业教师教育类课程设置与教学现状调查》,《中国高教研究》,2015年第1期。

组实验的学分都相对较高,从评价上来说,德国应用型高校非常重视实践课程的比重。[①]借鉴德国应用技术大学的课程考核方式,有研究者认为应用型本科院校的课程考核内容要重视学生能力的培养。[②]

针对转型过程中“评价的评价”相关的研究较少,但已经有研究指出当前评价环节中存在的主要问题在于,部分高校的课程评价目的,是为了满足评审专家的评审需要以及相关教育部门需要的数据和结果,而非促进学生的发展,出现为了评价而评价的个别现象。[③]

在改进评价方式的理念的建议层面,有研究者指出,要明确课程效果评价要以学生为主体,而不是以教师为主体。在教学过程中,学生必须充分参与并行动,课堂不是教师表演的舞台,而是学生学习动手的场所。[④]应该转变课程考核理念,改革考核内容,注重评估学生运用知识的综合能力。[⑤]在人才培养质量的评价上要注意校内外相结合,在建立应用型高校内部质量保障体系的同时,以社会评价作为主要的评价依据,关注用人单位和学生进入社会之后对学校的评价。[⑥]

已有研究主要聚焦于对“高校转型”大背景之下,应如何确立新的课程评价标准以及如何实施课程评价,也对评价理念提出了要求,是值得借鉴与参考的。

---

① 编写组:《德国职业教育双元制中国本土化创新研究》,人民出版社,2017年。

② 胡善风、汪茜、程静静:《地方应用型本科院校的课程考核改革探索与实践——以德国应用技术大学为例》,《国家教育行政学院学报》,2016年第1期。

③ 张君枫:《应用型本科高校计算机基础课程评价体系的构建与应用》,《福建电脑》,2016年第5期。

④ 戴士弘:《职业教育课程教学改革》,清华大学出版社,2007年。

⑤ 李夏隆、白振飞:《地方应用型本科院校课程考核体系的研究与实践——以榆林学院为例》,《新课程研究》(中旬刊),2014年第8期。

⑥ 陈小虎、杨祥:《新型应用型本科院校发展的14个基本问题》,《中国大学教学》,2013年。

四、应用型高校课程理念的相关研究

前文中已经对当前应用型高校课程实践层面的相关研究进行了分析，而从本书的教育改进学研究视角来看，还需要深入探讨和分析已有研究中提出的应用型高校课程建设应具备的育人观、知识观和课程观。

（一）应用型高校育人观

这方面的已有研究主要聚焦于“转型”视域之下应用型人才培养的转向问题。应用型高校在我国高等教育结构体系中处于中间层次，起着承上启下的特殊作用，从数量上看约占全部本科大学的多数，是培养高级专门人才的中坚力量，对国家和高等教育发展具有极其重要的战略意义，它的社会功能主要是进行一般水平的应用型科学研究，以本科教育教学为主，培养各类高级应用型专门人才。[①]而作为培养人的场所，高校区别于社会组织的本质特征是“人才培养”和“知识传承”，而应用型高校区别于其他教育类型的本质特征则是“应用型人才的培养”，“培养人才”也是应用型高校课程建设的核心和首要责任。

19世纪，在德国教育家洪堡创办柏林大学以前，西方的学者和大学基本上都坚持以人才培养为大学的唯一职能。[②]为改变当时大学仅以教学为目的导向的状况，洪堡提出，高等学术机构是学术机构的顶峰，一切直接有益于民族道德文化的东西俱荟萃于此。其立身的根本原则是，在最深入、最广泛的意义上培植科学，并使之服务于全民族的精神和道德教育——科学的

---

① 刘国钦、伍维根、彭健伯等：《高校应用型人才培养的理论与实践》，人民出版社，2007年，第74页。

② 刘宝存：《洪堡大学理念述评》，《清华大学教育研究》，2002年第1期。

目的虽然本非在此,但它的确是天然合适的教育材料。[①]因此从大学之所以成为大学的基础来说,必须在课程建设的过程中,将大学和职业学校、高中等其他类型的教育机构、组织加以区分。

在此基础上,也要针对应用型高校和职业教育进行区分,应用型高校和职业教育各层次的教育之间有着不同的人才培养定位与层次,建设与转型不应该将高等教育和职业教育混为一谈,两者具有不同的性质以及人才培养定位。这种定位和观念在课程建设的过程中尤为重要,将课程建设的改进目标仅仅定位在转向职业教育课程,同时降低了高等教育和职业教育课程双方面的作用,也不利于满足人民日渐多样的教育需求。此外,应用型高校的课程目标也不能简单地等同于培养所谓"就业人才",在中国高等教育逐渐走向大众化的当下,就业是所有大学都必须面对的现实需要,但高等教育有着自身的发展规律和特性,通识和应用两方面不可偏废,培养具有就业能力的大学生的同时,也应培养其创新能力。

我国教育家孟宪成先生对于大学的理想有着非常著名的论述:"智慧的创获,品性的陶镕,民族和社会的发展。"[②]诚如前文所述,应用型高校和学术型高校在大学的理想上不应有差别,真正有区别的应该是二者在人才培养和学术研究方向上的差别。而应用型高校和职业院校也应具有层级上的差异,在课程设置上,大学通识课程和应用型专业课程应有所侧重,但也不可偏废,重视学生"品性的陶镕",提高学生的综合素质,以真正的"大学生"标准来要求学生。并且作为大学,应用型高校和其他所有类型的高校一样应肩负起民族与社会发展的责任,增强师生的使命感和责任意识,培养德智体

① [德]威廉·冯·洪堡:《论柏林高等学术机构的内部和外部组织》,赵卫平:《走向一流的历史轨迹:中外著名大学校长治校理念与办学制度文献选编》(外国卷之一),浙江大学出版社,2015年。

② 孟宪承:《大学教育》,华东师范大学出版社,2010年,第2~3页。

美劳全面发展的一流应用型人才。

(二)应用型高校知识观

谈及应用型高校课程建设,就不得不讨论大学的知识观问题,这也是引发高校“应用倾向”讨论的中心点。知识观是课程编制与设计的重要来源,决定了课程改革的方向,并影响着课程的实施与评价。[①]它蕴含着应该在课程中包含何种知识,为什么选择这种知识的重要内容。高校的基本材料在很大程度上构成各民族中比较深奥的那部分文化的高深思想和有关技能。知识操作是教学和教育活动中的共通之处,无论讨论哪一个层次的教育,都离不开知识这一核心概念,课程则是对值得传授的知识形态的界定。[②]

时代的知识状况和哲学的转向表明,课程知识观也不能只关心课程与知识的结构关系,而要进一步深入知识与人的意义关系。“意义关系”是一种与人的精神成长和生存处境相连的内在价值关系,它不只关心知识的选择,更关心人对待知识的立场和态度,关心课程处置知识的方式,即知识在课程中的存在方式。对这些问题的关注,有助于使课程更接近教育的本性。[③]需要在应用型高校课程建设中围绕教师和学生两个重要主体,进行课程知识的选择和意义的建构。新知识观视知识为一种“生产要素”,知识不再局限于“象牙塔”内,而是走出高校,与市场相结合,这样才能体现出它的经济价值和社会价值。[④]在知识观变革的背景下,应用型高校需要在课程目标上进

---

① Lundgren U. P., Frame factors and the teaching process: A contribution to curriculum theory and theory on teaching, 1972.

② [美]伯顿·克拉克:《高等教育系统——学术组织的跨国研究》,王承绪译,杭州大学出版社,1994年,第12页。

③ 郭晓明:《知识与教化:课程知识观的重建》,《华东师范大学学报》(教育科学版),2003年第2期。

④ 王小聪:《知识观转型视角下的新建地方院校发展路径研究》,《山东高等教育》,2015年第10期。

一步明晰,从而在人才培养中找到与其他高等教育机构不同的突破点,进而提升应用型人才培养的质量。

(三)应用型高校课程观

知识(文化)、社会和学生是探讨课程问题的三个基本维度,是各种课程观建立的起点。从课程理论发展史上看,无论从哪个维度出发讨论课程问题,这三者都不是非此即彼的关系,而是各有偏重,类似于美国学者伯顿·克拉克提出的“三角协调模式”,知识、社会和学生分处于三角形的三个顶点。不同的课程观,受到这三种力量的整合影响,处于三角形内不同的位置。[①]

应用型高校的课程建设,也要面对这三者做出选择,找到平衡,既要反对知识(文化)本位的理性主义课程观,也要反对矫枉过正的功利主义课程观。19世纪末到20世纪上半叶的美国,功利主义课程思想不断发展,直至在大学课程领域占据了主流地位,曾导致了“实用重于学术,对知识的追求沦为实用性教育的附庸,职业教育论横行,大学教育荒芜了理性原则”。从本质上说,社会所需的人才类型是由社会发展的不同需要所决定的,而任何社会的发展都依赖于两种需要的推动,一种是认识世界的需要,即认识世界的本质属性及其客观规律,另一种是改造世界的需要,即利用客观规律以服务于社会实践。[②]而当前专业知识的高科技化和高理性化使知识的人文性逐渐被掩盖,这就更要求通过教学充分挖掘专业知识素材中的真、善、美等全面人性营养,要求大学教学活动成为一种全面的知识构建活动。[③]

高校的任务是在专业知识与整体知识的范围内完成的。而古老的实用

---

① 吕林海、汪霞:《创新型的大学教学模式构建的理论思考——基于知识观、学生观、课程观、教学观的四维度审视》,《江苏高教》,2008年第1期。

② 刘维俭、王传金:《从人才类型的划分论应用型人才的内涵》,《常州工学院学报》(社科版),2006年第6期。

③ 李小平:《我国大学教与学活动的片面现象反思》,《高等教育研究》,2005年第4期。

课程并未考虑知识的整体性,也没有考虑到知识的纯洁性,更多的是注重某个职业所需要的特殊技能。而大学的科学课程则是抱着知识一体化的想法,希望深入知识的根源,以使每一种个别的职业在整体的科学之中找到它的根。每一个时代的大学都必须满足实用职业的要求。这和诸如职业院校和社会培训机构的目的如出一辙,但大学所蕴含的概念,是把实用知识收纳在整体知识的范围内。[①]因此要从应用型高校作为“大学”这一基本概念来理解和把握其课程概念范畴内的育人功能,不能因为“应用”的导向而产生对高校人文精神的忽视。

值得注意的是,正是多年来对于高校科研的过分强调,造成了对传统教学的忽视,也受到了很多高教研究者的批评。专业设置、课程规划和教学设计脱离了基本实践,不可避免地导致高校教育与实践的脱节,这也成为高校转型的现实基础。而对于应用型高校来说,尤其要把握应用型高校的知识观,合理进行课程政策制定,有目标、有步骤地实现课程建设和教育改进的目标。对于新时代的中国高校来说,无论是何种类型的高校,均不可顾此失彼,而是要根据时代和自身发展需要,做出合理的规划。

五、台湾地区科技大学和“教学卓越计划”

我国台湾地区本科层次应用型教育起始于20世纪70年代,以技术学院和科技大学为主体,培养目标是高级工程以及管理技术人才。[②]20世纪80年代,台湾地区在专科层次职业教育的基础上发展本科层次技术学院,1995年,台湾通过《“教育部”遴选绩优专科改制技术学院附设专科部》,1996年又

① [德]雅思贝尔斯:《什么是教育》,邹进译,生活·读书·新知三联书店,1999年,第176页。

② 郝天聪、庄西真:《地方本科院校转型之路:回归职业教育的本质》,《中国职业技术教育》,2015年第30期。

发布《大学及分部设立标准》,将符合条件的技术学院改名为科技大学。[①]形成了一个以技术掌握、学习、运用、创新和创造为目标的人才培养体系。[②]学制纵向衔接通畅、横向灵活多样,且与回流教育管道无缝接轨。[③]

台湾的应用型高校,经过长期的发展和实践,在应用型人才培养方面特色鲜明,注重专业和课程建设与产业接轨,形成一套成熟的产学结合培养模式;推行学生人文素质教育及动手能力教育并重的人才培养体系;教学评价工作体系全面,教师培养培训措施多样,极大地推动了教师的专业发展。[④]2004年台湾出台"教学卓越计划",以期改进由于过于追求研究型大学而导致台湾大学功能重叠、特色模糊,只能在单向的金字塔上角逐的现状。该计划被认为是首次以教学为重点的补助方案,旨在改善高校教学质量,并引导大学分类发展。[⑤]这一计划引导了高校分类竞争、特色发展,逐步建立高标准的教学绩效指标及典范,在整体上提升大学的教学品质,有效提升高等教育质量。[⑥]

台湾省在探索应用型高校课程建设方面有着较长的发展历史,无论从政策还是实施层面都积累了很好的经验,在课程上拥有较为完善的改进体

---

① 刘松林:《台湾技专院校技术服务:经验与启示》,《职业技术教育》,2012年第30期。

② 张宇、钱逸秋、张艳:《我国应用技术大学战略发展分析——基于台湾地区科技大学的发展经验》,《职业技术教育》,2016年第4期。

③ 于长福、庹莉:《财经类应用技术型大学:内涵、价值与建设路径——基于我国台湾地区高等技职教育人才培养的视角》,《黑龙江高教研究》,2015年第7期。

④ 柏晶:《台湾应用型高校人才培养特点及启示》,《广东技术师范学院学报》,2014年第12期。

⑤ 杨莹:《台湾高等教育追求卓越之政策与实施情形》,《中国高等教育评论》,教育科学出版社,2010年,第291~319页。

⑥ 曾玲晖、张翀、卢应梅、马楠:《基于卓越教学视角的大学应用型人才培养模式研究》,《高等工程教育研究》,2016年第1期。

系，不少高校已经形成了基于教育改进学的系统质量提升的发展路径，[①]对当前应用型高校课程建设有着非常重要的借鉴意义。

第二节 应用型高校课程建设国外经验的相关研究

从前文的文本可视化分析可以看出，当前已有研究中非常关注应用型高校课程建设海外经验的介绍以及海外经验的本土应用，作为高等教育体系中的重要环节，应用型高校在全球高等教育体系中具有非常重要的地位。而"应用型高校"是具有我国本土特色的概念，境外的相关研究与本书所谈的主题在概念上并不应该完全等同。但在世界高等教育课程发展历史中，可以借鉴相关经验。尤其是近年来，各国家与地区也加强了高等课程体系的改进提升，这些研究也成为当前应用型高校课程建设的重要依据。

一、美国应用类高等教育课程的起源

1862年美国颁布实施了《莫里尔法案》，把土地赠给各州创办农工学院，凡是州政府利用该法案创办或资助的院校都被称为"赠地学院"。赠地学院建立后，在课程内容方面，与传统院校截然不同，它们针对农业和工业的急需，造就水平高的专业人才。创立农业、工艺等新的专业学科，从而使一向被人鄙视的农工生产科目在高等院校中占据一席之地。[②]这也是一般意义上认为美国应用型高校或专业高等教育的起点。

美国四年制本科院校并没有严格区分出学术导向和应用导向这两大

① 施洁、罗三桂：《台湾"奖励大学教学卓越计划"及其启示——以台湾屏东科技大学为例》，《高教探索》，2016年第12期。

② 杨光富、张宏菊：《赠地学院对美国高等教育的影响》，《河北师范大学学报》（教育科学版），2008年第10期。

类,但美国的大学,特别是公立大学,受赠地学院传统的影响,对社会的服务意识和服务能力都很强;在大学,特别是综合型大学往往会设有专业学院,如商学院、法学院、医学院、教育学院等,进行专业教育(professional education),培养专门人才。[①]而综合型大学培养专业人才的传统肇始于威斯康星大学。威斯康星思想(Wisconsin Idea)起源于查尔斯·范·海斯(Charles Van Hise),他在1905年的一次讲话中称:"除非大学的善意影响力传遍州的每个家庭,否则我永远不会满足。"为此,他在威斯康星州创建了推广部(Extension)来保持地方和高校之间的联系,是现在威斯康星大学推广部的前身。该部门监督暑期课程和其他将大学知识直接带给本州公民的计划。在他的领导下,美国开始建立起大学与州政府之间的紧密联系。在20世纪初期,威斯康星大学的专家团队与当地立法部门协商,起草了许多有影响力和突破性的法律,包括美国第一部工人补偿立法,税制改革和公用事业的公共监管。在取得实践上的成功之后,1912年,查尔斯·麦卡锡(Charles McCarthy)在著作中将这一理念总结成为"威斯康星思想",开始更广泛地表示该大学对公共服务的承诺,这一使命早于政治上的进步。[②]威斯康星大学当时在教育上取得成功也是因为实践课程,它为传统的农业地区提供了短期农业课程,帮助威斯康星从一个小麦种植州发展成为畜牧州,通过乳制品的提供,带动了当地的经济发展,提高了人民的生活水平。

美国高等教育的应用性发展主要是以课程作为引擎,与政策引导下的转型不同的是,其应用型导向的高等教育课程主要源自地方与高校之间的沟通,正如美国历史学家雷德里克·杰·特纳(Frederick J.Turner)对美国高等

---

① 郭建如:《地方本科高校转型发展中的核心问题探析》,《黄河科技大学学报》,2017年第1期。

② University of Wisconsin-Madison, The Wisconsin idea,[2019-11-29].https://www.wisc.edu/wisconsin-idea/.

教育的看法:“在我们的教育史上,最引人注目的莫过于民主不断地向大学施加压力,使其适应全体人民的要求。在中西部的州立大学,对科学研究,特别是那些致力于征服自然的应用科学,已经有了更充分的认识;这些高校打破传统的课程模式,在同一个机构中实现职业和大学工作的结合;服务于地方发展,建设农业和工程学院,并开发了商业课程;培养了律师、管理人员、公共服务人员等应用型人才。”[①]美国高校的课程建设主要是由下至上的,肇始于民众对高等教育资源的需要,因此在应用型人才培养与应用型科研转化上,都能够更快地按照本地本区域的需要进行调整。

二、欧洲高等教育多样化发展的实践[②]

根据马丁·特罗(Trow Martin)对高等教育的分类,欧美高等教育在20世纪六七十年代已经进入高等教育大众化时代,自此以后,高等教育机构多样化成为许多欧洲国家高等教育体系的主要特征之一。

在欧洲各个国家,对于这种类型的高等教育机构的界定也一直众说纷纭,如何称呼这些机构从未形成共识。在国外的研究中,部分研究者将挪威的地区学院,作为大学替代机构的早期原型,当时,许多教育实践者和专家预言,高等教育多样化发展可能遍布整个欧洲。[③]或将应用型高等教育归类为,非大学高等教育(Non-university Higher Education)”或“短期高等教育(Short-cycle Higher Education)”,[④]在欧洲的研究中,采用英国术语来表示此

① McCarthy C., *The Wisconsin Idea*, Macmillan, 1912, pp.124-127.

② 德国因其在应用型高等教育领域的特殊性,已经在本节上一部分单独论述,在本部分不再详叙。

③ Clark B. R., Neave G. R., *The encyclopedia of higher education*, 1992, pp.524-533.

④ Seeber M., *Non-university Higher Education*, Springer Netherlands, 2016.

种学院类型,称之为理工学院(Polytechnics),[①]但无论怎么称呼这些高校,它们共同具备的有别于传统学术型大学的应用型特征,构成了欧洲高等教育的多样性发展势态。

英国理工学院成立于20世纪60年代初,60年代末,英国高等院校的既定目标是:向具有学术倾向的大学生提供标准的"学术性"课程,向具有职业倾向的多科技术学院学生提供"职业性"课程。[②]为促进应用高等教育的发展,英国已经展开了一轮理工学院计划,2020—2021年,英国开始了第二轮理工学院计划。政府将提供高达1.2亿英镑的额外资金,使英格兰每个地区都能建立一所高质量的技术学院。在当下,英国理工学院被定义为高等教育学院、大学和雇主合作成立的教育机构,主要在数字、建筑、先进制造和工程等关键领域提供高等技术教育和培训。[③]

在瑞士,这类学校被称为应用技术大学(University of Applied Sciences),和我国的提法相似,是瑞士政府1996年将散落于各地的工程类、设计类、经济类、管理类、艺术类的四十多所高等专业院校合并而成。第一所应用技术大学建立于20世纪90年代中期,其基础是二元制教育体系在高中职业教育培训中的成功应用,即把课堂教学与公司有报酬的学徒实习相互结合。瑞士的应用型高等教育系统类似于德国,瑞士也在高等教育的相关法律中对应用科学大学的入学标准、名称标准和发展方向进行了规定,提出通过实践研究和应用研究与开发的结合,应用科学大学培养学生开展与特定专业相关的活动,并且在完成阶段学习后,学生能够获得从事某一特定职业的资格

---

① 王敏:《英国宣布新措施以促进技术教育改革》,《世界教育信息》,2019年第22期。

② 张建新:《走向多元——英国高校分类与定位的发展历程》,《比较教育研究》,2005年第3期。

③ 王敏:《英国宣布新措施以促进技术教育改革》,《世界教育信息》,2019年第22期。

证书。[①]瑞士应用技术大学的课程更突出实践性，旨在为从事以未来职业岗位需求为导向、以掌握知识、技能以及方法为前提的职业培养高层次人才，[②]与此同时，基于课程，瑞士应用技术大学针对现实存在的经济社会问题，广泛开展应用科学研究，为中小型企业带来收益，从而赢得社会层面的广泛认可。瑞士应用技术大学通过应用型人才培养与应用科学研究相结合的方式在提升社会创新能力的过程中发挥了重要作用。

在葡萄牙，这种类型的高校和英国一样，被称为理工学院或应用科学大学（Universities of Applied Sciences）。葡萄牙政府在20世纪80年代末确定了大学和理工学院之间的这种二元区分。高等教育评估与认证局（The Agency for the Assessment and Accreditation of Higher Education，A3Es）于2009年启动了学位和课程认证。但该系统并未显示出学术型大学和应用型学院之间的任何统计差异，当前高校分类之间的区别是通过课程设置中应用型课程和通识型课程之间的比例来体现的，不过这种方式并未经过官方的认可。[③]

法国大学科技学院（Institut Universitaire de Technologie，简称IUT）是根据1984年颁布的法令设置的作为大学和高等学院之外的第三等高等教育机构，是附属于法国综合国立大学的一个相对独立的教学单位，为学生提供初始培训，并为其在高等教育持续学习做准备，对具体行业中的专业技术和管理职位提供应用研究和服务，当前法国共有111所此类型的高校。[④]学制为

① Swiss Federal, Federal Act on Funding and Coordination of the Swiss Higher Education Sector, Higher Education Act，HEdA, 2011.

② 孙玲：《紧密结合劳动力市场和社会需求的瑞士高等职业教育》，《中国高等教育》，2014年第1期。

③ Henriques P. L., Matos P. V., Jerónimo H. M., et al., University or polytechnic? A fuzzy-set approach of prospective students′ choice and its implications for higher education institutions′ managers, *Journal of Business Research*, 2018，89.

④ Institut Universitaire de Technologie, 2020, https://www.iut.fr/le-reseau-des-iut/presentation.html.

两年,是工科类型的应用型院校,在课程上重视学生专业技能的培养,并实施强制性的实习实训。[①]

在意大利,有研究者针对工科应用型课程进行研究,详细论述了其在知识、技能和管理三个层面的课程目标,并将对学生能力的评估与测量嵌套在课程目标中。[②]意大利作为“设计强国”,其艺术类应用型人才的培养也备受关注,有研究者通过对佛罗伦萨大学艺术设计专业的研究,发现集教学、研究、实践“三位一体”的Workshop(工作室)是意大利高等院校设计教育中的重要组成部分。这种方式贯穿于意大利应用导向的本科教育和研究生教育课程体系始终,其最大的特点是注重生产实践,以校企合作的方式将教学成果转化为设计产品。[③]

在进行应用型高校相关的讨论时,不可避免地要与德国的“双元制”进行比较。首先需要明确的是,德国双元制的职业学校与应用科学大学并不是一个概念。但德国“双元制”强调实践与理论的有机结合、强调能力培养,[④]以及由此产生的“产教融合”“学徒制”等教育教学方式,深深影响了应用型高校课程建设。2019年,国务院印发《国家职业教育改革实施方案》,强调了促进产教融合校企“双元育人”[⑤],其中也包含了对应用型高校的建设要

① 祝欢:《法国奥弗涅大学科技学院汉语教学调查报告》,重庆师范大学,2015年,第I页。

② Macii D., Hueller M., 2016 faculty course development award: application-oriented IM teaching based on industrial electronics and instrumentation at the University of Trento, *IEEE Instrumentation & Measurement Magazine*, 2018, 21(5).

③ 吴静:《意大利佛罗伦萨大学艺术设计WORKSHOP探析》,《艺术评论》,2016年第10期。

④ 姜大源:《关于“双元制”职教模式评价的国际比较》,《中国职业技术教育》,2003年第3期。

⑤ 国务院:《国家职业教育改革实施方案》,2019年2月13日,[2021-10-15].http://www.gov.cn/zhengce/content/2019-02/13/content_5365341.htm。

求，不少高校与德国的职业学校也开展了相关合作，从德国的发展中汲取经验。

这种“双元制”也得到了法律的保障，在德国《联邦职业教育法》中规定了各领域的职业教育主管机构是该领域的行业协会。[①]作为德国高等教育系统的重要分支，双元制课程体系不仅具有传授理论知识和培养实践能力的功能，而且也是向社会传输合格劳动力的生产过程。[②]通过双元制的教育提高劳动者素质、培养劳动者技能。

在双元制的基础上，德国形成了特色的应用型高等教育体系，在德国各州文化部长联席会议上通过了“联邦德国在各州统一高等专业学校（Fachhochschule）领域”的协议，正式引入了高等专业学校的概念，[③]它的德文名称是Fachhochschule，对应的官方翻译是应用科学大学（University of Applied Science），Fach表示专业、领域或部门。在柯林斯词典中，它被解释为教授技术、社会和自然科学以及艺术的高等教育机构。[④]他们有别于工科大学（Technical University），工科大学注重科学研究，并提供了有关该学科的理论性知识。应用科学大学则更注重实践知识或面向行业的研究。德国应用科学大学在过去50年的发展特点是快速高效，扩展了新学科、科研活动和知识与科技成果转化活动，加强并进一步完善了其应用导向。[⑤]

---

① （德国）联邦职业教育法（BBiG）[J].姜大源，刘立新，译.中国职业技术教育，2005(35).56-62.

② 张烨、黄秋明：《德国双元制应用型本科人才培养模式研究——以巴符州双元制大学为例》，《职教论坛》，2018年第2期。

③ 彭湃：《德国应用科学大学的50年：起源、发展与隐忧》，《清华大学教育研究》，2020年第3期。

④ Fachhochschule, 2020, https://www.collinsdictionary.com/dictionary/german-english/fachhochschule.

⑤ Lackner H、陈颖：《应用科学大学50年：德国应用型高校的成功模式及其发展前景》，《应用型高等教育研究》，2019年第2期。

应用科学大学侧重于高等教育的实践方面,因此提供了与劳动力市场相关的更多具体专业。它代表了高等教育与就业系统之间的密切关系,其实践导向使这些机构对雇主非常有吸引力。德国应用科学大学的课程大多数都贴近实践,建设与经济发展密切相关的专业与学科,涵盖计算机科学、商业与管理、艺术与设计、传播学、社会服务等专业领域。①

在课程实施上,德国有着非常丰富的经验,有学者对德国职业教育"项目教学法"进行研究,作为德国职业教育教学法改革的新模式,倡导把整个学习过程分解为一个个具体的项目,设计出项目教学方案,按行动导向设计教学思路,不仅传授给学生理论知识和操作技能,而且培养他们的职业能力。德国在课程编制上,由雇主协会、工会组织、政府部门(如联邦职业教育研究所)多方紧密合作,并在政府部门的带领下基于"协商一致"的原则参与完成。②有研究者针对德国维尔道工程学院"双元制"课程进行总结,其特色在于:一是围绕"职业需求"设置课程,打破科系边界,将从事某项职业所需要的知识、技能与能力作为设置课程的根本来源,充分体现了"职业导向"和"能力本位";二是从宽泛的职业知识、技能与能力培养出发,从基础到提升,逐步深入,层层递进地培养学习者的综合职业能力和关键能力;三是重视实践能力培养。③

应用科学大学在课程设置中,不仅设置了与培养方向相一致的专业技术课程,还设置了一些非技术类课程,类似法学、项目管理学等关联课程。这些非技术类课程和企业的发展和就业市场的需求密切相关,通过这些课

---

① Difference Between Fachhochschule and University in Germany,2020,https://russian-vagabond.com/difference-between-fachhochschule-and-university-in-germany/.

② Korpi T, Mertens A., Training Systems and Labor Mobility: A Comparison between Germany and Sweden, *Scandinavian Journal of Economics*, 2010, 105(4).

③ 编写组:《德国职业教育双元制中国本土化创新研究》,人民出版社,2017年。

程的学习,学生可以掌握必要的专业技术知识和经营管理、市场营销等方面的知识,[①]更容易获得在工作中快速上手、全面发展的综合素质。据统计,德国三分之二的工程师、三分之二的企业经济师、二分之一的计算机工程师都是应用技术大学的毕业生,经过培养,他们成为能够把理论知识转化为实践技术的应用型人才,在德国社会的发展和经济建设中发挥着愈来愈重要的作用。

我国也有不少应用型高校在课程建设和改进的过程中参考了德国经验,这种课程思路在我国实践中,存在的问题主要在于课程改革与生产实践结合不够紧密、配套教学资源不能满足项目教学需要。[②]但德国应用型教育整体上与行业企业协会联系密切,在课程上更多由企业自主考虑自身需要,因此在多年的发展中,逐渐规避了我国当前应用型高校存在的课程和产业实践不相符的问题。

从欧洲高等教育多样化整体的发展历程来看,19世纪70年代末和19世纪80年代开始,人们开始重视学术型高等教育之外的多种类型高等教育的发展,应用型高等教育的重要性开始凸显,各国也根据自身需要和特色开展应用型高校课程建设。但这种方式带来的风险在于,如果根据学术声誉、毕业生的就业率、课程情况作为评价方式对高等教育机构进行区分,将全部高等教育机构放在同一评价体系中进行比较,高等教育机构类型区分的边界将不再清晰,可能会带来多种类型的高等教育机构趋同发展。因此当英国理工学院于1992年升格为大学时,一些专家预测欧洲国家高等教育系统的两类和多类结构将结束,人们认为可能会发生“学术漂移”,即非大学的高等

---

① 许钢、俞晓峰:《基于德国“应用科学大学”教育模式探索地方性高校应用型人才培养模式——以安徽工程大学为例》,《吉林广播电视大学学报》,2020年第7期。

② 潘春胜、刘聃:《职业教育“项目教学热”的理性思考》,《中国高教研究》,2011年第5期。

教育机构成功模仿大学并将自己同化到大学,最终将导致两种类型结构的自然死亡,之前的非大学机构将有机会升级为大学。然而在现实的发展中,这种“学术漂移”只在部分国家发生,同时也有相当多的其他欧洲国家在19世纪90年代向高等教育多样化发展,例如奥地利、芬兰和瑞士。在许多其他欧洲国家,非学术型大学的机构逐渐因其自身特征和特性得到广泛认可,例如葡萄牙的政治研究所。[①]

不过这种多样性发展也在受到挑战,法国、德国、意大利和英国负责高等教育的部长们在1998年的《索邦宣言》中建议,欧洲高等教育体系的“架构”应统一为阶段学习方案和学位制度。1999年,近30个欧洲国家的教育部长就《博洛尼亚宣言》达成一致意见,逐步形成学习方案和学位的趋同结构。在“博洛尼亚进程”中,各国正在努力实施学士到硕士阶段整体性的学习方案和学位结构,以便在“欧洲高等教育领域”建立一个统一的高等教育体系结构。[②]此后在2001年布拉格会议[③]和2003年柏林会议[④]中,为提高缔约国高等教育结构的相似性和包容性,重点强调了在欧洲建立统一的高等教育质量保证体系等要求,整体促进欧洲高等教育一体化发展。

但无论在这其中怎样进行调整,也并未影响在体系内高等教育机构的多样性,整体上欧洲的应用型高等教育体系较为完善,发展历史较为悠久,取得了丰富的实践成果,为我国应用型高校的建设尤其是课程建设提供了

---

① Taylor, James S., et al., eds., *Non-university higher education in Europe*, Springer Science & Business Media, 2008, p. 2.

② Taylor, James S., et al., eds., *Non-university higher education in Europe*, Springer Science & Business Media, 2008, p. 3.

③ Towards the European Higher Education Area, 2001, [2021-08-19]. http://hosting.unizg.hr/unesco/texts/bologna_follow_up_2003_2005.pdf.

④ Realizing the European Higher Education Area: Preamble to Communique of the Conference of Ministers Responsible for Higher Education, *European Education*, 2004, 36(3).

经验。

三、日本职业类高等教育学校和学分互换制度

加强高等学校之间的联合与协作，这是日本高等教育改革的重要内容之一。日本高教界人士认为，开展校际间的合作，可以打破学校教学、科研的封闭性，及时了解各校教学和科研的新发展、新动态。同时，各高校通过联合，可以充分利用各校的教学、科研设备和图书资料，取长补短，充分互享他校优长，还有利于开阔学生、教师的视野和克服由于师资等条件限制所造成的开课不足等问题。在1973年修改的《大学设置标准》中第31条第2项规定："大学认为对教育有益时，可以让学生学习其他大学或短期大学的授业科目，学得的学分（在30学分以内）算作该大学的学分。"[①]该法实施以后，日本的大学纷纷实行学分互换制度。2005年中央审议会在《日本高等教育的未来像》中提出了"有必要通过超越设置形态框架的高等教育机构间的联合协力，进一步充实和强化这些机构的教育、研究以及社会服务职能"[②]，日本文部科学省根据这个报告的要求，在学分互换制度基础上，打通国、公、私立大学界限，创设了编制共同教育课程的"共同实施制度"。这项制度要求各大学编制面向全国大学的共同课程，学生必须在其他相关大学取得一定学分数，而且各大学对外编制的共同课程作为大学办学评价指标之一。[③]由此确立了日本各种类型的高等教育机构之间的学分互换制度，并构成了富有本国特色的高等教育课程体系。

---

①　丁承瑞：《日本高等学校的校际联合及其借鉴》，《外国教育研究》，1990年第3期。

②　文部科学省高等教育局大学振兴课大学改革推进室：『大学における教育内容·方法の改善等について』，2009年。

③　丁建洋：《日本大学学分制变迁：外部博弈与内部调适》，《阅江学刊》，2009年第1期。

和西方国家相比,日本的应用型高校在职业教育体系中,形成本科和硕士一体化的高等职业教育结构体系。但作为一种高等教育类型,又和普通高等教育机构之间形成课程互通的体系。日本短期大学学制2~3年,主要招收高中毕业生;高等专科学校的学制5年,招收初中毕业生,和大学对接;专修学院主要招收高中毕业生,学制为两年;专业技术科学大学也主要招收高中毕业生。[①]为了确保学生获得大学培养的能力,日本文部省规定各高校必须建立毕业认证和学位授予政策、教育课程的组织和实施政策以及接受入学政策,作为整个大学教育的课程管理,使课程系统化和结构化,并以易于理解的方式向学生展示,通过测量与评价学生的学习结果,来努力提高教育内容的质量。[②]这项措施仍在持续推行,力图通过课程体系的构建,提升日本各级各类高校的人才培养质量。

第三节　已有文献的价值与不足

已有文献在应用型高校课程建设实践和理念的研究,以及教育改进学理论的分析与应用,都体现了本书在应用型高等教育领域的重要性,其特色与重点为本书提供了参考,当前存在的不足也为本书提供了发展空间。

一、已有文献的特色重点

在文献系统地分析整理的基础上,已有文献主要体现出三个主要的特

① 熊淳、杨迪、陈筱:《日本高等职业教育的演变与发展》,《世界高等教育》,2020年第1期。

② 日本文部省:『大学における教育内容等の改革状況について(平成30年度)』,[2021-09-20]. https://www. mext. go. jp/a_menu/koutou/daigaku/04052801/1417336_00007.htm.

色,也支撑了本书的理论构建与实践讨论。

(一)体现了课程建设在应用型人才培养中的地位

任何教育的最终效果都取决于直接面向学生的课程建设和实施过程,基于人才培养分类而形成的应用型和学术型高校,它们的建设与发展最终也要落实在与人才培养密切相关的课程建设中。[①]无论是学术型高校、综合型高校还是应用型高校,均属于高等教育的范畴,其课程在高等教育课程的大概念下,从高等教育大概念中理解,应用型高校课程是按照应用型高等教育目的所建构的各学科和教育教学活动的系统,按照一定的计划安排学生学习,从而让学生在课程活动中获得知识,丰富体验,[②]对于人才培养具有核心地位和意义。

在境外应用型高校的实践上,尽管各国各地进行高等教育结构调整的方式不尽相同,例如德国的应用型高校建设主要是由政策引导的,几乎德国应用型高校发展的每一步都有着政策制定和执行之间的双向互动;而美国的应用型高校或高校的应用型研究则更多的是由需要产生,由高校和地方之间的互动实践产生了影响,并推动了政策的制定。但无论何种方式,都对"课程"的建设与改进提出了要求,并都以课程作为抓手,带动了人才培养乃至地方经济的发展。

因此从理论和实践两方面来看,已有的研究充分证明,在应用型高校话题领域内,课程建设的质量关系到人才培养的质量,是应用型人才培养的核心。

(二)关注了应用型高校课程的系统性建设与开发

应用型高校建设是一项系统工程,它不仅是对原有模式的全面修订,也

---

① 潘懋元、周群英:《从高校分类的视角看应用型本科课程建设》,《中国大学教学》,2009年第3期。

② 高有华:《高等教育课程理论新探》,江苏大学出版社,2009年。

是积极寻求新变化的创新过程,需要转型高校从原来的办学模式向新类型、新任务转变,重新设计人才培养的业务流程。必须转变办学理念、办学定位、专业建设、培养体系、师资队伍建设、教学模式、科研方向、管理模式、资源配置等多个方面。[①]从学校自身质量提升、特色发展的需要来看,应用型高校扎根地方、立足地方的特点也决定了这一类型的高校必须建立具有自身特色的人才培养模式。这也同时是学校提升办学质量,寻求特色发展的实际需要。[②]应用型高校所培养的知识型应用型人才,应该面向的是社会生产生活领域中的职业群和行业,而不是单一的岗位。[③]因此应用型人才不仅要求具备高深的知识和学习素养,而且要求运用这些知识来研究和解决社会问题。因此,必须打破理性主义与功利主义的对立,重构新课程理念,指导课程建设。[④]而以"质量改进"为主要导向的教育改进学理论思潮,恰能够适应当前我国应用型高校对课程建设的需求。

(三)凸显了以质量提升为目标的教育改进价值

建设应用型本科课程是当前推进高校分类发展进而提高教育质量的重要举措,课程内容的选择与确立,既要服从于高等学校的培养目标,又要符合科学技术发展的基本原则,还要服从于社会的发展变化与实际需要。[⑤]由于我国高校传统上基本是单一的学术性精英教育,众多高校的课程设置从理念、培养方案、教材到实施及评价都是精英教育模式的产物,使得我国目

---

① 曲殿彬、赵玉石:《地方本科高校转型发展的问题与应对》,《中国高等教育》,2014年第12期。

② 李儒寿:《应用型本科人才培养模式改革探索——以湖北文理学院"211"人才培养模式为例》,《高等教育研究》,2012年第8期。

③ 刘焕阳、韩延伦:《地方本科高校应用型人才培养定位及其体系建设》,《教育研究》,2012年第12期。

④ 潘懋元、周群英:《从高校分类的视角看应用型本科课程建设》,《中国大学教学》,2009年第3期。

⑤ 杨德广:《高等教育学概论》(修订版),华东师范大学出版社,2010年,第163页。

前正大力建设的应用型高校大多脱胎于学术型教育。[①]因此在课程建设上，并不是要完全推翻当前已有的基础重建或重构新的东西，而是在已有的基础上以应用型人才培养为目标实施教育改进，进而实现质量提升。从已有的应用型高校课程实践，到哲学层面知识观、育人观和课程观的探讨，再到课程理论的新进展，以及教育改进学理论自身的相关概念，结合我国应用型高校的发展历程以及其他各国的发展经验，已经很明显地指向了"改进"。而从现实的角度出发，无论是基于社会发展、高校发展还是学生发展，应用型高校的课程建设与改进也到了势在必行的时刻。当前我国高校面临的是雅思贝尔斯在多年前提出的出现自身"消解"危机的阶段，因此必须进行组织和建设的外部改造以及大学观念新形态的思维方式的内在转变。

二、当前研究存在的不足

已有的丰富研究为本书的开展奠定了基础，但仍存在一些并未深入涉及和探讨的内容，有待后续研究持续深入，也为本书的开展提供了进一步思考的空间。

（一）课程建设整体路径研究有所欠缺

已有研究在批评应用型高校课程在实践上存在问题的同时，更多停留在理念和观念层面的改进，集中于课程基本问题的讨论居多。高校转型的研究存在着明显的政策导向，而针对政策对于课程层面的具体要求是什么的研究较少，集中在高校转型发展的政策研究比较多，并且在对政策的讨论上更多地浮于表面，极少有研究能够涉及应用型高校课程政策的内部逻辑，以及在逻辑背后的课程目标，提及地方乃至高校层面究竟是如何理解、内化

① 潘懋元、周群英：《从高校分类的视角看应用型本科课程建设》，《中国大学教学》，2009年第3期。

以致执行的研究更是少之又少。针对课程内容的研究也相对集中于某一所或某一类高校，缺乏应用型高校之间的对比，也未形成我国应用型高校课程建设的整体状况的描述。

（二）课程建设各环节的探讨有待深入

在课程研究方面，已有研究多基于其他教育阶段的课程理论进行分析，并未形成有关应用型高校的课程理论，并且也很少有研究关涉应用型高校转型中的课程体系变革。占据主流的是对课程内容以及教学层面的研究、对具体某个专业实践教学的研究，或是介绍一些改进实践教学的具体措施的研究。大多数的研究都在阐述教学实践改革或改进的重要性，而真正意义上把应用型本科院校实践教学作为体系研究的并不多。[①]在课程的评价上，由于在目标层面探讨的仍处于起步状态，学界对于应用型高校人才培养的目标以及实践层面的课程目标，仍然并未形成较为统一或清晰便捷的定义，导致整体上无法形成严格意义上的“目标-评价”模式，因此对于应用型高校课程评价的研究少之又少。且研究多集中于考核方式的讨论，而针对课程目标达成程度、学习结果的评价相对缺失。而课程评价本身对于课程体系变革有着非常重要的意义，如果不能掌握当前课程发展的情况、不能对当前课程进行评价，也更无法针对某个具体的目标实施改进。通过详细的文献梳理，笔者发现，整体上来说，当前的研究多集中在针对某一具体政策或是某一个专业甚至单一学科课程，或是针对应用型高校课程建设的某一具体环节，还没有形成系统性、体系性的深入研究成果。

（三）课程建设研究中国话语需要确立

我国应用型高校与其他各国何种层次的教育形态相对应并无统一的说

---

① 王鹏：《高校转型背景下应用型本科院校实践教学体系研究》，西安建筑科技大学，2017年。

法，也导致大量与应用型高校课程建设相关的概念与信息并没有被纳入这一话题域中。由于这种话语的混乱，致使很多研究过度关注于海外经验的介绍与借鉴。相对于国内研究来说，海外高等教育领域和应用型高校相类似的概念非常多，有很多经验可供借鉴，但这些概念并不应该和我国应用型高校直接对等。若以此作为应用型高校课程建设的参考，也存在一定的不合理性。尽管如此，在境外研究方面，也以经验介绍为主，很多文献的写作初衷或缘由在于应用型高校的某一专业或某一课程与某国、某海外高校进行共建或合作，以实践层面的具体描述为主，相对宏观甚至中观的研究较少。受当前应用型高等教育整体发展状况的影响，不少硕博论文的综述部分也只做国外经验介绍，还有少部分论文将历史梳理取代文献综述，集中论述了德国、美国和欧洲国家相关经验和研究，甚至有论文只进行政策引入和现状分析，不进行文献探讨。整体上对概念与概念之间的比较不够深入，也缺乏对应用型高校以及应用型高校课程建设的中国话语自信。

三、对本书的借鉴意义

在科技发展日新月异的当下，技术型人才培养的问题已经是一个蔓延全球的问题。面对知识的发展，网络信息的爆炸，普适、客观和价值无涉的知识观念不断被解构。而转型中的应用型高校长期以来囿于传统的课堂教学，但事实上这种方式的知识基础已经不复存在。继续受困于传统的藩篱中，不仅无法与发展迅速的时代接轨，更无法与逐渐壮大的“双一流”高校进行竞争，甚至可能逐渐失去原有的阵地，无疑是作茧自缚。

与此同时，当首要目标是改进过程或结果时，经验主义所支持的长期理论是有效的，但对实践并不总是有指导意义。当前已有的和教育改进学相关，以“全面质量管理”为主要目标的应用型高校课程建设方面的研究，从方法到模型上都为本书提供了重要的借鉴，但仍有待更深入的研究，并将这一由管理学中延伸出来的概念完全渗透到教育学科内部。教育改进学是一门实践性强于理论性的理论,因此需要从高等教育课程本身出发,深度结合应用型高校课程理论的探讨,从而支持对高等教育课程建设的分析。已有研究在为本书提供基础的同时,也为本书的开展提供了进一步思考的空间。

事实上当前应用型高校的改革,也是我国高等教育分类管理的结果,也是我国整体体制机制改革在高等教育的体现。转型的“阵痛期”不免触及部分群体的利益,也挑战着行政部门的管理能力。我国高等教育发展至今已经形成了具有自身特色的制度文化,需要以内部作为突破口,真正深入应用型高校内部,才能带来课程在微观层面的切实改进。整体来说,应用型高校课程建设应有一套自身的发展路径,对接我国经济社会发展和学生实际需要,受政策引导而非被政策裹挟,应建立在世界高等教育发展的基础之上又不照搬他国经验。

第三章　教育改进与应用型高校课程建设

通过对已有研究的整理和分析，可以发现课程建设在应用型高校发展进程中的重要性。课程建设是一个非常复杂的问题，作为高校教育教学工作的核心，课程建设中所做出的决策，极大地影响着教学的内容、教学方法以及教学组织形式。随着时间的推移，社会、经济和政治的背景正在发生着巨大的变化，这些变化对课程有着深刻的影响。[①]需要以更为系统的方式，以更为宽广的视野，站在更高的站位深入思考应用型高校课程建设的内涵。由此，本书引入了“教育改进”及相关概念。这一理念是随着社会发展和教育改革的不断推进产生的，由于其在教育质量提升中发挥的重要作用，作为一个新兴理论，正逐渐受到高等教育领域的广泛关注。因此，基于已有的发展经验以及文献研究中对本书核心问题的展开探讨，本章通过将教育改进理论引入高等教育课程建设，明确教育改进的概念，并阐述教育改进学的理论基础。以课程的基本理论充实分析基础，并通过系统性课程理论完善研究路径，将以“系统理论”作为分析起点，通过“系统映射”来支撑改进图谱的

① ［美］丹尼尔·坦纳、［美］劳雷尔·坦纳：《学校课程史》，崔允漷等译，教育科学出版社，2006年，第24页。

构建,同时强调“改进度量”在教育改进过程中的重要性,并以“质量提升”作为最终的改进目标。本章将重点关注如何将这些理论应用于应用型高校课程建设中,以期推动应用型高校课程的持续改进和创新发展。

第一节 引入高等教育的教育改进学

本书主要以教育改进学作为理论基础和支撑,以系统的教育改进学理论搭建文章框架,基于核心的问题和概念界定,在教育改进学概念厘清的基础上,嵌套与应用型高校课程建设相关的高等教育课程理论,将教育改进学的前沿理论引入高等教育,构筑应用型高校课程建设分析框架,力图全面呈现如今我国应用型高校课程建设的图景。

一、教育改进的概念

从概念来说,确定教育改进概念,需要同教育的其他类似概念进行区分,以明确“改进”概念相对其他概念更符合应用型高校课程建设的要求。首先,与本书最为相关的“转型”以及“改革、沿革、演变、发展”等体现事物发展的渐变性与延续性的词语。它们可以归纳为通过教育规范体系的整体性变革,改变教育内部的实体和关系结构,转换教育内外部功能,使教育获得新的相对稳定的存在方式。在我国高等教育发展的历程中,曾经经历过多次高校“转型”,其中包括“理工科”“师范类”高校,向综合大学的转变,这种转变在一定程度上提高了这类学校的办学水平,但是在现下的高等教育生态里,也出现了前文中所提到的高校同质化、竞争力降低的问题。“转型”的概念强调的是“转变类型”,是高校在发展过程中的转向,从一种类型转变为另一种类型,是一种政策性引导的词汇,且并未标明这种转变的质量与要求,因此更为基础和扁平化,不符合“课程”生成性和生长性的要求。

与此同时,"改革"类概念包括"革新""改变"等,也同样是我国教育话语中比较多见的用法。课程改革是教育改革的核心环节,在高校改革中也有着重要的地位。在应用型高校课程建设上,有研究者提出,课程改革必须包含如培养目标、课程体系与教学方法三个基本层面。[①]普通本科高校转型进程中的课程改革,要从课程要素走向课程系统,从孤岛课程走向开放课程,从大教学观走向大课程观,从教学为本走向学习为本。[②]相对于其他"改革"概念更具有"去旧出新"的含义,一般强调在不改变原有社会制度的前提下,由政府自上而下地对政治进行良性干预,去除弊政、采取新式,使生产关系中那些不利于生产力发展的因素受到排除或遏制,从而给社会的发展进步注入新的活力。[③]但应用型高校课程建设已经有了一定的基础,在整体教育资源有限的前提下,盲目提出全面的教育改革并不是非常妥当的选择,也无法体现"改"之为"进"的课程生成性要求。

故本书选择了"教育改进"一词作为研究的重点。这一概念的选择源于教育改进学理论,它在基于一定的参照标准前提下更具有意义,正如改进学奠基人之一杰拉尔德·兰利(Gerald J. Langley)等人所指出的那样:更快、更好、更容易、更有效、更有益、更节省、更安全等。[④]与提高学校效能等概念相比,教育改进是一个注重教育实践中变革和解决问题的创新项目。[⑤]教育改

---

① 陈新民:《应用型本科的课程改革:培养目标、课程体系与教学方法》,《中国大学教学》,2011年第7期。

② 牟延林:《普通本科高校转型进程中课程改革的思考》,《中国高教研究》,2014年第9期。

③ 任重:《试论改革与革命的辩证关系》,《山东大学学报》(哲学社会科学版),1998年第1期。

④ Langley G. J., Moen R. D., Nolan K. M., et al., *The improvement guide: a practical approach to enhancing organizational performance*, John Wiley & Sons, 2009, p. 24.

⑤ Creemers B. P. M., Reezigt G. J., School effectiveness and school improvement: Sustaining links, *School effectiveness and school improvement*, 1997, 8(4).

进专家大卫·霍普金斯(David Hopkins)认为有效实现改进是达成规划中的教育变革,提高学生的学习成果以及学校管理变革的能力。“管理”一词的增加强调了在学校为了实现改进而必须进行的过程和活动。[①]改进可以同时兼备改善和创新,并且更加强调循序渐进的过程,能够体现高等教育螺旋上升,不断前进的发展趋势。从哲学角度上来说,改进概念是对马克思主义哲学对事物发展规律的实践。高等教育方向是上升前进的,所走的具体道路是回旋曲折的。每一次否定都是“扬弃”,它不仅舍弃了以往发展阶段中过时的、消极的东西,而且保留和发扬了其中积极的成果,并在这个基础上加入了富有生命力的新内容,把事物推向一个新的水平和更高的发展阶段,从而形成上升或前进的趋势。[②]综合来看,因为“改进”有其他概念不具备的特征,通过“改进”才能真正带来应用型高校课程建设的整体变革,从根本上实现高校应用型转型的要求。

总体来说,本书的研究对象是高校转型过程中的课程,正是在原有课程的基础之上,根据应用发展的要求,通过各种方式,进行改善、创新、变革,形成质量更高、体系更完善、效果更好的应用型高校课程。

二、教育改进学理论

按照政策的概念,应用型高校的课程本应以“转型”为主要研究重心,但本书所要探求的并不是论述政策的“正确性”,也并非证实或证伪“高校转型”的概念,而是聚焦“应用型高校课程建设”上,试图探索出高校转型的当下,应用型高校课程建设做了何种改进以及应该如何改进,如何对课程建设进行评价等。因此教育改进学就成为本书最为重要的理论视角和框架

① Hopkins D., *School Improvement for Real*, Routledge, 2003.

② 王元璋:《螺旋式上升运动》,《简明马克思主义原理辞典》,江苏人民出版社,1987年,第103页。

基础。

(一)以“系统理论”(Systems Theory)作为分析基础

教育改进学依托系统科学,属于生成论的科学范式。系统科学是一门综合性、交叉性横断科学,其理论与方法对许多学科产生了积极的推动作用。[①]系统是由相互联系、相互作用的要素(部分)组成的具有一定结构和功能的有机整体。系统科学的研究对象恰好涵盖了系统的结构、功能与效率。[②]从表层的“构成论图景”到深层的“生成论机制”的转变,是当代系统思想的根本性转变。经典自然理论的世界图景是由基本“砖块”及其外部相互作用构成的“复合型世界”,而当代自然科学正趋向于把世界理解为由各个层级“生成元”生成的复杂性世界。生成论最本质的特征是动态性和整体性,这两个基本特征由潜在性、显现性、全域相关性、随机性以及自我统一性体现出来,由此而构成生成论的基本框架。[③]作为一种培养人的活动,教育的内生力能够帮助应用型高校不断成长,不断完善自身系统,而课程建设便在整体系统升级的过程中不断发生,也作为高校的基本构成促进了高等教育的发展。

从教育改进学的系统理论出发,可以将高等教育机构视为一组在多个层次上运作的相互作用的子系统。分为教学系统(Instructional System)、人力资源系统(Human Resource System)、信息基础设施(Information Infrastructure)以及机构治理(Institutional Governance),分别挑战了高校教育相关的课堂、组织、治理多个层面,构筑了一个教育改进科学的改进图谱(Improvement

① Hinnant-Crawford B. N., *Improvement Science in Education*, Myers Education Press.2020.

② 任友群、徐光涛、王美:《信息化促进优质教育资源共享——系统科学的视角》,《开放教育研究》,2013年第5期。

③ 林杰:《世界一流大学:构成的还是生成的?——基于系统科学的分析》,《复旦教育论坛》,2016年第2期。

Map)。[①]但在改进实践中,不可能一次性就触碰改进图谱中的所有内容,首要目标是找到最有可能随着改进工作的实施而表现出来的基本组织特征。[②]因此需要在应用型高校课程建设整个系统中,找到最为紧要的环节进行系统分析。

这为本书的内容分析和文本分析提供了基本的思路框架,从而能够针对人才培养质量提升的目标,层层剖析应用型高校课程从政策到实践的逻辑,进而抽丝剥茧,形成当前我国应用型高校课程建设的整体思路。

(二)以"系统映射"(System Mapping)支撑改进图谱

为了实现从人的发展到组织变革这一制度变迁,教育改进工作者"居中领先"培育了一种"俯瞰式"的制度观,以相对全局的方式理解其使命和实现使命的主要障碍——换句话说,采取系统思考的方法,考虑我们如何引导变革,以解决学生学习与就业等多种复杂问题。[③]系统思维是在整个复杂系统(如高等教育)的背景下,围绕一个目标或问题,构建出组织要素之间相互关联和相互依存的理解,系统思维工具可以提供构建这种理解的方式。

系统映射是在系统内部,将各组成部分勾连起来,并与系统外部各利益相关群体加强联系,从而能够加深理解,并确定复杂问题各组成部分之间的联系和相互作用。由此形成的改进图谱(或称为系统图谱)可以帮助我们从"生成"的立场了解整个高等教育系统,并允许知识差距、不同见解的出现。系统映射可以帮助教育开发人员将教育工作放在一个更为广泛的背景下,并通过利用和联结其他系统(如社会、文化、经济等)组件来增强教育工作的

① Bryk A. S., Gomez L. M., Grunow A., et al., *Learning to improve: How America's schools can get better at getting better*, Harvard Education Press, 2015, pp.89-90.

② Little D., Guiding and modelling quality improvement in higher education institutions, *Quality in Higher Education*, 2015, 21(3).

③ Schroeder C., *Coming in from the margins: Faculty development's emerging organizational development role in institutional change*, Stylus Publishing, LLC., 2012, p. 158.

效果。在系统映射基础上形成的改进图谱能够独立运行，以激发对一个复杂问题的学习、反思和协作，从而能够在系统架构上围绕一个目标来组织多个研究视角。通过系统映射的迭代过程，可以为系统相关的各利益主体创造机会，为了共同的目标或问题进行深入的对话并获得见解。系统映射还可以帮助我们识别问题瓶颈和未来机会，为下一步的发展方向提供策略信息。[①]从而形成改进工具——系统改进图谱（System Improvement Map），也即系统改进的整体路径。

本书在整体结构上也参考了这种俯瞰的方式，将"应用型高校课程建设"看作一个从宏观政策到高校实践的大系统，由上至下对改进过程的每一个阶段进行探究，进而发现各个阶段的要求与目标。也关注了执行阶段对目标的理解和达成程度、是否能够服务于人才培养质量提升这一大目标，从而能够以更全方位的视角来看待应用型高校的课程建设。

（三）以"改进度量"（Measurement for improvement）作为评价尺度

改进度量通常也被称为实际度量（practical measurement）。它不仅衡量了改进的进度，也将资料的收集嵌入日常工作任务中，评价与测量影响了教育改进活动中的各个组成部分。作为一种实操性比较强的教育改进工具，它通过制定衡量标准，了解在特定驱动因素中实现增长意味着什么。没有改进的理论，就不能制定切实可行的措施。它把"什么是起作用的问题?"分解为四个附加问题：

①它是有效的吗（Did it work）?

②它现在正在运行吗（Is it working）?

③实施的效果如何（How is it working）?

---

① Crow R., *Hinnant-Crawford B.N.The Educational Leader's Guide to Improvement Science*, Myers Education Press.2020, pp.77-78.

④它是否按照预期进行工作(Is it working as intended)?[①]

评估与评价在教育改进中有着重要的意义,通过评价可以获得改进实施的效果并发现改进流程中出现的问题,从而促进系统自身的改进,即“改进之改进”。而围绕教育改进,在不断回答改进度量的各个问题的同时,评估与评价的手段也应该不断改进,即在“评价的评价”的基础上,实现“评价的改进”。在课程的领域中更是如此,课程本身是系统的、不断演化的整体,评估与评价是课程研究和不断发展过程的一部分,它的目的和手段都应处于不断修正之中。[②]

由于现下存在大量高校仍处于转型初期,很难进行全盘性地路径度量与评价。因此结合课程理论,本书更多的是要将改进度量的概念置于每一步的分析与讨论中。在国家和省级层面的政策文本分析中回答当前课程建设的改进目标是否正在运行,并通过高校层面的人才培养方案、课程方案和自述文本的分析判断其运行情况和实施效果。基于评价手段的创新,对高校学生和教师展开问卷与访谈调查课程,从而进行效果评价,最后审慎地反思和评价课程建设目标的达成度,从而支撑课程建设从政策到实践的整体路径讨论。

(四)以“质量提升”(Quality Improvement)作为改进目标

“质量提升”是改进的目标要求,应当视为改进科学的理论基础,改进活动的前身便是在健康领域中掀起了“质量提升运动”,质量提升被定义为在质量体系内实施并根据需要证明的规划和系统性行动,以提供足够的信心,

---

① 潘懋元、周群英:《从高校分类的视角看应用型本科课程建设》,《中国大学教学》,2009年第3期。

② [美]梅里尔·唐尼、[美]凯利:《教育的理论与实践——引论》,王箭、刘晖、张新平译,江西教育出版社,1989年,第188、276、277页。

使产品或服务满足给定的质量要求。[①]在教育改进话题中，作为一种价值导向，尤其是对于教育政策的研究来说，这一概念有着非常重要的意义。以质量提升为目标，首先对政策制定者提出了更为审慎的要求。决策者应该认识到自身存在的局限性，并且能够在一个复杂的系统中直接产生影响，他们应理解政策问题的"现实紧迫性"(The Urgency of Now)，从而迫使政策加速执行，进而在规模上可靠地实现质量提升。[②]此外，质量提升还意味着，提高了对教育问责(Accountability Systems)的要求。通过问责与评价，可以获得学生学习的结果和教育教学的效果，这些内容将继续巩固改进目标，并帮助制定变革方向，问责与评价制度也会让教育工作者对改进更加关注。这意味着不仅要关注改进结果本身，还要关注改进过程措施和关键驱动因素进展的证据。它要求教育机构必须建立高的标准来解决出现的问题，协调和维持地方行动，以实现改进目标。这些新的问责与评价制度能够再审视改进失败的原因，并针对即将实施的改进进行评估，以便进一步提升。[③]

在课程角度上，"质量提升"也被很多学校甚至地区作为提升教育效能和实现教育改进的方法。它代表着一种范式的转换，即强调顾客优先(在教育中就是学生优先)、打破等级界限、自我监管与检查、合作与协作、横向沟通以及团队责任。[④]"质量提升"也是多数以"改进"或"系统改进"为主要方式的教育政策或实践的目标，也在实现质量提升的过程中发生"持续改进"。

---

① Dale B. G., Van Der Wiele T., Van Iwaarden J., *Managing quality*, John Wiley & Sons, 2007.

② Bryk A. S., Gomez L. M., Grunow A., et al., *Learning to improve: How America's schools can get better at getting better*, Harvard Education Press, 2015, p. 218.

③ Bryk A. S., Gomez L. M., Grunow A., et al., *Learning to improve: How America's schools can get better at getting better*, Harvard Education Press, p. 219.

④ [美]艾伦·C.奥恩斯坦、[美]费朗西斯·P.汉金斯：《课程：基础、原理和问题》(第三版)，柯森译，江苏教育出版社，2002年，第7页。

并且“质量提升”需要系统理论作为保障,已有研究表明,系统方法是质量保障的基础,[①]质量提升需要在组织的各个层面上进行战略性实施,缺乏系统性实施可能会导致不属于系统改进要求的临时性质的质量提升“碎片”[②]。因此以质量提升为目标的改进,需要在系统中考虑质量提升的意义,从而避免产生与系统要求割裂的质量提升“碎片”,影响改进效率。

回到应用型高校课程建设上,在教育政策中课程建设目的的指向就是提高人才培养的质量。结合教育改进学的目标要求,在系统理论的支持下,本书在应用型高等教育大系统内,以应用型人才培养的质量提升作为课程建设的总目标,从而围绕目标评估并提出相关建议,建立起整个课程建设模式。

第二节 有关教育改进学的相关研究

教育改进学是一个新兴领域,当前将其运用于应用型高校课程建设的讨论较为欠缺。因此本书从发展脉络出发,先由教育改进学的研究基础入手对相关文献进行探讨,再缩小讨论范围,逐步聚焦教育改进学在高等教育领域尤其是在应用型高等教育领域的已有研究。从而在文献梳理中,全面呈现当前学界在“改进学”之于教育,“教育改进学”之于应用型高校及应用型高校课程建设上的看法与特征。

---

① Houston D., TQM and higher education: A critical systems perspective on fitness for purpose, *Quality in Higher Education*, 2007, 13(1).

② Asif M., de Bruijn E. J., Douglas A., et al., Why quality management programs fail: a strategic and operations management perspective, *International Journal of Quality & Reliability Management*, 2009.

一、教育改进学概念内涵的相关研究

起源于20世纪90年代工业、企业及医护领域的改进科学,进入21世纪以后才开始在社会科学研究领域快速发展,例如企业质量控制、公共医疗和护理等。而教育改进学则是教育科学与改进科学的交叉学科,作为一个在学界相对新的概念,当前在国内的研究中多以介绍性的理论研究为主。

从教育改进学的概念内涵在我国的发展来看,与其他同样较为前沿的教育理论相比,教育改进学事实上在我国已经有了一段可供追溯的历史。这一概念最早由中华教育改进社引入,该社的成立是五四新文化及新教育运动发展的产物,于1921年12月23日在北平正式成立,为了利用"团体之力"来"服务社会",推行中国教育改进事业的进一步发展,是当时中国最有影响和最有力量的民间教育团体。[①]中华教育改进社由实际教育调查社、中华新教育共进社和《新教育》杂志社三个社团组成;以"调查教育实况,研究教育学说,力谋教育改进"为宗旨,《新教育》月刊是其理论喉舌。[②]陶行知先生专门撰写《教育改进》一文,全面论述了改进的概念与内容,他指出,"吾人不但须教育,而且须好教育。改进之意即在使坏者变好。好者变为更好。社会是动的,教育亦要动。吾人须使之继续不断的改,继续不断的进"[③]。教育改进成为民国时期指导教育运动的重要理论支点。

从教育改进学概念内涵自身发展的历史来看,它起源于医疗管理领域。20世纪50年代之后,教育改进学进入了科学发展时期。导火索源于美国在医疗领域的政策失灵,基于大规模调查的数据造成了医疗政策的失误,"质

---

① 杨莲:《陶行知与中华教育改进社》,《南京晓庄学院学报》,2008年第1期。

② 汪楚雄:《陶行知与中国新教育运动》,《教育研究与实验》,2009年第3期。

③ 陶行知:《教育改进.陶行知全集》(卷二),四川教育出版社,2005年,第467页。

量改进”概念进入了医疗政策领域,[①]取得成功后又由卡内基教学促进基金会(Carnegie Foundation for the Advancement of Teaching)引入教育领域,并取得良好的效果,成为美国教育改革的一种实践方式。2015年,该基金会在其出版的著作《学习改进:使美国的学校越变越好》中提出了“学校质量改进的六个基本原则”[②],在教育研究领域,如英国伦敦大学教育学院[③]、密歇根大学[④]等科研实力较强的高校专门开设了相关课程或设置相关专业,多设于“教育领导力与政策”等相关系所内,开展教育改进学相关的研究和人才培养工作。

从教育改进学定义与界定的相关研究来看,已有研究者将教育改进学的基本概念、思路和方法进行梳理和介绍,认为这一概念的核心特点是基于循证研究和专业改进共同体建设,来推动教育实现真正改进。它涵盖了教育公正、质量、政策、治理、机制、策略、课程、教学、技术、多元、特色等在使命、强度、广度、速率乃至可持续性等方面的追求。[⑤]与教育变革、改革、发展或创新不同,教育改进是指在个体、机构、系统、国家乃至全球层面上实现改

① Brook R. H., The End of the Quality Improvement Movement: Long Live Improving Value, *Jama the Journal of the American Medical Association*, 2010, 304(16).

② Bryk A. S., Advancing Quality in Continuous Improvement, Speech Presented at the Carnegie Foundation Summit on Improvement in Education, 2018, p.4

③ 具体内容详见伦敦大学教育学院官网。参见:IOE Centre for Education Improvement Science——appointment of Director(2018-11-16)[2021-09-13].https://www.ucl.ac.uk/ioe/news/2018/nov/ioe-centre-education-improvement-science-appointment-director.

④ 密歇根大学开设了“教育改进学”在线学分课程,是该校“领先教育创新和改进(Leading Educational Innovation and Improvement)”微型硕士课程的一部分。参见 EdX.Improvement Science in Education [2021-09-13]. https://www.edx.org/course/improvement-science-in-education? index=product&queryID=7eff0bc007c1d805f2e9656d1829025d&position=1.

⑤ 秦一鸣、蔡心心、李军:《教育改进学的创建与中国探索:科学内涵与理论溯源》,《清华大学教育研究》,2020年第3期。

进的过程与方法,涉及方向、强度、延展性、速度、可持续性等价值尺度,以此来应对挑战并解决问题。[①]

从教育改进学内涵与特征的相关研究来看,大多数研究者将"改进"作为一个系统性过程来理解,以系统作为理论的支点。将改进作为实现改革(Change)的过程,用来描述和分析教育变革,但这种方式容易忽视教育内部的具体内容(例如,教学方法、课程、项目、整个学校的改进)。[②]这类研究也在分析过程中,认可并形成了自身的改进系统观点。如每一个变革的提出都代表着一个新的学习机会,随着时间的推移,我们经历了一系列的变化周期:变革—改进—学习,再过渡到下一个变革—改进—学习的循环,即便改进发生的变化是微小的,但仍然可以从这些经验中学习。[③]除此之外,为了评价改进的有效性,需要一个有效性标准(例如:学生的学习成绩得到提高了吗?)以及一个改进标准(例如:学校的整体情况有没有改进到新的阶段?)。因此该项目包括两个相关的研究任务,分析、评估和综合可能有助于有效改进学校的理论以及对现行的学校改进方案进行梳理、分析和评价。[④]整体上形成了教育改进学在理论层面的研究立场。

正是因为改进学在教育质量提升方面的独特意义,基于教育改进学的概念和研究框架,有学者指出,美国改进科学研究的最新成果可为我国高等教育质量持续提升提供有益的借鉴,为教育教学质量改进研究提供可操作

---

① Li J., *Envisioning the teaching and learning of teachers for excellence and equity in education*, Singapore: Springer, forthcoming.

② Hallinger P., Heck R. H., Exploring the journey of school improvement: Classifying and analyzing patterns of change in school improvement processes and learning outcomes, *School Effectiveness and School Improvement*, 2011, 22(1).

③ Hall G. E., Hord S. M., *Implementing Change: Patterns, Principles, and Potholes*, Fourth edition, Pearson, 2015, p. 9.

④ Hoeben W. Effective school improvement: State of the art/Contribution to a discussion, 1998.

的技术支持,[①]尽管相关理论研究处于起步阶段,但“教育改进学”确实已经在国际和国内学界成为一种新的理论思潮,也开始影响教育实践。

二、改进概念在教育领域中的相关研究

作为教育领域中新的概念,准确以“教育改进”作为研究立场的研究并不多。不过仅从“改进”一词来看,尽管没有严格提出“教育改进学”的立场,很多研究都使用这一理念进行教育实践。最为常见的研究是针对某一教育问题提出提升的意见或建议,将改进作为“提升、改变”来使用,如成人高等学历教育问题与改进策略研究[②]、中国远程教育的实施状况及其改进[③]、我国高校创新创业教育课程建设的调研与改进[④]、加强和改进劳动教育[⑤],针对当前基础教育评价存在的问题,提出应采用增值性、发展性和多元化的评价方式。[⑥]

改进作为与“提升、提高”相似的词,也曾直接出现在政策文本中,对某一教育领域提出改进要求。如2004年,中共中央、国务院发出的《关于进一

① 王丽丽、严文蕃:《改进科学研究对提升中国高等教育质量的启示》,《高等教育研究》,2019年第11期。

② 俞启定:《成人高等学历教育问题与改进策略研究》,《华中师范大学学报》(人文社会科学版),2014年第5期。

③ 张建伟、吴庚生、李绯:《中国远程教育的实施状况及其改进—— 一项针对远程学习者的调查》,《开放教育研究》,2003年第4期。

④ 朱恬恬、舒霞玉:《我国高校创新创业教育课程建设的调研与改进》,《大学教育科学》,2021年第3期。

⑤ 檀传宝:《加强和改进劳动教育是当务之急——当前我国劳动教育存在的问题、原因及对策》,《人民教育》,2018年第20期。

⑥ 谈松华、黄晓婷:《我国教育评价现状与改进建议》,《中国教育学刊》,2012年第1期。

步加强和改进大学生思想政治教育的意见》[1]，与之相关的研究，多在政策的基础之上，提出改进的策略或政策建议。如有研究者指出，在加强和改进大学生思想政治教育工作中，"红色影视"的利用正在成为思想政治教育的新形式和新亮点，对提高大学生思想政治素质具有独特优势。[2]以及针对某一具体课程，如北京科技大学实践类课程《大学生志愿服务》，构建大学生志愿服务长效机制来加强和改进大学生思想政治教育。[3]

而针对政策本身的"改进"研究也相对比较丰富，在这方面，高等教育和职业教育领域内相关的研究比较多。如有研究者针对美国2015年《高等教育信息素养能力标准》和2000年版本进行对比，发现其改进的特征以及对我国高等教育信息素养提升的意义；[4]又如针对自2003年开始实施的《普通高等学校体育教育本科专业课程方案》存在的问题提出改进建议，以促进体育教育专业健康发展。[5]更多是聚焦于某一项实施已久，已经不符合现实需求的教育标准或教育政策进行调整，涉及教育改进学理论在实践中应用以及教育改进学理论中国化的深入探讨相对较少。

---

① 中共中央　国务院：《关于进一步加强和改进大学生思想政治教育的意见》，《中国高等教育》，2004年第20期。

② 柳礼泉、张红明：《"红色影视"——加强和改进大学生思想政治教育的新亮点》，《思想教育研究》，2008年第2期。

③ 陈曦、潘小俪、刘晓东：《构建大学生志愿服务长效机制 加强和改进大学生思想政治教育——北京科技大学实践类课程〈大学生志愿服务〉的建设和探索》，《思想教育研究》，2009年第8期。

④ 秦小燕：《美国高校信息素养标准的改进与启示——ACRL〈高等教育信息素养框架〉解读》，《图书情报工作》，2015年第19期。

⑤ 唐炎：《现行体育教育本科专业课程方案存在的问题与改进建议》，《体育学刊》，2014年第2期。

三、教育改进学在国际高教领域应用的相关研究

国际上,教育改进学在高等教育领域的运用则更为深入。为了实现全面质量提升,不少国家在行政或实践层面都开发了自身的质量保障与改进体系和模型,对本书有着重要的参考意义。主要是以应用科学和应用专业为核心,多聚焦于工程教育范畴。

英国以质量提升为目标,通过工程教授会议(Engineering Professors' Conference,以下简称EPC),确定了关于高等教育的质量体系规范和一套关于该规范应用的指导方针,被称为EPC模型。该模型是一种自上而下的建设机构质量体系的方法,其质量保证原则包括:设定质量目标、规划活动以实现这些目标、质量计划的文件编制、活动表现和绩效质量数据的收集、审查和评估这些活动的执行效果、识别和纠正缺陷。并利用全面质量管理的哲学,针对实施的具体层面补充部分基础知识,包括:所有员工对满足其客户需求的承诺和动力、赋予员工提高质量的权力、通过培训来发展他们的能力。其根本目标在于实现一个持续不断的质量改进(Continuous and Never-ending Quality Improvement)的过程。①

在北美地区,工程学院接受由专业认证委员会设计和实施的认证程序:美国的工程和技术认证委员会(Accreditation Board for Engineering and Technology,以下简称ABET)和加拿大工程认证委员会(Canadian Engineering Accreditation Board,以下简称CEAB)。②ABET是由来自不同大学的工程学院

---

① Tannock J. D. T., Burge S. E., The EPC model for quality assurance in higher education, *European Journal of Engineering Education*, 1994, 19(3).

② Karapetrovic S., Rajamani D., Willborn W., Quality assurance in engineering education: comparison of accreditation schemes and ISO 9001, *European Journal of Engineering Education*, 1998, 23(2)

组成的联盟，以设计、实施和评估本科工程教育的新方法提高教育体验的整体质量。有研究者针对美国工程教育专业认证标准进行研究，新的标准明确提出持续改进的认证理念与技术，并将其作为整个标准的核心，转向持续改进并不意味着否定“最低教育质量”，而是把“最低教育质量”作为持续改进的基础。[①]加拿大CEAB认证标准的亮点在于：其规定的是工程学位课程，而不是获得机构认证；标准包括：大学、工程单位（教员）、课程、学生和设施；认证是自愿的；如某个课程不符合该标准，则可撤销资格认证；重点是教师的工作量、录取政策、学生的学术进度、课程控制、课程规范、计算机和图书馆设施。[②]在课程方面，有研究者指出CEAB过于注重标准的设计，而忽视了对方案和课程的输送。[③]但这一标准每年都在根据实际情况和社会评价进行改进，从1994年设立至今已经经历了多次调整。

在澳大利亚，成立了一个高等教育质量保证委员会（Australian Universities Quality Agency，AUQA），目的是确保和提高澳大利亚高等教育的质量。澳大利亚的高等教育系统包括根据州、领土或联邦政府立法建立的自治大学，它们有权承认自己的课程。当前已经建立了完善的质量保证框架。包括五个关键要素：大学的认证与注册，在进行五年周期性审计中的作用，联邦监测高校的表现，高校确保发展和改进质量与标准的责任，以及遵守各种法律法规和准则，如国家议定书和国家法规。[④]

---

① 余天佐、刘少雪：《从外部评估转向自我改进——美国工程教育专业认证标准EC2000的变革及启示》，《高等工程教育研究》，2014年第6期。

② Mathur R. M., Venter R. D., Quality Assurance of Engineering Education in Canada: its suitability for graduates working in global markets, *International Journal of Engineering Education*, 2000, 16(2).

③ Karapetrovic S., Rajamani D., Willborn W., The University Manufacturing System: ISO 9000 and Accreditation Issues, *International Journal of Engineering Education*, 1997, 13.

④ Shah M., Nair S., Wilson M., Quality assurance in Australian higher education: historical and future development, *Asia Pacific Education Review*, 2011, 12(3).

除了各国的质量保障与改进体系建设的相关研究外,亦有很多研究使用教育改进学针对高等教育领域中具体的教育教学展开研究。如有研究者基于系统改进理论针对系统文化中的教与学展开研究,在高等机构层面提出应改进教学包括发展工作关系系统。在教育环境中,人们可能是多个活动系统的成员,但在高等教育机构中,学术部门或其成员通常是大多数学术人员的主要活动系统。[①]为探求中学后(Post-secondary Education)教育阶段的黑人群体在高等教育机构中的受教育情况,有研究者针对黑人在校园中的不利处境情况设置了组织改进规划(Organizational Improvement Plan),针对组织改进理论,提出了一个解决方案,重点改变质量保证(Quality Assurance)和持续改进政策和程序(Continual Improvement Policy and Procedures),以改进高校层面的公平性、多样性和利益相关者的包容性。[②]

结合应用型高校课程国际经验的研究,以及教育改进学在国际高等教育领域理论和实践的应用,已经能够看出教育改进学对于高等教育尤其是应用型高等教育研究的实践和理论意义。

四、教育改进学在我国高校教育领域实践的相关研究

在高等教育领域,受国际本科工程学位互认协议的影响,我国理论界使用教育改进学相关理论针对工程专业认证方面的讨论最多。如很多研究对《华盛顿协议》展开分析讨论,它的工程教育专业认证有三大核心理念:以学

---

① Knight P. T., Trowler P. R., Department-level cultures and the improvement of learning and teaching, *Studies in higher education*, 2000, 25(1).

② Mallay N., Change Management, Quality Assurance and Race: Advancing Race-Based Equity in Canadian Higher Education by Leveraging Established Institutional Mechanisms, Western University, 2020: 2.

生为中心、产出导向及持续改进，[①]这些理念代表了工程教育改革的方向。其中，“质量持续改进（Continuous Quality Improvement CQI）”脱胎于全面质量管理理念，强调通过建立持续的质量改进机制，推动高等教育质量循环式上升，[②]建立在产出和目标成就的评估基础之上，并利用这些评估结果进行教学计划的改进。[③]该理念贯穿整个认证体系，从学生管理到培养目标，从毕业要求到课程体系，从师资建设到支持条件。可以说，人才培养和专业建设的各个环节都渗透着持续改进的理念。[④]具体而言，当前工程相关专业人才培养和课程建设的主要方向在于教学内容、教学方法应根据用人单位反馈、学生反馈、达成度计算等结果持续进行改进，从而保证在不断变化的社会、技术环境中始终能培养达到毕业要求的毕业生。[⑤]

针对当前应用型本科工程教育存在的问题，相对传统的教学方式带来的诸多问题或缺陷而导致难以满足专业认证对大学生的素质和能力培养需求，[⑥]有研究者指出其教育改革的方向问题是关键，但当前在工程教育改革的设计上，盲目希望通过“一劳永逸”的“一次性”改革解决工程教育的所有

---

① 教育部：《〈华盛顿协议〉介绍》，(2013-08-20)[2021-08-12].http://www.moe.gov.cn/jyb_xwfb/moe_1946/s7097/201308/t20130820_156006.html。

② 孙晓娟：《专业认证视角下工程教育质量保障研究》，华东理工大学，2017年，第16页。

③ 孙晓娟：《专业认证视角下工程教育质量保障研究》，华东理工大学，2017年，第4页。

④ 孙晶、张伟、崔岩等：《工程教育专业认证的持续改进理念与实践》，《大学教育》，2018年第7期。

⑤ 王保建、陈花玲等：《工程教育认证标准下的课程教学设置》，《实验室研究与探索》，2018年第8期。

⑥ 刘宝、李贞刚、阮伯兴：《基于工程教育专业认证的大学课堂教学模式改革》，《黑龙江高教研究》，2017年第4期。

问题,缺乏持续性改进的理念或者措施,是违背工程教育规律的,[①]因此迫切需要通过持续改进的方式,形成循序渐进地改变与提升,在工程教育规律下解决存在的问题。

对于工程专业认证的研究,有研究者认为认证过程也可以视为一个持续改进的过程,这就要求被认证的专业建立一种具有“评价—反馈—改进”反复循环特征的持续改进机制。[②]有高校对应工程教育专业认证,建立了本科教学管理体系和质量监控体系,包括质量监控队伍、教学管理制度、教学工作的沟通及信息反馈渠道等,形成了由“培养方案制订—培养方案执行—质量监控检查—反馈与持续改进”四个部分构成的完整闭环教学质量监控体系。[③]在工程专业设置上,基于全球统一的认证体系,人才培养和专业设置的各个环节都渗透着持续改进的理念。

“全面质量管理”概念中“改进”一环多针对“评价”环节进行讨论,以“改进”评价方式作为主要评价手段的研究也较为多见,或针对某一教学方法、研究方法进行改进。针对工程教育,有研究者提出应以学生学习成果或产出为目标导向进行人才培养,强调以课程达成度作为教学质量监控的重要环节,从而通过质量监控与反馈机制进行持续改进,促使教育质量的提高。[④]在全面质量管理中,针对课程,应注意的是评价对象是实施效果而不是设计结果。对“课程体系”的考查要点有两个:专业要对课程体系设计(而

---

① 陆勇:《浅谈工程教育专业认证与地方本科高校工程教育改革》,《高等工程教育研究》,2015年第6期。

② 李志义:《解析工程教育专业认证的持续改进理念》,《中国高等教育》,2015年第3期。

③ 孙桓五、张琤:《基于工程教育专业认证理念的地方高校工科专业建设实践》,《中国大学教学》,2017年第11期。

④ 韩晓燕、张彦通、王伟:《高等工程教育专业认证研究综述》,《高等工程教育研究》,2006年第6期。

不是实施过程)进行评价,以确定它能否支持培养目标的达成;课程体系的设计要有行业或企业专家参与。[①]如有研究者针对高校创新创业教育,在课程方面采用改进AHP方法进行评价。[②]在具体高校的研究中,有研究者分析了台湾地区以“教学卓越计划”实现质量改进的实施情况,其中屏东科技大学以PDCA质量保证的理念对所制定的计划目标与执行成效进行评价,从而使得“教学卓越计划”的评鉴过程和结果达到系统化、专业化。[③]

在高等教育领域中真正基于教育改进学中“全面质量改进”或“系统改进”理念的实践研究较为零散,但在课程建设和专业设置中已经形成了相当丰富的经验,为本书的开展提供了借鉴。

第三节　高等教育课程理论

课程理论对于分析我国应用型高校课程的建设与改进也有着非常重要的借鉴意义,也是本书探讨课程建设的理论起点之一。已有的课程理论研究大多偏重于重点大学或学术型本科教育,对新建地方院校应用型本科教育关注不多、研究不够。[④]因此需要本书在理论上提供更具有“应用型”视角的高等教育课程观点,从而更适合应用型高校课程建设的实际需要。

---

① 李志义:《解析工程教育专业认证的持续改进理念》,《中国高等教育》,2015年第3期。

② 高苛、华菊翠:《基于改进AHP法的高校创新创业教育评价》,《现代教育管理》,2015年第4期。

③ 施洁、罗三桂:《台湾“奖励大学教学卓越计划”及其启示——以台湾屏东科技大学为例》,《高教探索》,2016年第12期。

④ 朱永江:《新建地方院校应用型本科课程体系建构取向》,《现代教育科学》,2010年第1期。

一、以课程的基本理论充实分析基础

首先,作为一项围绕课程理论展开的研究,必须考虑课程基本理论对应用型高校课程建设的意义。但无论是在传统课程理论“泰勒原理”的四要素,还是课程的制度方面,它们关注的是课程的基本问题,或者说课程的基本方面,而不是独立存在的课程实务。在应用型高校的层面上来理解,更应该从课程论的实物层面出发,认为它是一门十分务实、期望有具体实物产生的学问,在实物层面来把握课程。[①]在本书的文献综述部分也提及了对传统的“泰勒模型”以及“目标—评价”模式在当前应用型高校课程建设研究中的意义,这些模型事实上是一种系统管理(system management),它假设,系统的有效性可以通过该系统的输出满足该系统存在之目的的程度如何予以评价,[②]因此基于经典课程理论的讨论,本书认为课程具备的基本构件或要素应体现在应用型高校课程建设的进程中(见图3-1),它们与教育改进的系统架构有着类似的流程,也是进行一项课程研究的基石,是支撑本书框架体系设置的重要参考。

---

① 徐国庆:《职业教育课程论》,华东师范大学出版社,2018年,第7页。

② 施良方:《课程理论:课程的基础、原理与问题》,《教育科学出版社》,1996年,第223页。

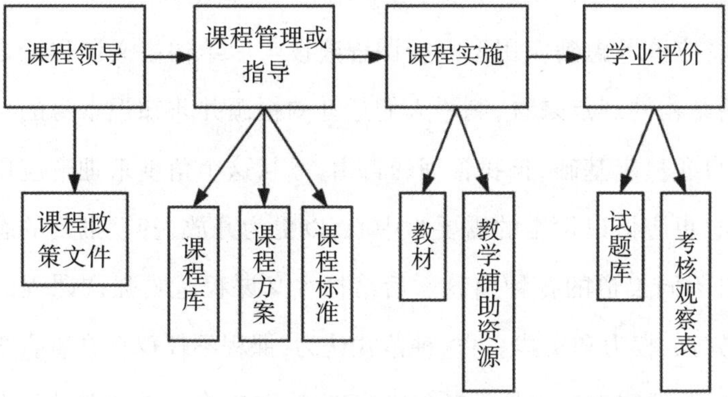

图3-1　课程的基本构件①

其次,课程在不同的层次概念中有着不同的含义,本书作为一项由政策到实践,从宏观到微观的分析,对应用型高校课程也需要在分类上进行理解。本书主要参考了约翰·古德莱德(John I. Goodlad)的分类方式,古德莱德将课程分为六种类型。当前政策所提倡的课程是理想课程(Ideal Curriculum),是课程的一种理想化模型,体现的是政策或课程设计者对课程的创想和意图。然后是以书面形式正式对外公布和使用的课程,即正式课程(Formal Curriculum),主要以教科书的形式出现。而在这个层级之下的两类课程都和教师直接相关,其中之一是感知课程(Perceived Curriculum),也被称为领悟的课程,用户(主要指教师)对正式课程的理解存在差异,感知课程指的就是用户所理解的课程;另一个是操作课程(Operational Curriculum),教师理解课程以后通过教学活动将内容向学生传授,操作课程指的就是教师在教室里具体的教学过程。②基于这种分类方式,本书着重探讨了政策层面理想课程的要求与导向、高校层面正式课程的实施与实践,也对师生层面的操作

① 徐国庆:《职业教育课程论》,华东师范大学出版社,2018年,第7页。
② 钟启泉:《课程与教学概论》,华东师范大学出版社,2004年,第21页。

与感知展开探讨,是本书进行课程层级梳理的逻辑基础。

再次,应该考虑到应用型高校课程建设与后结构主义课程论之间的勾连。从后结构的观点来看,刺激人们运动的根源并非知识本身的自我合法性,而是自我奠定基础、自我管理的自由。①从这个角度来理解应用型高校课程知识,更应该以学生的需要为中心,以更为开放,甚至批判的态度重新审视来自不同渠道的各种信息。后结构主义课程范式强调课程的实施过程,强调知识、权力和实践。②这种范式认为,课程不仅仅存在着自身内部的简单联系,与课程理论之外的其他教育理论,与教育之外的其他社会文化理论之间是相互联系的,是一个开放的系统,课程和外部系统之间不断进行着理论对话和理论碰撞。③这耦合了当前应用型课程改进所需要的知识观,应用型高校课程不再是封闭的知识系统或结构化的知识体系,而是作为大学与社会之间、专业知识和社会知识之间沟通的方式,更为关注学生当下和未来的实际需要,关注课程实践的整个过程。

最后,近年来课程领域的新发展、提出的新概念对于本书也有着非常重要的意义。第一,美国的21世纪技能(Partnership for 21st Century Skills)主要关注受教育者未来职业发展的需要。④当今时代要求知识劳动者创造和革新出能解决实际问题、满足现实消费者需求的新产品、新服务,这些要求是21世纪经济增长的一个重要驱动力。⑤第二,要重视非认知能力(Noncogni-

---

① 让-弗朗索瓦·利奥塔:《后现代状况:关于知识的报告》,程小平译,汪民安、陈永国、马海良:《后现代性的哲学话语》,浙江人民出版社,2000年,第3~4页。

② 李庆丰:《大学课程知识选择的实践逻辑研究》,北京师范大学出版社,2014年,第24~25页。

③ 周宗钞、张文军:《课程理论的后现代转向》,《教育发展研究》,2004年第21期。

④ 师曼、刘晟、刘霞等:《21世纪核心素养的框架及要素研究》,《华东师范大学学报》(教育科学版),2016年第3期。

⑤ [美]伯尼·特里林、[美]查尔斯·菲德尔:《21世纪技能:为我们所生存的时代而学习》,洪友译,天津社会科学院出版社,2011年,第22页。

tive Ability)在人才培养中的意义,指的是个体区别于智力(认知)因素,对智力活动起驱动和调节作用的情感、意志、性格等个性品质;这些品质不仅与大学生的学业成就密切相关,而且也被视作高等教育的重要产出,直接影响着大学生的毕业去向和求职结果。[①]很多研究已经证明,认知能力和非认知能力才能够共同决定社会和经济成功,非认知能力与认知能力同等重要,甚至更为重要。[②]第三,也要考虑核心素养(Core Competence)在应用型高校课程建设中的体现,这一概念来自职业教育领域,所指为对工作、职业的胜任能力,随着教育普及化与高等教育大众化后成为一个热词。[③]OECD(Organization for Economic Co-operation and Development,经济合作与发展组织)版本的核心素养体系包括自主行动,在异质社会团体中互动,互动地使用工具、思维。[④]因此整体来看,面向未来的发展,应该通过应用型高校课程帮助学生在形成这些技能、能力与素养,提升应用型人才培养质量,从而能够更好地生活并适应未来社会的需要。

总而言之,课程的基本理论为本书提供了对课程最基本的理解——课程不仅存在着自身内部各要素之间的联系,与课程理论之外的其他教育理论,与教育之外的其他社会科学理论之间是相互关联的,是一个开放的系统,课程和外部系统之间不断进行着理论对话和理论碰撞。[⑤]因此本书所理解的应用型高校课程,不应该是封闭的知识系统或结构化的知识体系,而是

---

① 刘钊:《"非认知"视角下本科生毕业去向和求职结果的实证研究——基于"高等理科教育(本科)改革"调查数据的分析》,《教育学术月刊》,2016年第5期。

② Heckman J. J., Stixrud J., Urzua S., The effects of cognitive and noncognitive abilities on labor market outcomes and social behavior, *Journal of Labor economics*, 2006, 24(3).

③ 刘云杉:《"核心素养"的局限:兼论教育目标的古今之变》,《全球教育展望》,2017年第1期。

④ [美]罗斯玛丽·希普金斯、[美]蕾切尔·伯斯塔德、[美]萨利·博伊德、[美]苏·迈克道尔:《面向未来的核心素养》,高振宇译,华东师范大学,2020年,第11页。

⑤ 周宗钞、张文军:《课程理论的后现代转向》,《教育发展研究》,2004年第1页。

作为大学与社会之间、专业知识和社会知识之间沟通的方式,应更为关注学生当下和未来的实际需要,以及课程实践的整个过程。

二、以系统性课程理论完善研究路径

在研究课程的过程中,一个最理想的方法就是采用系统方法。简单地说,每个系统对一个过程来讲都具有一个输入过程,这一过程又继而对系统的外界环境有一个输出,并通过控制该过程信息输入的反馈机制对系统的输出作出反应,指出系统中正在进行的事情是应当继续进行还是应当加以修改。①课程处理的系统性方法,受系统理论、系统分析和系统工程学的影响。这些概念,最初是由社会科学家们在20世纪50年代和60年代提出的,并为学校管理者们所利用。它们被视为管理与组织理论的一部分。在系统性方法中,对于整个学区或学校的各个部门,要仔细地考察它们之间的相互联系和相互影响。要对部门、人员、设备和教学计划这些组成部分进行规划设计,促使人们在行为和期望方面出现变化。通常要将情况传给需要作出取舍和选择的管理人员。②

对系统运行的每个阶段中所包含的各种决策和活动可以分别进行研究。由于课程在教育过程中居于中心地位,因而应当尽可能地了解课程功能和课程的产生过程。就这一点来说,课程研究之所以重要,就在于它能提高我们对教育事业中这一重要部分的认识。③而从系统的角度出发,就应该不止关注具体学科或年级的课程内容,应对课程持一种宏观的或广泛的看

---

① [英]菲利浦·泰勒、[英]科林·理查兹:《课程研究导论》,王伟廉、高佩译,春秋出版社,1989年,第12页。

② [美]艾伦·C.奥恩斯坦、[美]费朗西斯·P.汉金斯:《课程:基础、原理和问题》(第三版),柯森译,江苏教育出版社,2002年,第6~8页。

③ [英]菲利浦·泰勒、[英]科林·理查兹:《课程研究导论》,王伟廉、高佩译,春秋出版社,1989年,第12~13页。

法，关注与整个高校或高校系统有关的课程议题和问题，深入研究课程如何在不同的计划与内容之间相互联系，将课程的长期规划与短期规划结合在一起。[①]因此作为一项从政策角度出发的研究，应着重考虑课程的系统性。

植根于文化分析（Cultural Analysis）的课程环境模式[②]就属于系统性课程理论[③]。具体到课程的系统模型，有很多模型可以提供参照，如由兰德公司（Rand Corporation）开发的PPBS系统（Planning，Programming，Budgeting System）。[④]之后被用于教育研究中，多用于衡量某一教育改革措施或项目的时效性，[⑤]在课程研究领域，则将课程作为系统，全面判断课程建设的实效。与之类似的比较有名的系统性方法，还有"规划评价与审查方法"（Program Evaluation and Review Technique，PERT）[⑥]，是在各类项目中进行规划的方式，

---

① [美]艾伦·C.奥恩斯坦、[美]费朗西斯·P.汉金斯：《课程：基础、原理和问题》（第三版），柯森译，江苏教育出版社，2002年，第6~8页。

② [英]菲利浦·泰勒、[英]科林·理查兹：《课程研究导论》，王伟廉、高佩译，春秋出版社，1989年，第61~63页。

③ 课程环境模式包括：分析环境、表述目标、制订方案和实施以及检查、评价、反馈和改进。

④ PPBS模型最初由美国国防部门用于预算管理，它把计划制定、程序确定和预算编制的各个方面结合起来，使之具有系统的结构、功能和能力。该模型在2003年又加入了"E"，即执行（Execution），更为全面地提升了该模型在具体项目实施实践中的作用。参见：Grimes S. R., PPBS To PPBE: A Process Or Principles?, Army War Coll Carlisle Barracks Pa, 2008. 和Jones L. R, McCaffery J. L., Reform of the Planning, Programming, Budgeting System, and management control in the US Department of Defense: Insights from budget theory, Public Budgeting & Finance, 2005, 25(3)。

⑤ Walsh J. F. P., *The Comparison of a Planning, Programming, Budgeting Systems Management Operation with a Non-Planning, Programming, Budgeting Systems Management Operation In Regional Education Centers*, New York University, 1975.

⑥ PERT模型的步骤包括工作分解结构、网络开发、活动时间估算、网络时间计算、计划安排、执行可行性、项目重新规划和项目预算。参见：Cook D. L., *Program evaluation and review technique: Applications in education*, US Department of health, education, and welfare, Office of education, 1966。

这项方法也被引用到教育上。当然这些系统模型也受到不小的批评,如对公共政策的理解过于简单化、目标设计过于笼统等。[①]

为了避免这些问题,结合这些模型的组织方式,仍然基于教育改进学,以全面质量提升作为目标的课程系统理论。因此,本书主要选择了PDCA(Plan-Do-Check-Action,或可称为PDSA循环)教育改进系统模型,也称为质量循环,是管理中的一种通用模式。它最早由沃特尔·休哈特(Walter A. Shewhart)在20世纪30年代末提出,[②]后由戴明·爱德华(Deming W. Edwards)于20世纪50年代末完善,[③]在管理学领域引起了巨大反响。近年来在教育系统变革中被广泛使用,对于课程体系建设有着重要的意义。

在PDCA教育改进循环中,"P"代表规划(或计划),"D"代表针对规划的执行,"C"代表核检或评价,最后一个"A"与"D"的执行应进行区分,应理解为检查后的再行动,因此在我国的相关研究中,尤其是教育实践,一般被译为总结[④]、效果[⑤]或改进[⑥],综合考虑这些观点以及本书对应用型高校课程的系统性观点,本书将之定义为"总结再行动"。

改进学奠基人之一杰拉尔德·兰利(Gerald J. Langley)1994年在PDCA循环中嵌入了改进学的理论,将"研究(Study)"替代了原来的核检或评价,创造

---

① Mosher F. C., Limitations and Problems of PPBS in the States, *Public Administration Review*, 1969, 29(2).

② Shewhart W. A., Statistical Method from the Viewpoint of Quality Control, *Supplement to the Journal of the Royal Statistical Society*, 1940-1941, 7(01).

③ Deming W. E., *Elementary principles of the statistical control of quality: a series of lectures*, Nippon Kagaku Gijutsu Remmei, 1951.

④ 李波:《PDCA循环理论在高校教学质量管理体系中的应用》,《现代教育科学》,2010年第5期。

⑤ 伍春兰:《PDSA视域下基于教师学习的中学数学课例研修研究》,《数学教育学报》,2021年第3期。

⑥ 杨洁:《基于PDCA循环的内部控制有效性综合评价》,《会计研究》,2011年第4期。

性地为循环增加了三个需要通过循环解决和回答的问题:“试图完成什么?怎么知道改变就是改进?我们可以做出哪些改变来促进改进发生?”[①]在实际应用上一般对二者不做细致区分,在本书中,由于针对课程建设展开研究,基于课程理论,采用和课程评价最为贴近的Check作为循环中的一部分更为适切。但改进学之于PDCA循环的意义,是需要在本书进行应用型高校课程建设各个环节讨论过程中需要参考的。作为系统改进图谱的一种类别,PDCA教育改进循环是一个系统性课程模型,一般被视为综合循环的课程模式,四个阶段紧密相连,在每一个周期后,都可以解决一些质量问题,从而实现课程的提升,达到人才培养质量提升的目的。

① Langley G. J., Nolan K. M., Nolan T. W., The foundation of improvement, *Quality Progress*, 1994, 27(6).

第四章　我国应用型高校课程建设的政策要求

在本书的开头，已经对当前推进高校应用型转型的相关政策进行引入和介绍，而应该如何看待应用型高校课程的改进，应用型高校课程应具备怎样的内在逻辑还有待探讨。传统的课程理论，尽管已经形成了系统的观点，但在课程内部讨论课程，对探讨目的政治过程，以及对目的的理解，实际上被忽略了。[①]因此为了明确政策层面对应用型高校课程建设的要求，明晰改进目标，确定PDCA教育改进循环中第一个环节“Plan”——“规划”环节对应用型高校课程建设的政策要求。为此，本书以政策文本为主要载体，对应用型高校课程建设的规划要求进行深入的分析与解构，为推进课程建设明确方向和指引。

第一节　应用型高校课程的政策历程与影响因素

新中国成立以后，应用型高等教育发展经历了由少到多、由点到面、由

① 施良方：《课程理论：课程的基础、原理与问题》，教育科学出版社，1996年，第223页。

浅入深、自下而上的发展过程。[①]尽管没有专门以“课程”为名的政策出现，作为应用型高等教育大体系内的子系统，应用型高校课程政策随着政治、经济、人口与社会的发展而不断产生变化，也形成了具有中国特色的政策体系。

一、应用型高校课程政策的历史回顾

从新中国成立初期社会主义高等教育体系的建立到引导部分高校应用型转型政策的确定以及配套政策的出台，应用型高校课程政策自身的完善过程也同样是系统化发展的过程，受系统内外多方面共同因素的影响，正在日趋走向完善。为了能够明晰应用型高校课程建设的政策基础，按照马丁·特罗（Trow Martin）[②]对高等教育发展阶段的划分，[③]对我国应用型高校课程政策进行回顾。

（一）精英化阶段：在普通高校中关注应用型人才培养

在1999年高等教育扩招政策颁布之前，我国高等教育处于精英化阶段，能够接受高等教育的人是少数。在高等教育体系建设完善过程之初，并未提出“应用型高校”以及“应用型高校课程”等相关概念，但有关“应用型人才

---

① 刘彦军：《我国应用型高等教育的发展历程与展望》，《高等工程教育研究》，2018年第5期。

② Trow M., Problems in the Transition from Elite to Mass Higher Education, OECD, 1973, pp.51-104.

③ 这种分类方式在学界存在一定争议，即以毛入学率为方式进行划分究竟是否适合我国本土高等教育的发展。除了毛入学率外，数量标准还有高等教育净入学率、每10万人口接受高等教育的人数、劳动人口中接受高等教育人数的比例等。但马丁·特罗的分类在政策中使用频率较高，且应用型高等教育正是随着高等教育规模扩张而产生的概念，因此为了区分各个阶段，本书的讨论中以这种分类方式作为阶段划分的标准（参见：邬大光：《高等教育大众化理论的内涵与价值——与马丁·特罗教授的对话》，《高等教育研究》，2003年第6期，以及别敦荣：《普及化高等教育的基本逻辑》，《中国高教研究》，2016年第3期）。

培养"的相关概念则一直伴随着我国高等教育政策的建设与发展,课程的目标与要求也在不断完善和提升。在很长一段时期里,"大教学、小课程"的观点占据了政策主流,课程方面的要求多以教学的方式呈现。应用型高校课程政策的产生极大地受到政策或制度的影响,无论从概念的提出还是改进实施的导向与要求,都直接受到宏观政策的指引。

新中国成立初期,高等教育管理体制最大的特点是高度集中与统一及部门分管办学。这种体制基本上与当时经济的集中统一相适应。这种集中与统一的管理在中华人民共和国成立之初,高校数量较少以及建立社会主义教育体制的情况下是行之有效的,对培养大规模经济建设急需的专业人才也起了积极作用。但是随着高教事业的不断发展壮大,这种高度集中的教育管理体制的弊端日益暴露出来。"文化大革命"结束后,为解决经济发展对人才的迫切需求和人们接受高等教育的强烈要求,党和政府通过多种方式发展高等教育,复建、改建、新建了一批新型大学。部分新型大学为与传统大学错位发展,先后举起了"培养应用型人才"的大旗,拉开了我国应用型高等教育发展的序幕,[①]课程建设与改进也随之产生。

1983年,国务院批转教育部和国家计委《关于加速发展高等教育的报告》中提出"要采取多种形式,开辟新的门路,调动各方面的积极性","调整高等教育内部比例",在工科专业中应主要招收科学生开始推动高等理工科教育的改革。[②]新中国成立初期到20世纪80年代,受苏联教育体系影响,建设了大量的单科性高校。1985年《关于教育体制改革的决定》,提出"高等教育内部的科系、层次比例失调",提高了高校的办学自主权,在课程与教学方

① 刘彦军:《我国应用型高等教育的发展历程与展望》,《高等工程教育研究》,2018年第5期。

② 教育部、国家计划委员会:《关于加速发展高等教育的报告》,《中华人民共和国国务院公报》,1983年第1期。

面则提出高校“有权调整专业的服务方向，制订教学计划和教学大纲，编写和选用教材”。[①]

1990年，国家教委出台《关于深化改革高等理工教育的意见》，在培养定位上提出理工应用型人才应是高等理工教育人才培养的多数。因此要深入进行教育、教学改革，“扬长补短”，针对课程与教学提出“从思想上、心理上、知识能力结构上加强应用意识、应用方法和技能方面的教育与训练，使多数理科毕业生到经济、生产、技术等实际应用部门后，既有较快的适应性，又有长远发展的潜力”[②]。同时还提出，应根据“加强基础、重视应用、分流培养”[③]来制定各专业的基本培养规格并修订相应的教学计划。1993年，中共中央、国务院在《中国教育改革和发展纲要》中提出了高等教育分类发展的要求，并明确要重点发展应用学科，直接提出了“教学、科研和生产”结合的教学改进方针：“高等教育要进一步改变专业设置偏窄的状况，拓宽专业业务范围，加强实践环节的教学和训练，发展同社会实际工作部门的合作培养，促进教学、科研、生产三结合”[④]。不再仅以基本知识教学和科学研究作为高等教育的课程与教学目标，极大地促进了我国高校应用导向教学与科研的发展。

在这一阶段，“提高高等教育人才的应用能力”，“开展课程与教学改革”不断在国家政策文本中出现，其重要性也不断提高，尽管主要还是在普通高等教育体系中进行政策设计，没有形成深入地对应用型人才培养的全面认识，但这一阶段的政策为后续高校扩招的人才培养改革以及应用型高校人才培养奠定了基础。

---

① 《中共中央关于教育体制改革的决定》，《中华人民共和国国务院公报》，1985年第15期。

② 国家教委：《关于深化改革高等理科教育的意见》，《大学化学》，1990年第6期。

③ 国家教委：《关于深化改革高等理科教育的意见》，《大学化学》，1990年第6期。

④ 中共中央、国务院：《中国教育改革和发展纲要》，《中国高等教育》，1993年第4期。

(二)大众化阶段:积极回应社会对应用型人才的需要

1999年高校扩招政策出台,我国开始从精英高等教育阶段过渡到大众高等教育阶段。[①]在课程与教学上提出积极推进高等学校的教学改革,继续推进"面向21世纪教学内容和课程体系改革计划",高等教育课程概念开始在政策文本中出现。尽管这一阶段并未在政策中直接提及"应用型高校"以及"应用型高校课程"等字眼,但随着扩招政策的推进,高等教育迅速从精英化迈向大众化,原有高校扩招增设应用型专业的同时,分类培养的理念逐渐深入人心,也涌现了一批地方性应用型本科高校。

2001年,教育部在《关于加强高等学校本科教学工作提高教学质量的若干意见》中强调,"以社会需求为导向,走多样化成才培养之路",提出了高校人才培养多元化的探索,全面对高校课程与教学提出要求的同时,针对应用能力的培养则提出"进一步加强实践教学,注重学生创新精神和实践能力的培养"[②]。同年,为了平衡扩招带来的招生、教学等多方面问题,教育部又颁布了《关于做好普通高等学校本科学科专业结构调整工作的若干原则意见》,认为面向地方经济发展,高校的应用型人才培养存在问题,提出大力发展与地方经济建设紧密结合的应用型专业,并且不仅针对理工科应用人才提出要求,也将这种培养指向了文科专业——"积极开办应用文科专业和新兴人文社科专业"。同时更加具体地对课程建设提出直接的要求:"传统学科专业的改革、改造是高等学校学科专业建设的重点和难点。在发挥传统学科专业师资力量强、办学经验丰富、教学资源充裕等优势的同时,要不断

---

① 王英杰、刘宝存:《中国教育改革30年——高等教育卷》,北京师范大学出版社,2009年。

② 教育部:《关于加强高等学校本科教学工作提高教学质量的若干意见的通知》,《教育部政报》,2001年第10期。

更新其教学内容、改革课程体系。”[①]

扩招政策直接推进了我国高等教育大众化进程，在十年的发展中，尽管存在由于规模突然扩张带来的各种问题，但也在之后的调整中逐渐趋于稳定，形成了后续政策中“转型高校”的主体，应用型高校课程政策的基本要求在这一过程中得以确定，改进的目标要求也逐渐清晰。

进入2010年，引导部分高校应用型转型已经成为“新建地方本科、部分老牌高校”的政策发展目标。2010年发布的《国家中长期教育改革和发展规划纲要（2010—2020）》正式提出“地方院校转型”[②]。其后成为教育部连续两年的工作要点并持续关注了“推进高校转型”，2014年在“加快现代职业教育体系建设”的工作重点内提出“探索本科层次职业教育”[③]，2015年将“推动高等教育布局结构优化和地方高校转型发展”[④]作为工作重点。之后转型问题也在诸如新型城镇化[⑤]、现代职业教育以及体制机制改革等关涉多个领域的相关政策中被附带性地关注和强调。

2012年，教育部印发《关于全面提高高等教育质量的若干意见》，要求“根据办学历史、区位优势和资源条件等，确定特色鲜明的办学定位、发展规划、人才培养规格和学科专业设置，加强地方本科高校建设，以扶需、扶特为

---

① 教育部：《关于做好普通高等学校本科学科专业结构调整工作的若干原则意见》，《医学教育》，2002年第1期。

② 中共中央、国务院：《国家中长期教育改革和发展规划纲要（2010—2020）》，（2010-07-29）[2021-09-27]. http://www.moe.gov.cn/srcsite/A01/s7048/201007/t20100729_171904.html。

③ 教育部：《教育部2014年工作要点》（2014-01-24）[2021-09-27]，http://www.moe.gov.cn/jyb_sjzl/moe_164/201401/t20140124_163169.html。

④ 教育部：《教育部2015年工作要点》（2015-02-12）[2021-09-27]，http://www.moe.gov.cn/jyb_sjzl/moe_164/201502/t20150212_185801.html。

⑤ 国务院：《国家新型城镇化规划（2014—2020年）》（2014-03-17）[2020-09-21]，http://www.gov.cn/xinwen/2014-03/17/content_2639873.htm。

原则，发挥政策引导和资源配置作用，支持有特色高水平地方高校发展”①。2014年5月，国务院印发《关于加快发展现代职业教育的决定》，提出“采取试点推动、示范引领等方式，引导一批普通本科高等学校向应用技术型高等学校转型”②，并鼓励高等教育分类发展，提出建立健全课程衔接体系、提升课程国际化等要求。

2015年10月21日，教育部、发改委、财政部三部委联合印发《关于引导部分地方普通本科高校向应用型转变的指导意见》，阐释了转型发展的重要意义，明晰了转型发展的指导思想和基本思路，并明确提出了转型改革的主要任务、配套措施和推进机制，由此正式拉开地方本科院校向应用型转变的序幕，其中多处涉及课程建设，在转型发展的主要任务中将“深化人才培养方案和课程体系改革”作为十四项任务中的一项。③

2016年，《中央政府工作报告》再次强调推动高校向应用型转变。2017年，《国家教育事业发展“十三五”规划》将加强应用型高校建设作为高等教育分类管理、特色发展的重要举措，要求到“十三五”末，建成一批直接为区域发展和产业振兴服务的中国特色高水平应用型高校，形成科学合理的高等教育结构。

在我国高等教育大众化阶段，从国家政策层面上看，已经明确提出实施引导部分高校向应用型转变的要求，回应社会对应用型人才的需要，将应用型高校课程建设作为应用型人才培养的保障，为当前应用型高校课程建设

① 教育部：《关于全面提高高等教育质量的若干意见》（2010-07-29）［2020-09-21］，http://www.moe.gov.cn/srcsite/A08/s7056/201203/t20120316_146673.html。

② 国务院：《关于加快发展现代职业教育的决定》（2014-06-22）［2020-09-21］，http://www.gov.cn/zhengce/content/2014-06/22/content_8901.htm。

③ 教育部、国家发展改革委、财政部：《引导部分地方普通本科高校向应用型转变的指导意见》（2015-11-13）［2020-09-21］，http://www.moe.gov.cn/srcsite/A03/moe_1892/moe_630/201511/t20151113_218942.html。

提供了导向。

(三)普及化阶段:不断改进完善应用型高校课程政策

按照马丁·特罗(Trow Martin)的分类,2019年,全国各类高等教育在学总规模4002万人,高等教育毛入学率51.6%,[①]已经进入普及化阶段。尽管是相对不完善的"普及",但在新的阶段,高等教育的规模超出了以往任何历史时期。在普及化阶段,高等教育的规模、院校的多样性、入学和选拔的政策、管理和行政、课程和教学形式以及学术标准等都在发生变化。[②]在课程方面,与大众化阶段相比,普及化阶段的课程之间、学习与生活之间的界限将被打破,课程结构呈现泛化特色。[③]

2019年起,高校转型相关政策的颁布和提出更加密集,对课程建设的要求也更加具体。2019年1月,国务院印发《国家职业教育改革实施方案》,指出"推动具备条件的普通本科高校向应用型转变,鼓励有条件的普通高校开办应用技术类型专业或课程"[④]。同年,中共中央办公厅、国务院办公厅印发《加快推进教育现代化实施方案(2018—2022)》,在多个层面要求建设高水平应用型高校,提高应用型人才培养比重。[⑤]

2021年3月,十三届全国人大四次会议通过《中华人民共和国国民经济

---

① 教育部:《2019年全国教育事业发展统计公报》(2020-05-20)[2020-09-21],http://www.moe.gov.cn/jyb_sjzl/sjzl_fztjgb/202005/t20200520_456751.html。

② 钟秉林、王新凤:《迈入普及化的中国高等教育:机遇、挑战与展望》,《中国高教研究》,2019年第8期。

③ 高耀:《毛入学率超50%后,我国高等教育进入普及化阶段没?》(2020-10-20)[2021-09-27],https://www.sohu.com/a/426170408_608848。

④ 国务院:《关于印发国家职业教育改革实施方案的通知》(2019-02-13)[2020-09-21],http://www.gov.cn/zhengce/content/2019-02/13/content_5365341.htm。

⑤ 中共中央办公厅、国务院办公厅.加快推进教育现代化实施方案(2018—2022年)[EB/OL].(2019-02-23)[2020-09-21].http://www. gov. cn/xinwen/2019-02/23/content_5367988.htm.

和社会发展第十四个五年规划和2035年远景目标纲要》,在人才队伍培养中也提出了应用型人才的目标:“加强创新型、应用型、技能型人才培养,实施知识更新工程、技能提升行动,壮大高水平工程师和高技能人才队伍。”明确了“建设高质量教育体系”[①]的政策导向和重点要求。2021年10月,中共中央办公厅、国务院办公厅印发《关于推动现代职业教育高质量发展的意见》,在强化类型特色上,在“推进不同层次职业教育纵向贯通”方面提出“鼓励应用型本科学校开展职业本科教育。按照专业大致对口原则,指导应用型本科学校、职业本科学校吸引更多中高职毕业生报考”[②]。强化了应用型高校在专业设置、培养目标、课程体系、培养方案与职业院校之间的对接关系。

在高等教育“普及化”阶段,应用型高校课程建设的要求也进一步被明确,为应用型高校课程建设提供了更为坚实的依据。

二、应用型高校课程政策的影响因素

在历程梳理的基础上,需要对应用型高校课程系统外部的影响因素进行分析,从而更容易在明确应用型高校课程建设政策目标依据和来源的基础上,深入了解政策目标的要求。

(一)产业结构调整的人才要求

我国经济社会发展和产业转型升级需要大量的技术应用型人才,而当

---

① 十三届全国人大四次会议.中华人民共和国国民经济和社会发展第十四个五年规划和2035年远景目标纲要[EB/OL].(2021-03-14)[2021-09-27].http://www.xinhuanet.com/2021-03/13/c_1127205564.htm.

② 中共中央办公厅、国务院办公厅.关于推动现代职业教育高质量发展的意见[EB/OL].(2021-10-12)[2021-10-27]. http://www.news.cn/politics/zywj/2021-10/12/c_1127950209.htm.

前我国的职业教育却满足不了市场需求,[①]对应用型人才培养的转型升级提出了要求。尽管高校转型是由政府主推的,以应用型人才培养为目标。但实际上,在高等教育有机体发展过程中,高等教育改革与高等发展之间的关系是非常复杂的,远非因果性关系那么简单。[②]马克思认为,具有革命性技术基础的现代工业,决定了现代劳动者必须是受到全面教育的全面发展的劳动者;现代科学揭示了现代生产过程的秘密,这就使现代生产知识成为易于掌握的东西;现代工业所要求于生产工作者的科学知识只有在生产劳动过程之外的教育过程中才能够学得。[③]

马丁·特罗(Trow Martin)认为工业化是促进高等教育大众化的根本原因,即经济发展是促进高等教育大众化的主要因素。改革开放之初,高等教育供不应求,新型大学完全可照搬照抄老大学办学模式(事实上,确实有很多大学是这么做的),而不必费心费力去修订教学计划、编写新教材、开展“早期实习”“多次实习”[④]。但在高校层面,为谋求发展和满足地方人才需要,在政策引导的同时,甚至在政策制定之前已经进行了“自下而上”的改革,在专业和课程上实施改进,产生了一批最早的应用型高校和应用型高校课程。

随着经济社会的不断发展,计划经济向市场经济不断转型,我国自1978年改革开放到1999年,国家经济一直处于高速发展阶段,20世纪八九十年代,随着经济的快速发展,我国工业界大量引进国外先进的工业设备,高附

---

① 彭小平、李刚:《普通本科院校转型:动因,对象与思考》,《职教通讯》,2015年第13期。

② 关雯文:《马克思主义发展观引航下的新建地方本科院校转型发展研究》,南京航空航天大学博士学位论文,2018年。

③ 王焕勋:《马克思教育思想研究》,重庆出版社,1988年,第224~226页。

④ 刘国瑞、高树仁:《高等教育发展方式转变的历史逻辑与现实选择》,《高等教育研究》,2015年第10期。

加值加工工业一直保持高速发展态势。国外先进技术和设备的引进,客观需要众多的具有高等教育文化层次或具有相关技术的技术人员、工程师、管理人才等满足技术人才市场的需求。[①]为解决供需矛盾,扩招政策势在必行,并且随着人才供需情况的变化,后续引导高校转型以及相关的课程政策也在不断发生调整。

在实施高校转型规划之前,全国高等学校的发展存在着“研究型大学”热、“综合型大学”热、“多学科大学”热,片面追求做高水平大学,造成高等教育“生态结构”失调。[②]产业结构调整的背景下,需要高等教育提供更多样化的人才。在各类人才中,高层次技术技能人才的缺口相对较大,这也是应用型高校的主要人才培养方向。我国高层次技术技能人才在数量、层次和结构上都与需求存在较大的差距。存在高层次技术技能人才数量不足、技术技能人才培养的学历层次不高、作为高层次技术技能人才培养主要载体的职业教育的层次还停留在专科阶段、技术技能人才结构与经济发展不适应等问题。[③]这也是应用型高校发展的契机,因此要牢牢抓住这一机遇培养出适合当前产业结构需要的人才。

有研究者使用就业统计数据、产业数据分析如今产业结构调整下的高等教育人才培养,发现当前就业结构偏离度较大,第二、三产业就业人员的数量相对不足,对技术技能型人才的需求增加。大学毕业生中,大专生比例下降,本科和研究生比例上升,学历结构升级具有明显的需求拉动特征,但结构调整的速度快于市场需求,造成高等教育劳动力市场内部挤压式就业困难。引致高校毕业生就业困难的主要问题不是学科比例失调,而是专业

① 谭贞等:《新建本科院校转型发展模式研究》,科学出版社,2017年,第2~3页。

② 胡瑞文:《我国大学毕业生供求形势与高等教育结构调整》,《国家教育行政学院学报》,2007年第11期。

③ 汪明义:《对地方本科院校转型发展的思考》,《中国高等教育》,2014年第8期。

结构与劳动力市场岗位的技能需求还存在一定矛盾。[①]产业结构与高等教育专业结构的不匹配是当前存在的主要矛盾，反映在就业问题上就是大学生“就业难”，而这种情况不是大学生就业群体的整体表征，而只是某些学科专业和部分毕业生的局部现象，不同的学科专业和不同的学生个体表现出完全不同的就业境遇。[②]因此迫切需要高等教育在专业、学科、课程等层面，紧随产业结构调整进行改进。

随着我国经济发展“转方式、调结构”的不断推进，产业结构的优化调整对高等教育的人才培养结构提出了新的要求，高等院校的人才培养数量、结构和专业设置等要顺应产业结构调整的需求，这种需求转变成为地方本科高校向应用技术大学转型的重要动力。[③]产业结构的调整，促进了新型行业的出现，带来了对人才的新需求，在外显层面，对专业设置提出全面的要求，必须与当前产业结构相适应，发展应用型高校特色专业，培养适应时代发展的人才。在内隐层面，课程的转型也迫在眉睫，仅仅在形式上进行调整，在专业设置上进行名称或培养方案上的创造，而在实际教学中仍然是原来的教师、原来的教材，培养出来的毕业生走上工作岗位仍然无法适应工作要求，并不能够解决产业结构转型对应用型高校的实际需求。在形式改变的基础上，内容层面的改变直接影响了人才培养的质量和效果，专业的特色仍然要通过课程设置、教育教学、课程内容等人才培养的实际操作来体现。

从政策历史来看，“人民群众的需要”一直是高校政策变化的一个重要推动力，随着经济发展和人民意识的提升，人民群众对子女接受高等教育尤

① 苏丽锋、陈建伟：《产业结构调整背景下高等教育人才供给与配置状况研究》，《中国人口科学》，2016年第4期。

② 马廷奇：《产业结构转型，专业结构调整与大学生就业促进》，《中国高等教育》，2013年第15期。

③ 赵新亮、张彦通：《地方本科高校向应用技术大学转型的动力机制与战略》，《高校教育管理》，2015年第2期。

其是本科高等教育的愿望十分强烈。[①]高等教育大众化发展,一直到如今的普及化进程加快,也伴随着思想观念的转变,“上好大学、找好工作”已经成为一种普遍的认识,也促进了高等教育领域扩大招生,提高教育教学质量等一系列政策的产生。近十年来,受扩招政策影响,部分高校在专业和课程建设上并未顺应社会的需要,也导致了“就业难”等与之相关的社会问题,培养出来的人不能适应社会的需要,资源和人才的浪费也倒逼应用型高校课程政策改进的发生。

(二)高校生存发展的历史必然

当前对高质量高等教育的需求也在持续推动地方普通本科高校向应用型转变。这是根据高等教育大众化后期的教育发展规律,适应经济新常态,实施教育供给结构改革的必然要求,社会和高校也越来越认同转型发展的必要性。

在高校层面,从1949年至今,我国高等教育学校数量不断发生跃升,从新中国成立初期的205所高校,发展到2019年的2688所,在70年的时间里,增长超过13倍(见图4-1)。

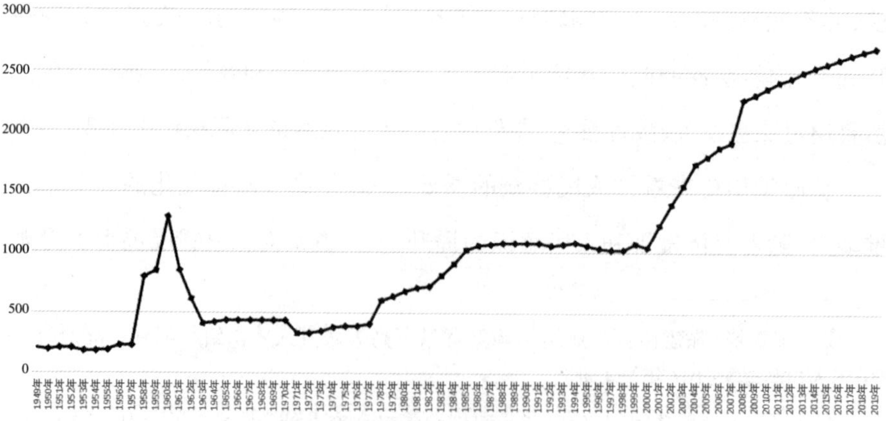

图4-1　我国普通高等学校数量变化(1949—2019年)

① 谭贞等:《新建本科院校转型发展模式研究》,科学出版社,2017年,第2~3页。

尽管已经提出部分高校转型的要求，但“一刀切”也并不是解决问题的方法，大量由专科升格或合并升格为本科的应用型高校、老牌的单一学科大学，面对陡然增加的学生，陷入了双重困境。一方面部分高校缺乏本科办学经验，短时间内无法立刻承担起培养本科人才的任务，另一方面师资力量和教学资源非常薄弱，难以支撑大规模的人才培养。在高校评价没有发生本质变化的背景下，为了能够快速发展，多数高校的办学定位向“学术型”“综合型”大学看齐，相应的人才培养方案也照搬这些高校的做法，出现了“重科研、轻教学”的情况，盲目强调专业基础理论知识的掌握，忽视相应的专业技能和职业素养的培养。

无论哪一种应用型高校，综合型学术高校的科研实力和生源条件均优于大多数应用型高校，盲目建设专业，人才培养同质化，让地方本科院校失去了竞争力。陈旧的课程设置和办学模式也让应用型人才培养方式既跟不上现代科学技术发展的脚步，也使得课程体系僵化、缺乏对现实需要的适应性。[①]大学的核心是人才的培养，在承担的各种责任之中包裹着最重要的内核，即育人功能。当前我国高等教育的整体课程模式仍然以传统的“必修+选修”为主，与学术型高校无差别的课程设置，对于地方本科院校的未来发展存在很多隐患。应用型人才的培养对应的是就业市场，考验的是学生实际操作的工作素养和能力。

目前对于高校的评价模式也极大地影响了应用型高校的建设，以海内外各大高校排名为典型代表，过分强调学术成果的地位，将学术声誉作为重要指标。而评价结果又直接影响了高校的经费、招生等一系列实际生存的问题，因此过于激进的改革从学校层面转型很难具有操作性。而从专业开

① 田涛：《地方高校转型背景下经济学本科专业人才培养模式研究——以湖北科技学院为例》，《特区经济》，2015年第9期。

始转型、从课程开始改进是大多数试点高校的选择,也是对转型政策较为合理且合适的执行方式。

依赖地方财政发展的地方本科高校出现了很大的生存压力。生存发展的需求将成为地方本科高校转型发展的根本推动力,科学定位、抢抓机遇、快速转型已成为部分本科高校生存发展的根本出路。[①]在高等教育日益多样化、竞争日趋激烈的形势下,如何摆脱传统办学模式的束缚,走上特色发展之路,应是高等教育理论研究者和实践者亟待解决的重要课题。[②]

(三)学生就业成长的现实需要

而从学生角度来看,1949年,我国本专科毕业生数仅有2.1万人,到2020年,这一数字就增长到了797.2万人,实现了跨越式的增长(见图4-2)。

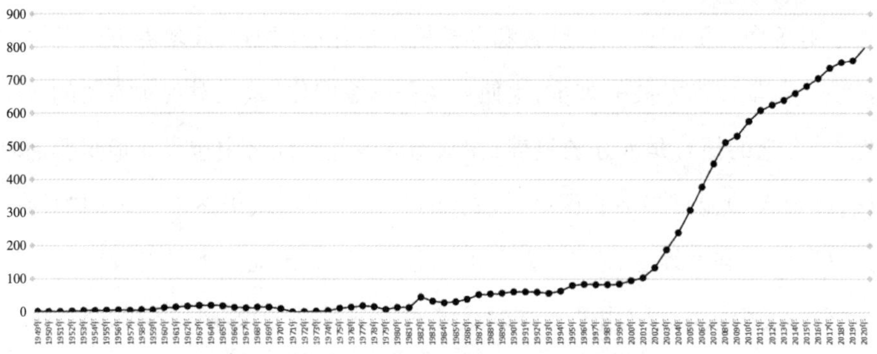

图4-2 我国普通本专科毕业生数变化(1949—2020年)

大量接受高等教育的毕业生极大地促进了经济社会发展,虽然目前我国每年在校大学生、毕业大学生数量巨大,但是高校毕业生就业情况并不乐

① 赵新亮、张彦通:《地方本科高校向应用技术大学转型的动力机制与战略》,《高校教育管理》,2015年第2期。

② 范亚林:《打造特色:新建本科院校生存发展的战略选择》,《宜宾学院学报》,2011年第2期。

观，大学生“就业难”，企业“用工荒”，部分岗位“一岗报千人”，部分岗位高薪难聘人才，现如今我国高等教育发展势头很强，而在质的提升上并不能跟上这种量的扩张，并不能满足人民群众对高等教育质量的追求。这种不均衡问题的出现，主要是由于高等教育结构的不合理，需要从政策高度上构建现代职业教育体系和合理科学的应用型高等教育体系。

是否能够找到工作，顺利走上工作岗位，成为大学生对高校学习最主要的诉求。与此同时，就业率是评价高等教育非常重要的一个依据，不少学生在选择学校和专业时，也会参考某一高校和专业的就业率。从全国来说，2018届大学毕业生的就业率为91.5%。其中，本科毕业生就业率为91.0%，呈现持续缓慢下降的趋势，较2014届92.6%的就业率下降1.6个百分点；高职高专毕业生就业率为92.0%，较2014届91.5%的就业率上升0.5个百分点，[①]近年来我国本科毕业生就业率一直在缓慢下降，与高职的就业率状况呈相反状态。一定程度上反映出当前本科院校的就业情况，虽然未就业的毕业生中存在一定比例的学生无就业意愿，也存在部分“被就业”的虚假数据，但从数据上也反映出仍然有至少9%的大学生“一毕业就失业”，在毕业生基数巨大的情况下，未就业的大学毕业生的数量也十分惊人。并且按照我国高校毕业生数量逐年增加的趋势，就业困难仍将成为不少高校学生必须接受的挑战。

2020年的就业情况受新冠病毒感染影响比较大，为了促进大学生就业，政府层面增加高校毕业生升学深造机会，党政机关、事业单位、国企、教师、大学生征兵、科研助理、基层项目、社区治理等方面都面向2020届高校毕业

---

① 新华社：《就业蓝皮书：2018届大学毕业生就业率为91.5%》(2019-06-11)［2020-09-29］，https://baijiahao.baidu.com/s?id=1636039285349138315&wfr=spider&for=pc。

生开拓了更多政策性岗位。[①]这些政策性就业岗位作为特殊时期缓解就业压力的工具,并不能够从根本上改变结构性就业困难的情况,并且这些暂时性的就业岗位也同样对毕业生所学的专业、学习背景有一定的要求。

随着科技的发展,行业的变化与兴衰比往常更快,学生对于学习内容有了新的要求。在培养应用能力的同时,学生需要具备在未来灵活转换职业、继续学习的能力。对于应用型人才而言,高校不仅要"授人以鱼"更要"授人以渔"。当前大学生的"结构性就业困难"以及走上工作岗位之后的"结构性失业",已经反映出高校专业设置和课程体系上存在的漏洞,而更深层次的原因就是学生适应工作岗位的能力不足。在专业设置上,无法满足社会和市场对紧缺人才的需要;在课程设置上,一方面,课程内容无法提供学生在岗位中能够使用的技能,教育教学的实践性不强,另一方面,面对复杂多变的当代社会,课程和教学并未帮助学生适应多种职业需要,也未能关注培养学生灵活转变思路的终身学习的能力。

时代飞速发展的当下,依旧延续传统的课程模式,很难帮助学生在竞争日趋激烈的就业市场找到合适的岗位。而面向未来,行业的兴衰变幻迅速,尤其是对应用型高校而言,仅依靠基础知识和学术导向的传统课程,无法满足学生的需要,长此以往对学生的长久发展不利。

三、应用型高校课程政策的类别区分

从2010年正式在国家政策文本中出现,与"应用型高校"相关的政策已经有了十余年的发展历程,在教育规划政策文本、社会规划政策文本,职业教育政策文本、高等教育政策文本,国家范围政策文本、省市级政策文本等

---

① 中新网:《教育部:2020年政策性岗位已吸纳280多万毕业生就业》(2020-09-29)[2021-1-21],https://www.chinanews.com/gn/shipin/cns-d/2020/09-28/news869286.shtml。

各种不同类型的政策中均有提及，也在系统内延伸出了应用型高校课程政策。因此必须对应用型高校政策进行分类，从而能够针对应用型高校课程建设展开讨论。

教育政策的分类一直是教育政策学中讨论较多的问题，有研究者将教育政策的内容分析分为宏观内容分析和微观内容分析两方面，其中宏观教育政策的内容分析指的是一个国家到底要制定哪些教育政策才能为该国教育改革与发展指明方向。微观教育政策的内容分析指的是分析某一教育政策的内容是否科学、全面、完整。[①]从这个角度来说，本书讨论的均属于具体类别的教育政策，仍然没有办法将政策分层。或依据公共政策的分类，把教育政策分为分配性教育政策（为教育领域内的各种主体提供权利、利益以及福利等的政策），规范性教育政策（政府为了维护正常的教育秩序，提高教育质量以及促进教育的公平性，而出台的对教育活动主体的各种限制和约束的规则、规范等），再分配性教育政策（指教育领域内的资源或者权力的转移，这种转移也需要一定的强制性做保障）和构成性教育政策（政府只对教育问题做出原则性的规定和限制，而由教育内部的主体和教育管理者来决定政策以及教育活动方式的政策）四个基本类型，[②]这也是已有研究针对政策内容进行分析采用比较多的分类方式。但是当前应用型高校相关政策在数量不多的前提下，这几种类别中均有所涉及，并且同一政策兼具了多种类别特征，使用这种分类方式容易存在解释力不足和内容杂糅的风险。

还有一种与本书比较贴近的方式是将政策文本按照作用和地位不同，分为根政策、干政策和枝政策，其中根政策处于最高层级，是指与国家长远发展相关的、处于宏观战略层面的政策；干政策是指明了某一区域或某一领

① 孙绵涛：《教育政策论：具有中国特色的社会主义教育政策研究》，华中师范大学出版社，2002年，第5页。

② 褚宏启：《教育政策学》，北京师范大学出版社，2011年，第14~17页。

域的发展方向、目标及部署等,是处于中观战术层面的政策;处于微观执行层面的枝政策是对干政策提出的区域或领域目标的落实,[①]从这个角度来说,在本章针对"规划"环节探讨的政策内容就覆盖了国家层面的根政策和省级层面的干政策,即宏观和中观的讨论(更微观的讨论主要在"执行"环节展开)。为了避免产生更多概念,也避免与其他方式的混淆,本书将其简化为国家层面和省级层面政策两个类别层次,对其分别展开话语分析,从而能够更为清晰地展现应用型高校课程建设"规划"部分内容上的目标要求。

第二节 国家层面应用型高校课程政策的话语重点

引导部分高校应用型转型已经成为调整高等教育结构的主要手段之一,已经形成了一套结构相对完整、指向相对明确的课程政策体系。在课程建设的系统分析中,作为应用型高校课程建设系统中最外层的部分,这些正在起效的政策与规划,回应了当今政治、经济、社会等多方面的要求,打通了课程建设系统内部与外部的联系,有着自身的特色。

一、现行国家层面高校转型的主要政策

针对高校转型的政策,有研究者在讨论方面更多地对文本内容本身进行描述性分析,并未涉及计量统计,在结果呈现上可能存在信效度不足、可视化程度差的问题,为了规避这些存在的问题和尽可能深度探讨政策的话语特点以及在课程方面的目标,本书使用Nvivo12.0进行了政策的内容和文本分析。为了能够更全面地展示相关政策的立场、重点和变化趋势,首先采

① 李江、刘源浩、黄萃等:《用文献计量研究重塑政策文本数据分析——政策文献计量的起源,迁移与方法创新》,《公共管理学报》,2015年第2期。

用时间序列的方式对文本进行逐一分析(见表4-1)。[1]时间是投射客观存在的一个普遍维度,政策在时间长河中表现出一定规律,因此讨论政策文献计量诸多问题都可以在时间维度内进行讨论。[2]

这些政策中,一部分是与社会经济发展相关或属于教育的整体规划,还有一部分属于职业教育政策以及针对应用型高校建设的专门政策,均在文件内容中提及了高校转型或培养应用型人才。由于每个政策的针对性不同,因此在研究过程中仅挑选了和本书直接相关的部分,全文选取了和应用型转型直接相关的《关于引导部分地方普通本科高校向应用型转变的指导意见》,连同政策标题、政策颁布时间和政策颁布部门的字数在内,共计24779字。

从时间和相关政策的密度来看,高校转型在正式的政策文本中在2014年前后提出,此后每一年均稳定地出现在重要的政策或会议中。出现在话题域之后,尽管在当年的几个文件中都有所涉及,但并未有与教育直接相关的权威政策,随着时间的推移,相关概念越来越聚焦,2015年颁布了专门的政策文本,此后便写入国家整体教育规划中;2018年,时任教育部部长陈宝生同志在"新时代全国高等学校本科教育工作会议上的讲话"也特别论述了地方高校应用型转型,体现了这一概念在政策领域不断成熟的过程。本话题相关的政策文本类型主要以权威性较强的"规划""决定""意见"和"方案"为主。值得注意的是,在党的十八大和年度政府工作报告中也出现过有关普通本科高校向应用型转变的提法。并且从颁布单位来看,大多数文件都由国务院发布,说明在国家大政方针上对这项工作非常重视。作为较新的

---

① 本书相关政策文本引用频次较高,为节约篇幅避免重复,故在第一次出现时标明来源,参考文献来源附后。

② 李江、刘源浩、黄萃等:《用文献计量研究重塑政策文本数据分析——政策文献计量的起源,迁移与方法创新》,《公共管理学报》,2015年第2期。

政策概念,在政策主体和职能上相对稳定。

表4-1　普通高校应用型转型政策一览表①

时间	文件名称	颁布单位	主要内容	性质	颁布形式	选取范围
2010年7月29日	国家中长期教育改革和发展规划纲要(2010—2020年)	中共中央、国务院	指导全国教育改革和发展的纲领性文件。提出了今后10年教育改革和发展的战略目标:到2020年,基本实现教育现代化,基本形成学习型社会,进入人力资源强国行列	发展规划	单独	部分
2014年3月16日	国家新型城镇化规划(2014—2020年)	中共中央、国务院	明确了未来城镇化的发展路径、主要目标和战略任务,统筹相关领域制度和政策创新,是指导全国城镇化健康发展的宏观性、战略性、基础性规划	发展规划	联合	部分
2014年5月2日	国务院关于加快发展现代职业教育的决定	国务院	明确了今后一个时期加快发展现代职业教育的指导思想、基本原则、目标任务和政策措施	决定	单独	部分
2014年6月16日	中共中央国务院关于深化体制机制改革加快实施创新驱动发展战略的若干意见	中共中央、国务院	深化体制机制改革,加快实施创新驱动发展战略的纲领性意见,提出包括完善成果转化激励政策,构建更加高效的科研体系,创新培养、用好和吸引人才机制等十大任务	意见	联合	部分

① 尽管本书尽可能地论述了应用型高校不同于学术型高校和职业学校的区别,但作为一个相对新近的教育改革点,仍然在宏观政策中与其他教育类型有交叉,很多有关应用型高校建设、应用型人才培养的政策要求在职业教育政策中出现,也对应用型高校在人才培养方面提出了要求。如《国务院关于加快发展现代职业教育的决定》中第六条为“引导普通本科高等学校转型发展”,《国家职业教育改革实施方案》的目标中就指明“到2022年,职业院校教学条件基本达标,一大批普通本科高等学校向应用型转变”。一定程度上也说明了国家政策上对应用型高校定位存在不清晰的问题。

续表

时间	文件名称	颁布单位	主要内容	性质	颁布形式	选取范围
2015年3月13日	关于引导部分地方普通本科高校向应用型转变的指导意见	中共中央、国务院	推动转型发展高校把办学思路真正转到服务地方经济社会发展上来,转到产教融合校企合作上来,转到培养应用型技术技能型人才上来,转到增强学生就业创业能力上来,全面提高学校服务区域经济社会发展和创新驱动发展的能力	意见	联合	全文
2015年10月1日	中国共产党第十八届中央委员会第五次全体会议公报	中国共产党第十八届中央委员会	明确提出到2020年全面建成小康社会,是我们党确定的"两个一百年"奋斗目标的第一个百年奋斗目标。"十三五"时期是全面建成小康社会决胜阶段。勾勒了未来5年中国经济、社会的发展蓝图,明确了改革的推进路径	公报	单独	部分
2016年3月5日	2016年政府工作报告	国务院	报告对2015年工作和"十二五"进行回顾;列出2016年重点工作和主要预期目标;明确"十三五"主要目标任务和重大举措	报告	单独	部分
2017年1月10日	国家教育事业发展"十三五"规划	国务院	确定了"十三五"时期教育改革发展的指导思想、主要目标、战略任务和保障措施,是近期我国教育改革发展的行动纲领和指导性文件	发展规划	单独	部分
2019年1月24日	国家职业教育改革实施方案	国务院	对职业教育提出了全方位的改革设想。强调到2022年,职业院校教学条件基本达标,一大批普通本科高等学校向应用型转变,建设50所高水平高等职业学校和150个骨干专业(群)	方案	单独	部分

二、国家层面高校转型政策的话语特点

基于词语的内容分析能够补充质性文本分析,它从不同视角分析数据,

重点关注单个词语,可以帮助研究人员发现数据中隐藏的相关性。[①]因此为更为深入地分析政策结构,形成科学的课程建设分析框架,本书首先对国家层面高校转型的整体要求进行分析,在此基础上,深入挖掘整个转型政策系统对应用型高校课程建设的要求和影响。

(一)国家层面高校转型政策的主题分类

本书以计量手段为基本依据,针对当前已有的高校应用型转型相关政策进行词频分析,基于词频形成编码体系,从而能有效把握当前政策逻辑下课程建设的重点与内涵,形成基本分析框架。Nvivo12.0具备中文分词的功能,为获得有效且可信的编码,本书首先使用Nvivo12.0分析软件对合并后的政策文本进行词频分析,进而基于高频关键词在理论基础上逐步梳理出编码。由于中文语言的特性,单字词汇在政策文本中一般不具备特殊含义,因此本书在词频分析中,最小的词汇长度为2,即至少以2字词作为分词单位。为体现词频的完整,将词汇长度为3、4的词汇均纳入了词频测算(见附录2)。[②]

通过软件,在文本中共筛选出有意义的出现频次超过2次的词汇601个(见图4-3)。

① 伍多·库卡茨:《质性文本分析:方法、实践与软件使用指南》,朱志勇、范晓慧译,2017年,第148页。

② 当词汇长度为5或以上时,分词结果仅有个位数的词汇被纳入计量,因此不再针对更长的词汇进行词频统计,有关研究方法的详细论述在第二章研究设计中已经说明,在本章中不再赘述。

图 4-3　普通高校应用型转型政策一览表

基于这些词汇，以应用型高校系统的各个环节和内容作为主要依据，由包括笔者在内的两位研究者分别进行初步的关键词挑选和开放编码，其中筛选词汇的重合比例为74.52%，筛选主题重合比例为88.89%，整体信度较好(见表4-2)。

表 4-2　关键词筛选和初步主题筛选情况

	筛选词汇数量	词汇重合比例	筛选主题数量	筛选主题重合比例
研究者A	92	74.52%	9	88.89%
研究者B	120		9	

据此，将两位研究者筛选后的主题和词汇进行整理，形成初级编码。其中，尽管两位研究者都分出了9个不同的主题分类，但有8个主题是近似的，有两项是各不相同的。研究者A在分类时，分列出“产学研”一类，研究者B在分类时，分列出“价值目标”一类。在整理时，将“产学研”一类纳入“转型发展”中，“价值目标”保留。为了能够支撑对课程政策逻辑的分析，了解课

程政策重点与其他政策要求的关系,在内容分析的基础上,对当前形成的几个政策文本重点进行了分组。其中"基本概念"的政策重点是"强调技术技能和创新创业","改进概念"的政策重点是"提出了改进和提升的要求";"机制体制改革""主体"和"人群"涵盖在"重视机制体制改革创新"的政策重点中;"区域"的政策重点是"提及了多维度的区域概念";"课程建设""价值目标"与"学习型社会"涵盖在"重视课程发展与教育质量"的政策重点中(见表4-3)。

表4-3　应用型高校转型的政策重点

主题	高频词数量	词频总数	政策重点
基本概念	23	535	强调技术技能和创新创业
改进概念	26	694	提出了改进和提升的要求
机制体制改革	19	465	重视体制机制改革与创新
主体	14	476	
人群	20	310	
区与区域	14	114	提及了多维度的区域概念
课程建设	18	498	重视课程发展与教育质量
价值目标	5	69	
学习型社会	2	14	

(二)国家层面高校转型政策的关注重点

从上文针对政策的内容分析看出,这些具体类别体现了国家层面高校应用型转型政策的话语特征,可以把已经析出的9个主题分类在5个政策重点中进行特征分析,这些特征不仅仅是政策在宏观层面对高校应用型转型的要求重点,也是对包含在转型概念中的课程建设的整体要求。

1.强调技术技能和创新创业

这一组词包含了多重内容,第一,在政策中非常强调技术技能,这两个词出现了二百余次，体现了政策对于转型方向和人才培养定位方面的指向。与此同时，和政策名称相对应，文本中多次提及转变、转移，两个词共出现了23次，而应用和应用型出现了59次。第二，政策的指向是大学生的需求以及当前培养方式存在的问题，因此文本中也非常强调实习、实践以及就业和创业，“毕业生”一词也出现了19次。第三，有关“产学研”以及相关概念，在政策文本中，也成了一个重要的话题域，其中产学研一词出现了4次，科研、科技、市场、产业链都出现在高频词中，与应用型人才培养联系最为紧密的制造业和服务业各出现了4次，这是政策话语中对于应用型人才发展方向的引导。第四，政策也对高校转型的发展提出了信息化、现代化、多样化的要求。

2.提出了改进和提升的要求

改进一词在我国的政策话语中并不常见，传统的政策尤其是2010年之前的政策中，“建设”和“建立”一类从无到有的概念相对较多，在本话题域中，这两个词共计出现了137次。作为一个改良性的政策，高校转型这一概念本身就存在从已有的形态转变为一种新的形态的内涵。尽管转型本身相对中性，但从文本中来看，其价值追求在于提升高校建设和人才培养的水平。因此大多数动词都是和改进紧密相关的，其中直接出现改进一词就达3次。

3.重视体制机制改革与创新

2015年《关于深化体制机制改革加快实施创新驱动发展战略的若干意见》，直接对应用型高校的体制机制改革提出要求，[①]在此方面的政策关注点也非常多，主要聚焦在“制度”“机制”等方面，同时提到了“治理”等问题，这为应用型高校课程建设提供了顶层设计方面的思路。

---

①　中共中央、国务院：《关于深化体制机制改革加快实施创新驱动发展战略的若干意见》(2015-03-23)［2021-03-20］，http://www.gov.cn/xinwen/2015-03/23/content_2837629.htm。

在主体方面,主要涉及了政府行政层面、高校层面以及行业层面。政府行政层面主要是政策执行者和政策发布机构,人民政府和行政部门两个词各出现了12次。高校层面涉及的主体词汇就比较多,其中频次最高的是院校,共出现了107次,其次是高校(83次)和本科(32次)。而行业企业层面,出现的词汇也比较多,其中行业一词出现了55次,而社会一词出现了87次,和前文中提到的体制机制改革相对应,反映了政策层面对于应用型高校行政权力转变的态度。

与主体相对应,在人群层面,所涉及的概念非常多,教育外在形式的改变最终还是要落在"人"身上,因此在本书中也非常强调对教育者和被教育者的关注。其中提及次数最多的是人才一词,在全部政策文本中共计出现了109次,反映出我国政策层面对应用人才培养的强调。教师、师资和专家被提及的频率也很高,也包含了行业企业专家进入高校进行教学。反映了对应用型高校师资队伍建设的关注,这也是课程建设的一大着力点。

4.提及了多维度的区域概念

在地区和区域方面,谈到的内容并不是很多。归纳起来,也分为几个层面,首先,高校转型最主要的服务对象是区域和地区发展,因此在课程设置上需要考虑本地特色和本地需要。其次,政策内容对接我国经济社会政策,多次强调城乡发展。最后,非常重要的是,作为高等教育的一种形式,应用型高校承担了大多数应用型人才培养的责任,政策也对应用型高校课程在国际化和借鉴国际经验方面有所要求。

5.重视课程发展与教育质量

从一般意义上来理解,高校转型的政策以宏观政策为主,课程与教学属于相对中观和微观的层面。而从词频分析中可以看出,相关政策内容非常强调应用型人才培养,表现在课程与教学上相对具体、中观甚至微观的要求。体现出整个政策系统由表及里,对应用型高校课程建设的关切。其中,与本书最为相关的课程被提及27次，与课程内容相关的教材被提及8次，与课程框架相关的课时被提及了4次，与课程紧密相关的教学和培训出现的频次更是高达70次和63次。在关键词挑选时，笔者将和评估评价相关的部分也纳入了教育教学的考量，从文本内容来看，与这部分相关的监管和监督概念，更多的是指对应用型高校整体的监管和监督。从整体上来说，与考评和监测相关的词汇频次很高，如考试一次就出现了13次，说明政策层面对于课程评价方面也比较重视。

事实上，大部分主题的高频词或是直接或是隐含地体现了政策对于应用型高校发展各个层面的价值目标。但仍然在一些词句中，直接表达了政策的价值追求。其中最为强调的概念是质量，这一词汇共出现了46次，素质和高素质出现了8次和4次，而更为高层次的公平追求也出现了4次，体现了高校转型大系统的整体性价值追求。

（三）国家层面高校转型政策的文本体系

由于政策文本是针对我国教育的整体情况提出的，涉及高校转型的各个方面，依据教育改进学的系统理论，将应用型高校课程建设作为一个系统，以“全面质量提升”为导向，结合课程理论，在上述词频分析的基础上，采用课程轴心编码，进一步探究国家在高校转型政策中的课程改革与课程建设要求。

作为一项基于内容分析和文本分析的研究，编码在本书中既有组织作用，也有分析作用。编码是从数据中表达思维“向上”的一种方式：它制造节点，收集有关参考资料，并从中编写代码。编码也是一种从类别到有关它们的所有材料“向下”的思维方式。[①]因此在文本分析上，将“应用型高校课程”作为一个系统，针对与系统相关的政策主题进行编码。再基于编码，不断调

① Bazeley P., Richards L., *The NVivo qualitative project book*, Sage, 2000, p.53

整和改进描述性和概念性知识,并通过检查这些概念、描述性类别、想法之间的关联来探索或测试结论。[①]

本书首先采取了向上的方式,使用内容分析的方法从政策文本中析出庞大冗杂的高频词群,并逐个分类,筛选出5个政策重点和9个具体类别。完成第一个阶段的工作后,再向下编码,即进入第二个阶段——轴心式编码,形成概念词,对开放式编码进一步归纳、概括,合并意义相同或相近的编码,理顺开放编码中的层次关系,使得概念词具备更大的解释力,提炼出每个概念下的解释类别,从而更为精确全面地解释现象,形成解释类别。然后再进行选择式编码,即核心类别的形成阶段。从已经构成的编码中筛选更具概括性和解释性的主题,进行高度抽象,通过更小的范畴以表示所要解释的概念,[②]从而形成国家政策层面政策目标的逻辑框架,具体在编码上,“应用型高校的课程建设”也被编码为“应用型高校的人才培养与课程与教学”,由于本书针对的是课程建设,在进行界定时也将课程界定为人才培养层面的大概念,因此教学相关的内容也被纳入在这个层级中。

从本书的理论视角来说,课程建设系统并非孤立存在于政策中,受到多方面政策因素的影响,如高校转型的宏观大方向的要求、机制体制改革的要求、师资政策的变化、教育教学的整体要求等。为体现政策层面对应用型高校课程建设多方面的真实要求,将全部的分类都纳入了编码考量中。在开放编码的9个具体类别中,共获得30个核心类别,详细梳理了“高校转型的改进概念”以及“应用型高校课程建设”的概念类别,共计编码1075个参考点,构成了应用型高校课程建设目标层面的基本框架(见表4-4)。

由上述分析可以看出,从政策概念正式出现,“应用型高校”经历了十余

① Bazeley P., Richards L., *The NVivo qualitative project book*, Sage, 2000, p.53.

② 罗红卫、丁武、王强科等:《开放英语教育零辍学现象之情感因素研究—— 一项基于NVivo的质性研究报告》,《开放教育研究》,2011年第6期。

年的发展,已经具备了较为完整的政策体系。作为大系统中的一环,“课程建设”政策也具备了自身的特征,形成了国家层面对应用型高校课程建设的目标与要求,需要在地方政策以及高校“执行”环节中得到体现。

表4-4　高校应用型转型政策文本体系

序号	开放编码政策主题	解释类别	核心类别
1	高校转型概念	/	1.1技术化、职业化转型 1.2实践就业能力 1.3产学研创新能力 1.4信息新技术能力
2	高校转型的改进概念	2.1.1重视发展应用型教育 2.1.2升级产研配套课程 2.1.3加强经费投入,提高师资能力 2.1.4提高应用创新和对外交流能力	2.1高校全方位建设
		2.2.1技术复合高质量人才培养 2.2.2强调教育与企业实践结合提升就业率	2.2人才培养水平
		2.3.1快速响应国家高校政策 2.3.2加强企业合作提高应用能力	2.3协同政府企业发展经济技术创新
3	高校转型涉及的体制机制改革	/	3.1举办体制 3.2产权制度
4	高校转型涉及的人群	/	4.1校方管理层 4.2师资队伍 4.3高校学生 4.4普通就业人群 4.5特殊人群
5	高校转型涉及的主体	/	5.1政府 5.2院校 5.3行业
6	高校转型涉及的地区与区域概念	/	6.1区域经济和区域发展 6.2城乡教育和经济发展 6.3人才培养和地区就业

续表

序号	开放编码政策主题	解释类别	核心类别
7	应用型高校的课程建设	7.1.1 构建产教融合特色专业体系 7.1.2 迅速响应国家高教政策和落实保障机制 7.1.3 建立专业评估制度和预警机制 7.1.4 提高信息化、对外交流和个性化教学能力 7.1.5 调整应用型高等教育框架和课程体系	7.1 产学研结合,优化应用导向的专业体系
		7.2.1 建立校企一体实践教学条件,紧密与产业链接 7.2.2 建立需求导向的专业调整机制,加强实践教学和行业指导服务	7.2 加强实践教学和行业指导服务
		7.3.1 完善"双师型"教师资格标准 7.3.2 加大资金政策支持力度,切实提高教师的应用教学技能	7.3"双师型"教师队伍建设
8	转型的价值目标	/	8.1 符合政策要求,保证教育和就业公平 8.2 培养高质量应用型人才 8.3 满足企业的用人需求 8.4 服务市场经济和社会发展
9	转型与学习型社会	/	9.1 建立健全终身学习机制 9.2 全民学习 9.3 终身学习

(四)国家层面政策体系对课程建设的影响

从本书的文本分析中可以比较清晰地梳理出政策视角下,应用型高校课程建设的逻辑,成为本书后续分析的主要目标要求。同时也是应用型高校课程建设 PDCA 教育改进循环的起始部分,在此基础上,也对当前的政策逻辑进行反思,以期能够获得相对客观和科学的分析架构。

为获得应用型高校课程建设与其他应用型高校转型主题之间的关系，基于编码结果，首先对9个开放编码政策主题按照单词的相似性进行聚类分析（见图4-4）。基于单词相似度的文本聚类算法，获得单词间的语义关系，然后利用产生的单词类作为向量空间的项表示文本降低了向量空间的维度，最后采用基于划分聚类方法对文本聚类。[①]相对于传统基于向量空间模型的聚类算法，这种算法具有较好的聚类效果。从聚类结果来看，应用型高校课程建设与其他主题之间均有非常显著的关系，即应用型高校课程建设的政策目标能够显著地影响高校转型发展的其他各个方面，其他主题也对应用型高校课程建设产生作用。

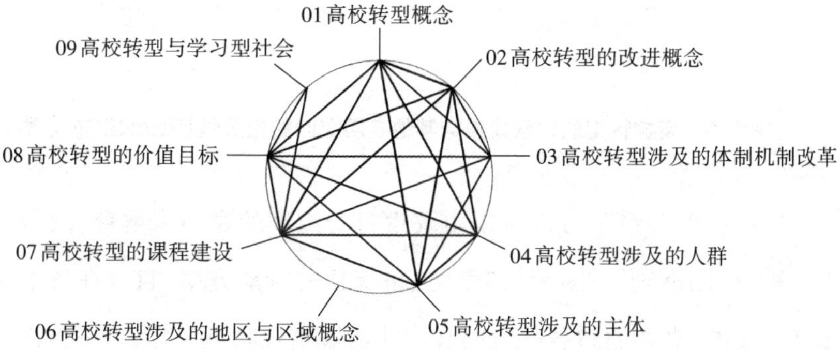

图4-4　按照转型关键词相似性聚类的结果

在聚类的基础上，具体分析了几个主题之间的相关性，发现应用型高校课程建设编码和高校转型的政策涉及的各层面均有显著的相关性（见图4-5），相关系数均大于0.5，呈显著相关关系，除与地区和区域概念之间的相关性略低（P=0.57511），其他各项之间的相关系数均大于0.7，呈高度正相关。

---

① 李星毅、曾路平、施化吉：《基于单词相似度的文本聚类》，《计算机工程与设计》，2009年第8期。

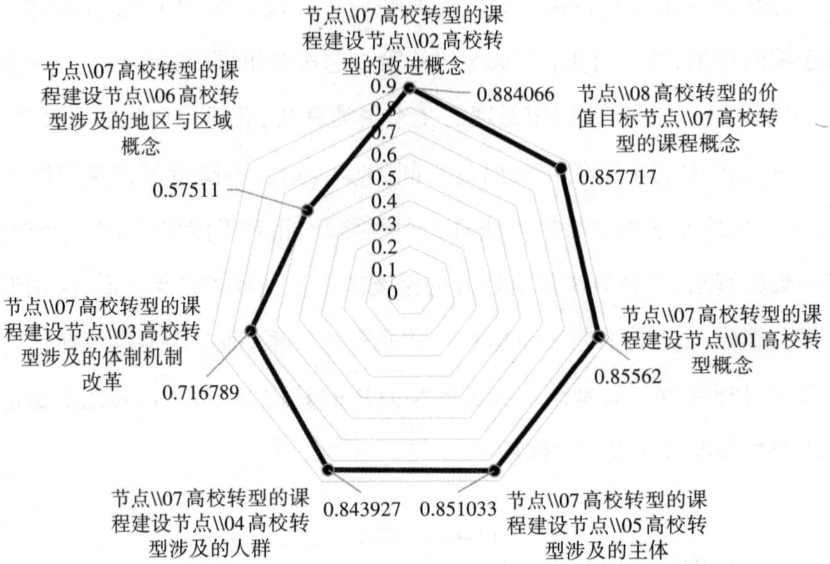

图4-5　高校转型的课程建设与其他各层次间的相关性(PEARSON系数)

这种相关关系一方面可以由政策自身内部的逻辑来解释,政策文本作为一种"行动准则",是一套体系化、系统化的行动方案,自身在各个层面是相互勾连的,需要通过各部分的合作才能够实现政策目标;另一方面是因为课程作为应用型高等教育领域内的一个部分,并不是独立存在的,需要多个层面共同提升才有可能促进改进的实现。因此在具体分析课程建设时,仅仅进行与课程相关的政策分析或架构是不够的。

在前文课程建设的编码结构基础上,结合其他各部分之间的关系,基于政策逻辑,可以构建出针对应用型高校课程建设在宏观政策层面的框架(见图4-6):

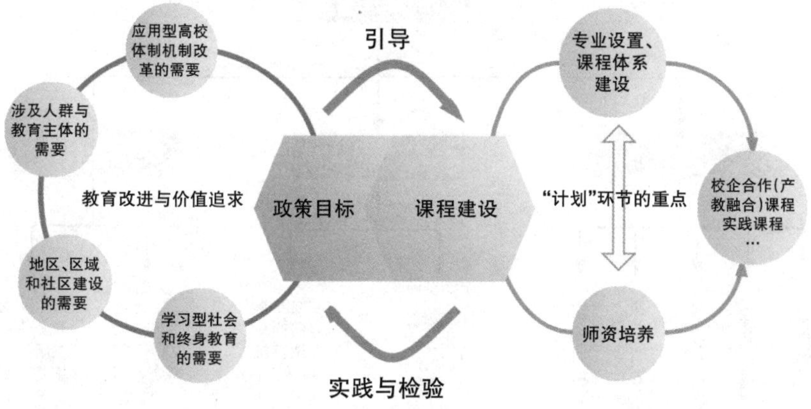

图4-6　国家层面应用型高校课程建设的政策目标系统

多个层面的政策相结合,共同形成了以应用型人才培养为导向的我国应用型高校课程建设的政策要求,在"规划"环节的探讨中,形成与课程建设相关的政策逻辑也为"执行"环节应用型高校的课程实践提供了基本的依据。

三、国家政策对应用型高校课程建设提出的要求

基于上述编码分析结果,得出在应用型高校课程建设方面,"规划"环节政策提出的目标主要指向的是:"产学研结合优化应用导向的专业体系""加强实践教学和行业指导服务"以及"'双师型'教师队伍建设"三个块面。

(一)转型高校课程建设政策目标的整体情况

在国家政策层面,形成了较强的政策目标逻辑,并在三个块面上都提出了相当具体的要求(见图4-7)。尽管政策本身并未提及"全面质量改进"或"教育改进"等直接相关概念,但在体系和内容上,仍然体现出系统性的整体样态,和美加澳等国在针对工程教育上提出的质量保障改进体系有着非常相似的推进重点与逻辑,体现出较强的系统改进特征。

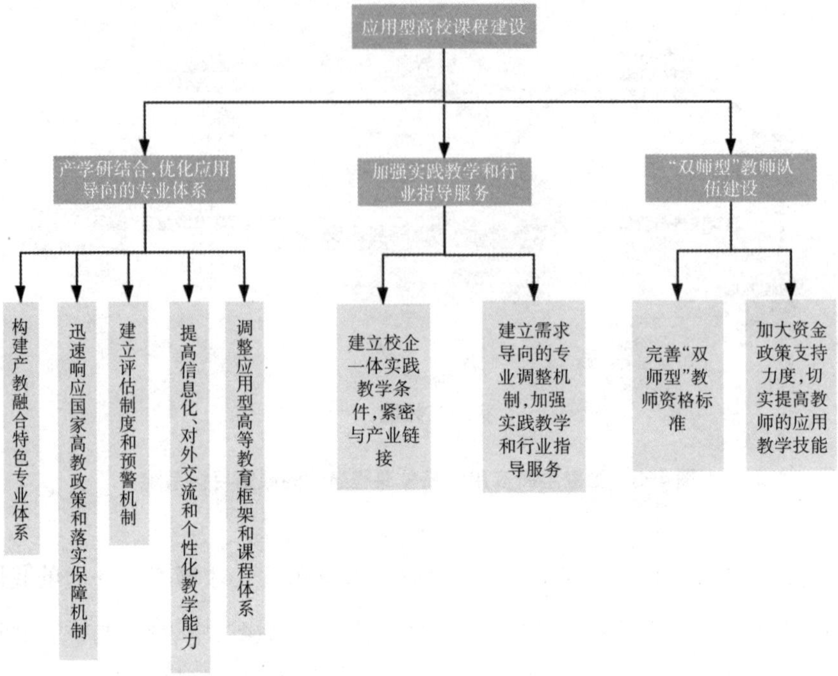

图4-7　应用型高校的教育教学与人才培养参考点

(二)课程建设对“专业设置”提出全面要求

有关“专业设置”方面的编码,是全部编码体系中内容最多的一部分,说明政策层面对于应用型高校课程建设对这个部分的关注度最高,政策力度最大。如在宏观上要求整体上提高应用型、技术技能型和复合型人才培养比重,新增高等教育招生计划主要向应用型、技术技能型人才培养倾斜(《国家教育事业发展“十三五”规划》)。尽管“专业设置”与“实践与就业”和“师资队伍建设”在政策上并无先后关系。但是从逻辑上来看,专业设置是应用型高校在实施课程建设最先进行也最为紧要的工作。其中最为强调的部分为“调整应用型高等教育框架和课程体系”,将课程的改进作为培养技术技能人才的方式,如按需重组人才培养结构和流程……通过改造传统专业、设立复合型新专业、建立课程超市等方式,大幅度提高复合型技术技能人才培养比重(《引导部分地方普通本科高校向应用型转变的指导意见》)。该部分的编码参考点占这一部分参考点的44%;政策多次强调在进行转型时,需要及时响应并进行推进落实,如推动各地开展转型发展试点,加强对改革试点的统筹指导,加快推进配套制度改革,总结推广试点典型经验(《国家教育事业发展"十三五"规划》)。这也是实践中相对困难和难以落实的部分,参考点占比19%。其余三个部分占比相当,总体上也体现出当前政策引导下应用型高校课程建设的几个块面:构建应用型专业体系、建设评估机制、增强对外交流能力以及提高教学针对性,如积极参与制定职业教育国际标准,开发与国际先进标准对接的专业标准和课程体系(《国家职业教育改革实施方案》),是应用型高校课程建设的关注重点(见图4-8)。

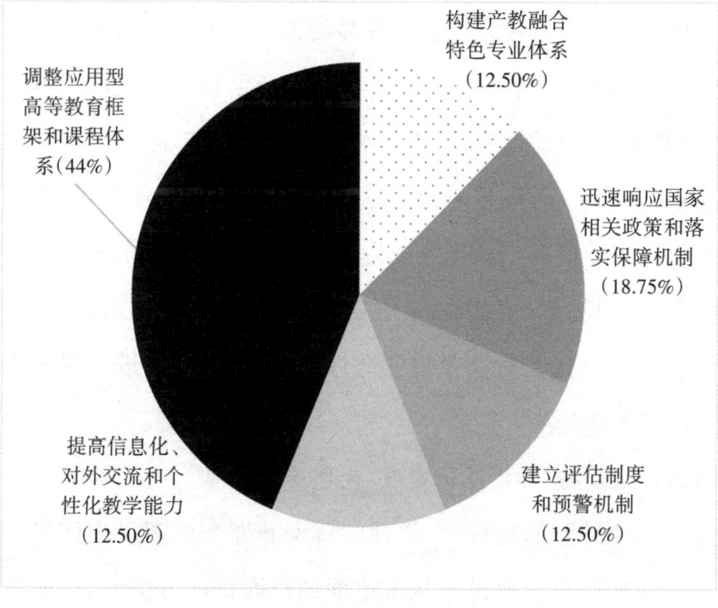

图4-8　产学研结合优化应用导向的专业体系编码参考点情况

(三)课程建设以“实践与就业”作为主要导向

和前两个方面的编码相比,“实践与就业”主要是聚焦于课程内容层面,更为贴近实践,操作性和实用性的指向更强。具体的政策内容旗帜鲜明地提出:加强实验、实训、实习环节,实训实习的课时占专业教学总课时的比例达到30%以上,建立实训实习质量保障机制(《引导部分地方普通本科高校向应用型转变的指导意见》)。并提倡在应用型高校内开设专技类课程:推动具备条件的普通本科高校向应用型转变,鼓励有条件的普通高校开办应用技术类型专业或课程(国家职业教育改革实施方案)。在教育环境和教学方法上,要求大力提倡产教融合,建立校企一体实践教学条件,如:建立产教融合、协同育人的人才培养模式,实现专业链与产业链、课程内容与职业标准、教学过程与生产过程对接(《引导部分地方普通本科高校向应用型转变的指导意见》)。这也是当前应用型高校在课程建设时大力推进的内容,也是多元主体办学在课程建设上最为外显的方式。另一个块面则是建立需求导向的专业调整机制,加强实践教学和行业指导服务,也包含了对“创新创业”课程的要求,如:以社会经济发展和产业技术进步驱动课程改革,整合相关的专业基础课、主干课、核心课、专业技能应用和实验实践课,更加专注培养学习者的技术技能和创新创业能力(《引导部分地方普通本科高校向应用型转变的指导意见》)。直接指向了应用型高校毕业生的就业问题,提出在应用型高校课程设置上对就业指导进行规划,这也是在进行课程建设时需要格外强调和关注的。

(四)课程建设将“师资队伍建设”视作质量保障

在进行高校转型的过程中,教师的转型和课程的建设应该是两个共同发生并相互促进的重要改进。从古德莱德对课程的分类来看,如果以教学是课程系统的实施过程来理解,作为课程的直接实施者,教师对课程的理解和实践直接影响了课程的效果,教师在课程的内化和操作对于课程建设的最终实现有着非常重要的作用。从政策内容来看,编码主要涵盖了两个部分的内容,一是"双师型"教师队伍建设,该概念的提出,最早是在职业教育中,为了加强实践性教学环节,促使理论教学和实践教学正确定位,有机结合,适应以能力培养为目标的理念而提出来的。[①]最为通俗的理解主要是指既能传授专业理论知识,又能指导专业实践的教师。[②]政策中对应用型高校课程建设需要的"双师型"教师提出了规格较高的要求,如:创新的师资双向流动机制,允许高等学校和科研院所设立一定比例流动岗位,吸引有创新实践经验的企业家和企业科技人才兼职。试点将企业任职经历作为高等学校新聘工程类教师的必要条件(《关于深化体制机制改革加快实施创新驱动发展战略的若干意见》)。这也保障了实训实践课程、产教融合课程对高层次、高水平的"双师型"教师的要求。二是加大资金政策支持力度,切实提高教师的应用教学技能,政策直接提出对教师应用型教学技能培养的财政支持,如:高校要健全多元投入机制,积极争取行业企业和社会各界支持,优化调整经费支出结构,向教育教学改革、实验实训实习和"双师双能型"教师队伍建设等方面倾斜(《引导部分地方普通本科高校向应用型转变的指导意见》)。也是应用型高校课程建设提高实用性,发展产教融合一体课程的实际需要。

第三节　省级层面应用型高校课程政策的话语重点

为全面反映我国应用型高校课程建设在政策目标上的要求,在分析国家政策的基础上,本书也对现行省级层面的高校转型政策中的课程建设部

① 白政民:《应用型本科院校"双师型"师资队伍建设的探索与实践》,《内江科技》,2007年第3期。

② 余群英:《高职"双师型"教师资格认定探析》,《教育发展研究》,2002年第9期。

分进行分析,从而深入剖析以"规划"环节作为PDCA教育改进系统内部子系统的全面图景。

一、现行省级层面的高校转型政策重心与主体

截至2021年,有二十余个省市[①]依据国家政策的要求,结合自身需要,发布了一系列实施意见、试点通知、指导意见等(见表4-5)。[②]这些政策均在2010年《国家中长期教育改革和发展规划纲要(2010—2020年)》正式提出"转型发展"之后颁布,部分政策甚至早于《关于引导部分地方普通本科高校向应用型转变的指导意见》颁布,在内容结构上整体非常趋同,因此在本书中,从政策系统的文本逻辑上没有再次讨论的必要。这些政策从名称来看,多将"转型发展试点"作为重心,在省级层面,以"试点"作为主要政策执行方式更具有可行性。同时,最新提出高校转型方案的江苏省,则直接提出了"一流应用型本科高校建设",把建设标准提到"一流"的高度。[③]有的省份政策提法相对笼统,削弱了"转型"发展概念的力度,如浙江的"积极促进更多本科高校加强应用型建设"[④]。比较有特色的是,部分省份采用了更贴近人才培养实践的方式,如山东省直接以"规划"作为高校转型政策名称——"普

---

① 少部分省市的转型文件为非公开文件,在进行分析时选择了当前可获得的部分省份的政策文本。其中包含直辖市——重庆市,作为省级行政单位,其政策效力与其他省级单位的政策相同,因此统一归为省级政策文本,不做概念上的区分。

② 省级层面的政策文本,部分文件来自政府印发的纸质文件文本,部分文件由各省市政府官方网站、高校官方网站下载获得,并与大型政策数据库如"北大法宝""法律之星"数据库信息进行比对,确保政策文件的真实有效。因在本文中,相关政策文本引用频次较高,为节约篇幅避免重复,故在第一次出现时标明来源,参考文献来源附后。

③ 江苏省教育厅:《关于推进一流应用型本科高校建设的实施意见》(2021-03-25)[2021-09-10],http://jyt.jiangsu.gov.cn/art/2021/3/26/art_55512_9720252.html。

④ 浙江省教育厅、浙江省发展和改革委员会、浙江省财政厅:《关于积极促进更多本科高校加强应用型建设的指导意见》(2015-04-16)[2021-09-10],http://www.moe.gov.cn/jyb_xwfb/s5147/201601/t20160107_227118.html。

通本科高校应用型人才培养专业发展支持计划”①，将高校转型的目的在政策名称中予以体现，更能够在其课程建设规划中凸显应用型人才培养质量提升的基本导向。

针对“应用型高校”这一名称，由于很多省级政策的颁布时间较早，有关说法也略有不同。四川②、福建③、山东、辽宁④、浙江、重庆⑤、吉林⑥、海南⑦和

① 山东省教育厅、山东省财政厅：《关于实施普通本科高校应用型人才培养专业发展支持计划试点工作的通知》(2014-07-04)[2021-09-10]，http://eadwww.ujn.edu.cn/info/1058/5595.htm。

② 四川省教育厅、四川省发展和改革委员会、四川省财政厅、四川省经济和信息化委员会、四川省人力资源和社会保障厅：《关于引导部分地方普通本科高校向应用型转变的实施意见》(2016-03-24)[2021-09-10]，http://edu.sc.gov.cn/scedu/c100542/2016/3/24/26c6cfd8a1f8460ca965c73b51461cf6.shtml。

③ 福建省教育厅、福建省发展和改革委员会、福建省财政厅：《关于开展普通本科高校向应用型转变试点工作的通知》(2016-12-22)[2021-09-10]，http://jyt.fujian.gov.cn/xxgk/zywj/201512/t20151226_3180174.htm。

④ 辽宁省人民政府办公厅：《关于推动本科高校向应用型转变的实施意见》(2015-11-06)[2021-09-10]，http://www.ln.gov.cn/zfxx/zfwj/szfbgtwj/zfwj2011_106025/201511/t20151119_1963463.html。

⑤ 重庆市教育委员会、重庆市发展和改革委员会、重庆市财政局、教育委员会：《关于引导市属高校向应用型转变的意见》，《三峡高教研究》，2016年第12期。

⑥ 吉林省教育厅、吉林省发展和改革委员会、吉林省工业和信息化厅、吉林省财政厅、吉林省人力资源和社会保障厅：《关于推动省属普通本科高校向应用型转变的实施意见》(2017-01-03)[2021-09-10]，http://zxfz.jlenu.edu.cn/info/1031/1106.htm。

⑦ 海南省教育厅、海南省发展和改革委员会、海南省财政厅、海南省人力资源和社会保障厅：《关于推动本科高校向应用型转变的实施意见》(2016-12-29)[2021-09-10]，http://edu.hainan.gov.cn/edu/0400/202106/9e39e1dc9d96480ab8f13e0da51e1c98.shtml。

江苏使用了“应用型”,江西[①]、甘肃[②]、湖北[③]、云南[④]、河南[⑤]、河北[⑥]使用了“应用技术”,突出了各省在地方本科高校转型方向、人才培养目标上对“应用”还是“应用技术”的侧重。

在政策的发文机关即政策主体上,各省也有着不同的情况,大多数省份的发文机关都是该省教育厅或有该省教育厅参与。高校转型,以及更为深入的应用型高校课程建设目标的制定,一般来说在省级层面由省教育厅高教处作为政策的主要制定者和执行的监督者,保障了转型政策和课程建设政策的科学性和有效性。在本书收集到的省级层面的政策文本中,单一颁布主体的省份仅占三分之一,其中辽宁省的转型政策由省人民政府办公厅颁布,从省政府的角度给予高校转型以及应用型高校课程建设予以政策保障。其他各省份则以两个部门或两个以上部门作为政策主体。政策参与制定和发布的部门越多,表明该政策在制定和执行过程中涉及多个部门的利

① 江西省教育厅:《江西省关于在全省普通本科高校开展转型发展试点工作的通知》(2014-10-30)[2021-09-10],http://fzghc.jxycu.edu.cn/2017/0422/c1714a55492/page.htm。

② 甘肃省教育厅:《关于引导部分省属本科院校向应用技术型大学转型发展的通知》(2015-07-06)[2021-09-10],http://jyt.gansu.gov.cn/jyt/c116899/201306/a64e37c211b947a5a5f8c45d0038342e.shtml。

③ 湖北省教育厅:《关于在省属本科高校中开展转型发展试点工作的通知》(2014-04-28)[2021-09-10],https://fzghb.wit.edu.cn/info/2002/2450.htm。

④ 云南省教育厅:《关于推动部分本科高校转型发展的实施意见》(2014-10-27)[2021-09-10],https://jxgz.uoh.edu.cn/info/1052/2307.htm。

⑤ 河南省教育厅、省财政厅:《关于启动示范性应用技术类型本科院校建设计划的通知》(2015-11-18)[2021-09-10],http://jyt.henan.gov.cn/2015/11-17/1602976.html。

⑥ 河北省教育厅、河北省发展和改革委员会、河北省财政厅:《关于印发河北省本科高校转型发展试点工作实施方案的通知》(2017-02-07)[2021-09-10],http://www.moe.gov.cn/jyb_xwfb/s6192/s222/moe_1734/201702/t20170207_295822.html。

益分配，其执行需要多个部门协同配合。[①]涉及部门包括财政厅、发改委和人力资源和社会保障厅等相关部门，说明省级层面对于高校转型在财政、人力资源以及机制体制改革等多个方面进行机构保障，积极响应了国家层面政策要求的同时，也为应用型高校课程建设提供了良好的政策基础。

表4-5 各省市高校应用型转型政策情况

文件名称	发文机关	发文时间
湖北省教育厅关于在省属本科高校中开展转型发展试点工作的通知	湖北省教育厅	2014年4月28日
山东省教育厅、山东省财政厅关于实施普通本科高校应用型人才培养专业发展支持计划试点工作的能知	山东省教育厅、山东省财政厅	2014年7月4日
云南省教育厅关于推动部分本科高校转型发展的实施意见	云南省教育厅	2014年10月27日
江西省关于在全省普通本科高校开展转型发展试点工作的通知	江西省教育厅	2014年10月30日
浙江省教育厅、省发展和改革委员会、省财政厅关于积极促进更多本科高校加强应用型建设的指导意见	浙江省教育厅、省发展和改革委员会、省财政厅	2015年4月16日
甘肃省教育厅关于引导部分省属本科院校向应用技术型大学转型发展的通知	甘肃省教育厅	2015年7月6日
辽宁省人民政府办公厅关于推动本科高校向应用型转变的实施意见	辽宁省人民政府办公厅	2015年11月6日
河南省教育厅、省财政厅关于启动示范性应用技术类型本科院校建设计划的通知	河南省教育厅、省财政厅	2015年11月18日
四川省教育厅、省发展和改革委员会、省财政厅、省经济和信息化委员会、省人力资源和社会保障厅关于引导部分地方普通本科高校向应用型转变的实施意见。	四川省教育厅、发展和改革委员会、省财政厅、省经济和信息化委员会、省人力资源和社会保障厅	2016年3月16日

① 汪涛、谢宁宁：《基于内容分析法的科技创新政策协同研究》，《技术经济》，2013年第9期。

续表

文件名称	发文机关	发文时间
河北省教育厅、河北省发展和改革委员会、河北省财政厅关于印发河北省本科高校转型发展试点工作实施方案的通知	河北省教育厅、河北省发展和改革委员会、河北省财政厅	2016年6月30日
福建省教育厅、省发展和改革委员会、省财政厅关于开展普通本科高校向应用型转变试点工作的通知	福建省教育厅、省发展和改革委员会、省财政厅	2016年12月22日
重庆市教育委员会、重庆市发展和改革委员会、重庆市财政局关于引导市属高校向应用型转变的意见	重庆市教育委员会、重庆市发展和改革委员会、重庆市财政局	2016年12月23日
海南省教育厅、海南省发展和改革委员会、海南省财政厅、海南省、人力资源和社会保障厅关于推动本科高校向应用型转变的实施意见	海南省教育厅、海南省发展和改革委员会、海南省财政厅、海南省、人力资源和社会保障厅	2016年12月29日
吉林省教育厅、吉林省发展和改革委员会、吉林省工业和信息化厅、吉林省财政厅、吉林省人力资源和社会保障厅关于推动省属普通本科高校向应用型转变的实施意见	吉林省教育厅、吉林省发展和改革委员会、吉林省工业和信息化厅、吉林省财政厅、吉林省人力资源和社会保障厅	2017年1月3日
江苏省教育厅关于推进一流应用型本科高校建设的实施意见	江苏省教育厅	2021年3月25日

二、省级层面应用型高校课程政策设置与实施的特征

在结构上,省级层面的政策基本上与国家《引导部分地方普通本科高校向应用型转变的指导意见》政策相似,是省级政府在中观层面对国家政策的执行。作为地方和课程建设实践的直接依据,各省市也有自身的特色与存在的问题。

(一)省级层面与国家层面的政策目标基本一致

无论颁布的方式是“意见”还是“通知”,省级层面对应用型高校课程建设都给予了较强的关注度,也体现了对国家政策的回应。在政策目标上,省级政策与国家政策的要求高度一致,均落实在实现人才培养质量提升上,具体如“以培养应用型技术技能型人才为目标(河北)”“培养适应社会需要的高素质应用型人才(江苏)”“实现高等教育学科专业结构和人才培养类型结构更加优化(吉林)”“实现学校的人才培养、科学研究与产业链、创新链的有机融合(河南)”等,体现了当前应用型高校课程建设的终极指向,也印证了本书在设计之初的教育改进目标。在课程相关规定中,有省市将“课程”层面的目标要求置于总目标、总原则中,将课程建设放在较为重要的位置;亦有省市尽管对课程建设提及较少,但在保障措施方面为课程的建设提供依托。总之,无论怎样定位,大部分省市层面的政策中都将课程建设置于重要战略定位,在省级政策上体现了国家层面应用型高校课程建设的要求。因此从“改进度量”的基本评价问题出发,当前省级层面确实有效地执行了国家层面的政策规划,落实了相关要求。

(二)省级层面基本落实了国家层面的政策规划

从内容上来看,在省级层面,与国家层面的政策规划相同,应用型高校课程建设的关注重点同样围绕“专业设置”“实践与就业”和“师资队伍建设”几个块面,但整体上省级政策规划和目标更贴近实践,是国家层面政策在各省市的具体化。

1.将“专业设置”的规划实践化

在“专业设置”层级上,比较来说,国家政策主要体现在制度设计上,而省级层面对课程建设的要求则更贴近课程实践。将经济、社会对应用型人才的需要落实在专业设置上,将产教融合具体体现在课程体系或课程中,如“试点高校要根据国家和省关于地方高校转型发展的要求,结合区域经济社会发展需要,重新确定各专业人才培养规格,积极探索符合应用技术型人才培养要求的教学内容、课程体系和人才培养模式(湖北)"。回应政策要求,有省份提出"建立与产业发展、技术进步相适应的课程体系,与企业合作研发课程,建设一批应用型示范课程(四川)"以及"细化培养标准和规格,强化能力培养,科学设计课程体系、教学内容、教学方式、实践训练和学生学业考核评价方法(浙江)"。

将国家层面"构建产教融合特色专业体系"的课程要求进一步具体化,反映在产教融合实践和实训课程建设上,如提出:"合理增加实践教学比重,整体设计实践课程与教学体系,确保专业实践教学必要的学分与学时(山东)"。也具体到应用型高校课程教育教学的改进方式,提出"推动目标导向、任务驱动、理论与实践有机结合的教学方式改革(山东)"和"全面推进学分制和模块化教学(重庆)"。

在"建立评估制度和预警机制"上,是各省市落实国家层面政策规划最全面和最彻底的,本书收集到的所有省市层面的政策文本中,均提到了课程评估评价制度和方法的构建,并将课程评价放在应用型人才培养的重要位置。如"大力推进学生课程学业水平评价改革,将行业企业的一线需要作为毕业设计选题来源(吉林)""完善实践教学考核评价体系,建立校内教师和校外专家共同参与考核的制度(重庆)",等等。

在课程信息化上,省级层面的要求更为具体:"将现代信息技术广泛融入教学改革,推动信息化教学、虚拟现实技术、数字仿真实验、在线知识支持、在线教学监测等广泛应用,通过校校合作、校企合作联合开发在线开放课程(河南)。"在国际合作方面,多体现在吸纳国外课程建设,如"充分借鉴其先进办学理念以及在人才培养、课程体系与课程标准、师资队伍建设等的经验和模式(河北)"。并加强课程与教学的国际评估与互认"建立应用型专业教学质量标准,健全专业教学质量保障体系,积极参加国家或国际专业评估认证(福建)”。

2.将“实践与就业”的规划具体化

在“实践与就业”层级上,基本和国家政策规划一致,主要体现在实践实训基地建设以及提升学生就业能力两个方面。基本上各省市都提及了在实训实践基地建设的要求,如“试点高校要根据生产、服务的真实技术和工艺流程构建知识教育体系、技术技能训练体系和实验实训实习环境。要将实验实训实习纳入专业课程体系(重庆)”以及“试点高校应充分利用我省资源和企业合作建设实验实训实习中心,鼓励跨省、跨国(境)建立产教融合实践教学平台(海南)”。有省份将“毕业生就业”作为培养方式改革的方向,将就业能力培养纳入课程建设之中“以服务地方发展需要和毕业生就业为导向(浙江)”或提出“积极探索建立教育——就业‘旋转门’机制(四川)”,在就业机制上实现创新,从而将就业能力培养落实在课程上。

3.将“师资队伍建设”的规划制度化

在“师资队伍建设”层级上,大多数省级层面的政策都是以制度化、项目式为主要的方式来进行规划,从而保障应用型高校课程建设。具体也分成几种不同方式,一是为应用型高校专门建设相关制度,如有省份直接在转型任务中将师资队伍建设作为独立的目标,“实施‘双师型’教师队伍建设工程(云南)”,或直接以制度作为师资培训的保障,“试点高校要建立专任教师到行业企业学习交流制度,有计划地选派教师到企业实践锻炼(海南)”,“通过教学评价、绩效考核、职务(职称)评聘、薪酬激励、校企交流等制度改革,向‘双师双能型’教师倾斜(河南)”,“制定与行业、企业优秀人员互聘等交流合作制度(山东)”。二是专门设置新的师资培养项目,如“实施管理干部国际培训项目,从试点高校选派教学管理团队到国外应用技术型高校学习先进办学模式和管理经验(江西)”,“设立‘产业特聘教授’岗位,从行业企业聘请一批技术骨干、管理专家到学校任教;‘产业特聘教授’优先在试点高校设岗

(重庆)”。三是在已有的高校教师培养培训的项目中,增加应用型高校教师的比重,“在‘江苏特聘教授计划’、高校‘青蓝工程’实施中,加大对应用型本科高校支持力度(江苏)”,“积极开展教师国内外进修培训,促进教师更新教育观念,提升教学和应用科学研究能力(辽宁)”,“引进紧缺的高水平‘双师双能型’教师,将试点高校‘双师双能型’高水平师资培养纳入中央和地方相关人才支持项目(四川)”。从应用型高校课程建设的角度来理解,这些政策通过各种各样的方式,最终目的是提升教师在课程方面的教学与管理能力,从而实现教育改进,也是为应用型人才培养质量提升的整体政策目标来服务。

(三)省级层面在课程建设上能够形成地方特色

在教育改进循环中,“规划”环节是距离社会、经济、文化等教育外部系统最近的一环,它承载着外部环境对应用型高校课程建设的要求,尽管国家层面应用型高校课程建设的目标逻辑直接影响了省级层面的规划制定,但各省的经济社会发展水平不同,也在课程建设的重点上有所侧重。如将应用型高校建设与地方发展结合起来,“提升高等教育服务经济结构调整、产业转型升级的能力,助推吉林老工业基地新一轮全面振兴(吉林)”。又如以有色金属和重化工为支柱产业的甘肃省,在专业设置上就提出“重点发展与石油化工、有色冶金等传统支柱产业相关的学科专业(甘肃)”。

在课程建设的相关规定上,不少省份都进行了富有特色的探索。如在课程体系改革上要求与职业标准对接:“把课程体系建设和教学模式改革作为向应用型转变的核心内容。以产业技术进步驱动课程改革,按照科技发展水平和职业资格标准设计课程体系,优化课程结构,推动课程内容与职业标准对接(福建)”或是建立应用型高校校际的课程沟通体系:“探索高校间课程互选、学分互认、师资互聘,促进优质教学资源共享(四川)”。将校企合作落实在课程中,并进行了硬性的限定:“支持行业、企业全方位参与学校管理、专业建设、人才培养和课程设置，每个专业、每门核心技术课程至少与一个企业、一个工种建立学习对子(重庆)。”山东省明确了应用型高校试点项目的要求，提出要求试点单位“课程体系具有明显的行业、职业针对性(山东)”。和其他省市相比，江苏省对应用型高校课程建设的要求则更进了一步，提出了和学术科研型高校类似的要求，支持应用型本科高校加快一流课程建设：“积极开展教育教学改革，引导行业企业与学校合作共建一流课程，推动江苏产业创新发展的新技术、新知识进课堂、进课程、进教材、进实验室、进创新创业项目。‘十四五’期间，在应用型本科高校中遴选建设200门左右省级产教融合型一流课程(江苏)。”

部分省市提出了相对量化的课程建设目标，如“转型高校的试点专业校企合作覆盖率达到85%以上、实践性教学课时比例达到30%以上(湖北)”，“加强实验、实训、实习环节，实训实习的课时占专业教学总课时的比例达到30%以上，建立实训实习质量保障机制(吉林)”，“全省建成400门应用型示范课程(四川)”“专业课程运用真实人物、真实案例教学的覆盖率达到100%，主干专业课程用人单位参与率达到100%(福建)”。

此外，受2017年《国务院关于强化实施创新驱动发展战略进一步推进大众创业万众创新深入发展的意见》的影响，在课程建设中，省级层面的政策非常强调创新创业教育以及培养学生创新创业能力，这部分要求还没有得到国家层面政策具体深入的关注。如“将创新创业教育融入人才培养全过程，形成突出实践能力和创新创业能力培养的课程群或课程模块，促进专业教育和创业教育有机结合(四川)”，“推动专业教育和创业教育的有机结合，开设创业课程，强化创新、创业意识和能力训练(浙江)”，“开设创新创业课程，纳入学分管理。改革教学方法与考核方式，注重培养学生创新思维和能力。建立创新创业基地，强化创新创业实践(河北)”。

三、省级层面应用型高校课程政策与国家要求的差距

在政策效力上,地方政策应以国家政策为基准,但在实际的政策设计中,仍然存在省级层面应用型高校课程政策对国家层面政策的落实度、匹配度不够的问题。

首先,作为国家政策在省级层面的具体化,各省市的政策文件都对应用型高校课程建设提出了目标要求,将国家规划具体为省级规划,是改进实施的必要环节。但作为更具操作意义的规划内容,省级层面的政策还应设计相应的保障性内容,这也是国家层面提出的要求,部分省市已经在这方面予以落实,如“完善财政拨款机制……重点用于试点高校专业集群、师资队伍、实习实验实训环境平台和基地、课程体系、校企合作平台等建设(河北)”。但大多数省级政策文本在目标设计上的内容与篇幅远远大于实施保障方面的篇幅,部分省市甚至只提要求,不讲保障,存在政策上的缺失。

其次,回应国家层面的政策导向,大部分省级政策层面对应用型高校课程建设提出了数字和数量的要求,号召和引导省市域范围的相关高校进行调整,如“实现校企合作的应用型专业在试点高校中达到70%以上(海南)”“实训实习的课时占专业教学总课时的比例达到30%以上(河南)”,但这些数字对于课程建设有什么样的意义,如何评价课程建设的情况,并没有在政策中得以明确。构建了目标,却没有提供实现目标的通路,也没有形成衡量这些目标是否达成的具体指标和奖惩手段。

最后,在应用型高校课程建设的具体内容上,国家政策关注的重点中提出了“提高信息化、对外交流和个性化教学能力”,在这个方面,各省市的理解和执行上存在一定偏差。省级层面主要是将之拆解为对国外经验的借鉴以及提高自身课程体系的国际化。存在的主要问题在于,一方面,在课程国际化上,部分省市没有提出相关措施方针(如海南、河南、湖北等),这是对国

家层面政策的转化力度不够。另一方面,对提升课程国际化的理解程度相对较低,提出在课程设置上对国外课程经验的借鉴,如“借鉴其先进办学理念以及在人才培养、课程体系与课程标准(河北)”,亦有提出“嫁接境外教育品牌,植入境外高校先进课程体系和质量评价标准(福建)”,仍然将国际合作停留在“借鉴和嫁接”的层次上,缺乏对扩大课程对外交流的“引进来”和“走出去”双向互动的政策设计,也没有对国外经验进行批判性思考,可能对应用型高校课程建设的实施带来不利影响。

本章小结

课程政策是应用型高校课程建设中第一个环节,也是PDCA教育改进循环中“规划”环节的载体,主要体现在当前高校转型的相关政策文本中。在分类上可以分为国家层面的课程政策和省级层面的课程政策,“规划”是PDCA教育改进循环中沟通经济、政治、文化等外部环境与应用型高校课程建设内部需求的重要环节,体现了国家社会对应用型高校课程建设的要求,它们共同指向了服务经济社会发展的应用型人才培养质量提升的课程建设目标,通过分析,可以发现:

第一,“规划”环节为应用型高校课程建设构筑了核心导向,通过政策文本的内容分析和文本分析,本书发现,国家层面政策作为应用型高校课程建设的起点,以高校转型政策为依据,构筑了沟通内外的政策系统,其中体制机制改革的导向、人群和主体的需求、区域与地区发展的需要和学习型社会建设与终身学习能力提升几个价值层面的要求,共同促进应用型高校课程建设的发生发展,并形成了专业设置、实践与就业和师资队伍建设几个重点块面的课程建设政策重点,成为整个教育改进循环“规划”环节的中心。

第二,“规划”环节为应用型高校课程建设提供了实践指导,在对国家层面政策文本分析的基础上,对省级政策文本展开了研究。作为对国家政策贯彻落实的文本,其结构与重点与国家层面政策文本基本相同。大多数应用型高校在行政上都属于“省属高校”范畴,省级层面的政策是国家政策设计的具体化,是教育改进循环“规划”环节的重要组成部分,它更贴近地方经济社会发展需要,也直接指导了应用型高校课程建设的实施。因此相较于国家层面的应用型高校课程建设规划,省级层面的目标实践性更强,也更贴近应用型高校的实践,将制度设计和宏观要求,转化成高校能够施行的、具体的课程建设目标。而从改进度量的角度来看,省级政策本身也验证了PDCA教育改进循环中,“规划”环节正按照预期工作规划运行,其有效性和实施的效果需要在高校具体“执行”环节进行验证。

在本环节的分析过程中也发现,“规划”环节存在内容分散、转化力度不够的问题。尽管本书证实了在应用型高校系统内,转型政策提出的各种要求为应用型高校课程建设提供支撑,但无论在国家层面还是省级层面对课程建设的相关提法比较松散,仍然未能给“执行”环节提供更为直接的课程建设目标。在未来持续改进中,可以考虑借鉴本书中对“规划”环节的分析,针对课程建设,合理规划设计相关政策。此外,研究也发现从国家层面到省级层面政策转化程度不够的问题,部分省级政策在课程政策保障、课程国际化建设等方面“打了折扣”,作为“执行”环节的直接指导,需要结合地方实际,提高政策的转化力度。

总之,应用型高校的建设与转型是建设高等教育强国的需要,课程建设关系着人才培养的质量。应用型高校的课程建设不仅仅是政策关注的重点,同时也有着非常重要的现实意义。处于转型各个阶段的应用型高校,应以政策提出的标准来进行课程建设,从而培养一流的应用型人才,促进地方经济社会发展。

第五章　我国应用型高校课程建设的实施执行

在高校转型的政策规划下，高校具体是怎么做的，如何将国家和省市的政策要求落实在实践中，需要在高校层面探求“执行”环节，解决PDSA循环中“D”的问题。本书选择教育部学校规划建设发展中心“应用型高校转型案例库”中的30所高校为对象，它们在课程建设的过程中有自身的方式与特色。将“规划”环节的要求作为参照，以样本高校的案例库文本、人才培养方案、课程方案和公开发表的与课程建设相关的文本作为主要研究对象，从微观角度探讨应用型高校课程建设在实践中的“执行”情况，也在分析“规划”环节与“执行”环节存在的差异之中，实现对“执行”系统的评价。

第一节　样本选择和分析载体

针对“执行”环节的分析，最主要的是分析高校层面如何执行政策规划，如何实施应用型高校课程建设。因此必须在大量的处于转型中的应用型高校中筛选出具有代表性的研究对象，并选择能够反映出应用型高校课程建设实施与执行情况的分析载体。

一、样本高校的来源与基本信息

尽管应用型转型正在如火如荼地进行中,但不少高校或是没有开始实施应用型转型,或是处于转型伊始,课程建设处于萌芽之中或是仍没有发生。而且人才培养方案和课程方案对于很多应用型高校来说属于相对内部的资料信息,比较零散,也很难判断所选择的课程是否为转型试点的课程类型。如果采用随机抽样的方式,不仅容易抽取不到样本,也有可能出现抽取的样本有效性低。为此,本书使用了教育部学校规划发展建设中心的高校转型案例库作为主要研究对象来源,[①]该数据库从2017年起向社会遴选案例,目的在于落实国家推进地方高校转型发展、深化产教融合战略部署,总结推广改革试点典型经验,推动地方高校不断向深度转型迈进。部分案例经验已经在相关学术期刊发表,并形成《产教融合实训基地优秀案例集》等书籍,对应用型高校转型发展以及课程建设的已有成果起到了很好的总结推广作用。

在本书开展之初,案例库中共有近四十个案例,该案例库的遴选主要采用各高校主动申报的形式,并未限定高校资料的范围和形式,为了确保资料的真实性,笔者将案例库中的信息与高校官方网站、高校纸质材料以及社会新闻进行一一比对,并在尽可能保障覆盖面的基础上,针对部分缺失的材料

① 由于所涉及的高校数量众多,很难穷尽全体转型中的高校,按照一般的做法,相对比较合适的方式是将应用型高校分成几种不同的类别,通过分层抽样的方法抽选一定数量的高校进行深入分析。但当前并未形成如"双一流"或世界高校排名等评价学术型高校的相对官方和有代表性的评价标准(这也是致使当前应用型高校课程改进缺乏"评价动力"的原因之一),很难找到适切的方式衡量各高校的转型程度,并且很多民间针对应用型高校的排名情况与大众认知、高校自身定位和笔者自身在进行各层面收集情况时所获信息有一定出入,无法判断其科学性和准确性,因此本书选择不在样本筛选和样本描述的过程中进行分类。

进行补全，邀请行业内包括高等教育理论研究者、高等教育管理者、一线高校工作者等专家对所选案例以适合程度进行讨论，最终确定了30所高校（见表5-1）作为样本，保证分析能够最大程度上具有全国范围的代表性。

表 5-1　选择样本的基本情况

序号	高校名称	所在城市	所在地区	办学性质	高校类型	转型情况	应用型高校项目
1	西京学院	陕西省西安市	西北地区	民办	理工类	新建本科（专科升格本科）	
2	重庆科技学院	重庆市	西南地区	公立	理工类	新建本科（专科合并升本）	全国应用技术大学（学院）联盟副理事长单位、数据中国“百校工程”项目单位
3	重庆第二师范学院	重庆市	西南地区	公立	师范类	地方本科	全国应用技术大学联盟成员单位、数据中国“百校工程”项目单位
4	攀枝花学院	四川省攀枝花市	西南地区	公立	综合类	新建本科（专科合并升本）	
5	四川大学锦城学院	四川省成都市	西南地区	民办	综合类	新建本科（独立院校）	
6	许昌学院	河南省许昌市	华中地区	公立	理工类	新建本科（专科升格本科）	“十三五”产教融合发展工程应用型本科院校建设项目单位、教育部数据中国“百校工程”项目单位、学校为河南省地方本科高校转型发展试点单位、河南省示范性应用技术类型本科院校
7	黄淮学院	河南省驻马店市	华中地区	公立	理工类	新建本科（专科合并升本）	教育部应用技术大学改革战略研究试点院校、教育部数据中国“百校工程”项目单位、中国应用技术大学联盟副理事长单位、河南省首批示范性应用技术类型本科院校
8	武汉商学院	湖北省武汉市	华中地区	公立	财经类	新建本科（专科合并升本）	湖北省转型发展试点院校
9	湖北科技学院	湖北省咸宁市	华中地区	公立	理工类	新建本科（专科合并升本）	湖北省转型发展试点高校
10	衡阳师范学院	湖南省衡阳市	华中地区	公立	师范类	新建本科（专科合并升本）	应用技术大学（学院）联盟、湖南省“双一流”高水平应用特色学院
11	湖南女子学院	湖南省长沙市	华中地区	公立	语言类	新建本科（专科升格本科）	
12	贺州学院	广西省贺州市	华南地区	公立	理工类	新建本科（专科合并升本）	中国应用技术大学（学院）联盟成员
13	北部湾大学	广西省钦州市	华南地区	公立	综合类	新建本科（专科合并升本）	国家“十三五”规划建设的“应用型本科高校”项目单位、教育部学校规划建设发展中心“产教融合创新实验项目”基地院校、广西新建本科院校整体转型发展试点院校、全国应用技术大学联盟理事高校
14	东莞理工学院	广东省东莞市	华南地区	公立	理工类	新建本科	数据中国“百校工程”建设院校
15	山东英才学院	山东省济南市	华东地区	民办	综合类	新建本科（专科升格本科）	数据中国“百校工程”项目单位
16	合肥学院	安徽省合肥市	华东地区	公立	理工类	地方本科	安徽省地方应用型高水平大学建设单位

续表

序号	高校名称	所在城市	所在地区	办学性质	高校类型	转型情况	应用型高校项目
17	宁波工程学院	浙江省宁波市	华东地区	公立	理工类	新建本科(专科合并升本)	长三角地区应用型本科高校联盟理事会主席单位、浙江省应用型建设试点示范高校、国家产教融合发展工程建设高校、江省应用型本科高校联盟理事长单位
18	浙江科技学院	浙江省杭州市	华东地区	公立	理工类	新建本科(专科升格本科)	
19	福建工程学院	福建省福州市	华东地区	公立	理工类	新建本科(专科合并升本)	国家“十三五”应用型本科产教融合发展工程规划项目单位、福建省示范性应用型本科高校建设单位
20	淮阴工学院	江办省淮阴市	华东地区	公立	理工类	新建本科(专科合并升本)	
21	枣庄学院	山东省枣庄市	华东地区	公立	综合类	新建本科(专科升格本科)	数据中国“百校工程”项目单位
22	三明学院	福建省三明市	华东地区	公立	综合类	新建本科(专科合并升本)	
23	上海第二工业大学	上海市	华东地区	公立	理工类	地立本秒	中国应用技术大学(学院)联盟成员单位
24	上海工程技术大学	上海市	华东地区	公立	理工类	地方本科	上海市“高水平地方应用型高校”试点建设单位、数据中国“百校工程”建设院校
25	宁波财经学院	浙江省宁波市	华东地区	民办	财经类	新建本科(专科升格本科)	浙江省应用型本科建设试点示范高校
26	北华航天工业学院	河北省廊坊市	华北地区	公立	理工类	新建本科(专科升格本科)	数据中国“百校工程”项目单位、应用技术大学(学院)联盟成员单位、“十三五”应用型本科产教融合发展工程建设高校
27	赤峰学院	内蒙古赤峰市	华北地区	公立	综合类	新建本科(专科合并升本)	
28	黑龙江工程学院	黑龙江省哈尔滨市	东北地区	公立	理工类	新建本科(专科合并升本)	黑龙江省特色应用型本科院校建设高校
29	大庆师范学院	黑龙江省大庆市	东北地区	公立	师范类	新建本科(专科升格本科)	
30	齐齐哈尔工程学院	黑龙江省齐齐哈尔市	东北地区	民办	理工类	新建本科(专科升格本科)	

二、样本高校的代表性与基本特征

筛选出的30所高校涵盖了应用型高校中不同的地域、类型、办学性质,也具有高校自身和地方特色,与我国当前应用型高校的特征基本相符,比较能够代表我国应用型高校的现实情况。

(一)与区域经济发展水平相关联

按照我国的地理区划,各区域之间的省市数量、高校数量存在很大差异,因此应用型高校的密度存在明显不同。在30所高校中,这种差异也比较明显,在高等教育资源较为丰富的地区,应用型高校的密度也越大,在所选择的研究对象中,华东和华中地区的应用型高校明显多于其他区域。这在一定程度上说明高校转型受当地经济社会发展的影响,也受教育观念、教育资源分布等多种因素影响。因此在课程建设的实施上,各校也都有自身的基础和特色,也有着不同人才培养定位,这是在分析过程中需要重点考量的(见图5-1)。

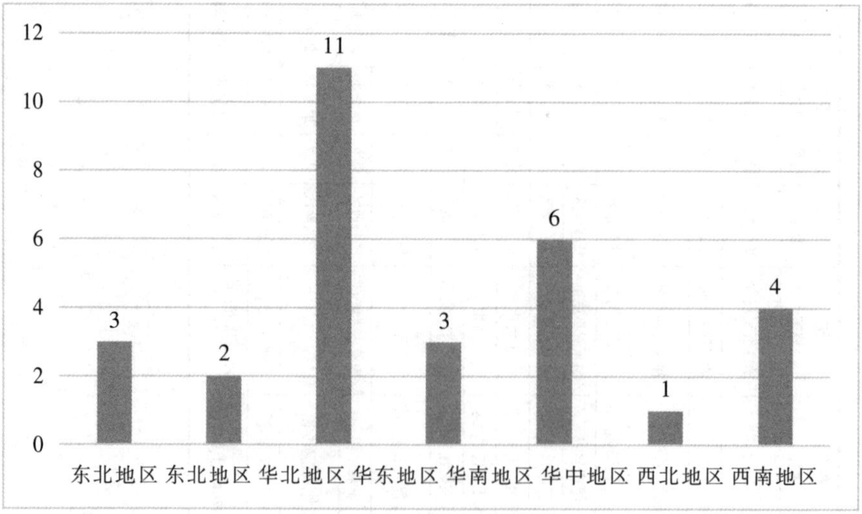

图5-1　样本高校的区域分布

(二)理工类和公立办学高校居多

从前文的分析中,可以明显地看出当前应用型高校类型中,理工类高校占比较高,除原理工科单科高校外,部分以“地区名称”为名的高校也定位在“理工类”。有不少国内研究者都将我国的应用型高校和欧美等国的“应用科技大学”对等起来,但事实上按照我国的高校分类,在转型进程中的语言类和师范类等文科高校,以及文理兼具的综合类高校也不在少数。尽管本书无意深入讨论高校分类问题,但从这一数据中可以明显看出所选高校内也有部分“综合类”高校有很明显的学科倾向,并非贯通文理、百花齐放的真正意义上综合类高等院校。这也直接影响了课程建设的学科类型,理工类应用型课程的占比非常高(见图5-2)。

此外,受我国高等教育体系和发展历程的影响,公立高校在全部高校中占绝对多数,因此所选高校中也以公立高校占大多数。而民办高校中绝大多数在创立之初就有很明确的应用导向,当前民办高校也基本明确了应用型定位或正在实施应用型转型,和公立高校相比,在课程建设上也有着自身发展的特色,人才培养与课程建设相对灵活,学生可选的学习方式也更多。

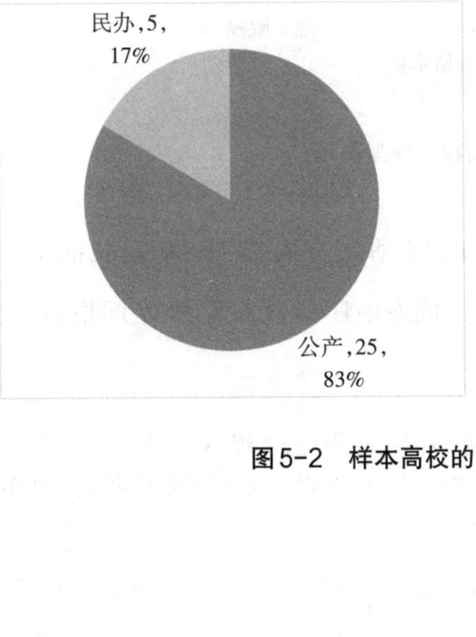

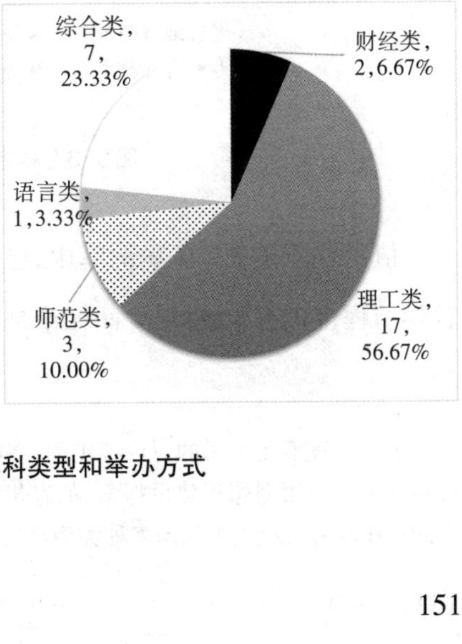

图5-2　样本高校的学科类型和举办方式

(三)以高校扩招后新建本科为主

很多已有研究在界定“应用型转型”时,直接将政策提及的引导“部分高校”实施应用型转型中的“部分高校”等同于“新建本科高校”,事实上,无论是政策层面的界定还是在实施转型的过程中,老牌地方高校以及独立院校也在转型的范畴中。[①]在本书的样本中,不少高校都有着悠久的发展历史,但2000年以后政府牵头建立或升级的新建本科高校占大多数(86.67%),在这其中既有将多所专科高校合并升本的高校(53.85%),亦有单所专科直接升本(42.31%),也选取了完全新建的民办独立学院(3.85%),整体上本书所界定和主要研究的应用型高校均有所涉及(见图5-3)。

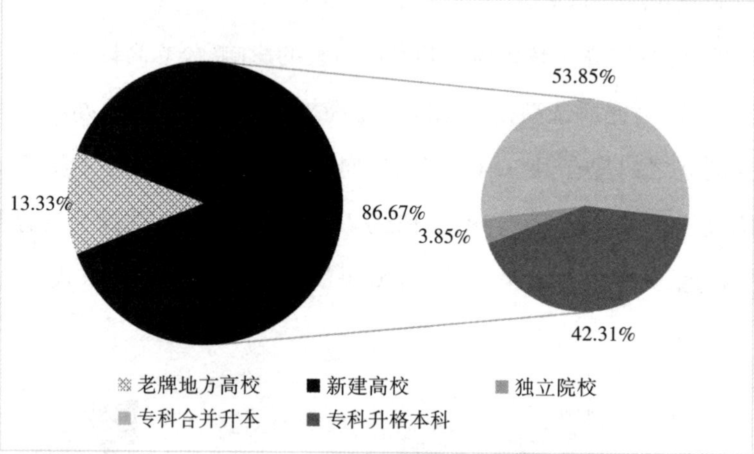

图5-3　样本高校的转型基础

值得注意的是,在案例库中,已有的“老牌地方高校”案例,最长的本科教学历程也仅有30余年。而无论是在案例库中还是学术发表、新闻报道中,

① 尽管不在本书的讨论范围内,在收集资料的过程中,发现不少“研究教学型”高校也在进行应用型课程建设探索(如温州大学),说明以课程作为主要抓手,提高学生的实践操作能力已经成为我国多种类型高校的选择。

本科教学历程超过50年的高校实施应用型转型的情况比较少见。在本书中，各样本高校的教学历程和发展历史并不长，有部分样本高校在建校之初就有了相对清晰的应用型导向，其课程已经有意识为应用型人才培养服务，因此在课程建设上，相对来说受传统课程内容和教学方式的影响较小，各校的专业和课程设置也更具有时代特色。

三、"执行"环节分析载体的选择

要了解30所高校课程建设实施的具体情况，需要找到能够反映其课程建设最直接的资料。从课程建设最基本的角度上来考虑，高校内部课程分为三个层次，即课程方案、课程标准、课程教材，涵盖了教学计划、教学大纲和教材的全部意义。教学计划、教学大纲和教材看成课程在这三个层次上的具体表现形式，而课程则是教学计划、教学大纲和教材全部内容及其实施进程的综合。[①]教材往往蕴含大量专业内容，并且所涉科目和内容较多，在样本选取上存在较大困难，与本书在"规划"环节中相对宏观和中观的目标导向不匹配，因此以高校案例库文本、人才培养方案、课程方案和高校公开发表的文本作为应用型高校课程建设实施情况分析的载体。

具体来说，人才培养方案是高校实施人才培养工作的根本性指导文件，是高校教育思想和教育理念的集中体现，反映了高校在人才培养工作上的指导思想和整体思路，对人才培养的质量提升具有重要导向作用。[②]而课程方案是根据国家或高校针对各专业人才培养的需要，以某一专业或学科的课程建设和教育教学的经验为基础，以培养学生专业素养和能力，规定具体的课程性质、目标、设置、教育教学方法等多方面内容的方案和计划。但人

① 姜大源:《职业教育学研究新论》,教育科学出版社,2007年,第118页。

② 邓志辉、赵居礼、王津:《校企合作 工学结合 重构人才培养方案》,《中国大学教学》,2010年第4期。

才培养方案和课程方案中冗杂的教学信息过多,筛选和处理的工作量非常庞大。为了相对客观地体现各高校在课程建设方面的情况,在确定案例名单的基础上,本书又大量收集了各高校提交教育部案例库的文本资料以及公开发表的有关人才培养和课程建设的论文文本。

根据样本高校的具体情况,在每所高校选取2个试点专业,2~3个试点课程,进行综合分析和讨论。共选择样本高校有关课程建设的案例库文本30份,其中部分高校将课程大纲和培养方案内附于案例文件中;与课程建设相关的公开发布和发表的文本21份;转型试点专业人才培养方案和课程大纲43份,共计处理字数近三十万字(见表5-2)。

表5-2　样本高校文本选择

<table>
<tr><th>文本内容</th><th>文本数量</th><th>字数统计</th></tr>
<tr><td>案例库文本</td><td>30</td><td rowspan="2">184972</td></tr>
<tr><td>样本高校公开发表文本</td><td>21</td></tr>
<tr><td>人才培养方案和课程方案</td><td>43</td><td>99863</td></tr>
</table>

第二节　应用型高校课程建设实施的重点与逻辑

在掌握样本基本情况的基础上,对收集到的文本展开分析,并进行编码,从而获得样本高校在课程建设上的关注重点,形成在PDCA教育改进循环中“执行”环节中的逻辑体系。这些内容能够很好地反映“规划”环节的实施情况,以及从“规划”到“执行”的变化。

一、落实“规划”环节的关注重点

从高校执行文本的关键词出发，应用型高校在课程建设中，有着和政策“规划”环节中高度类似的重点内容，如强调“专业”“人才培养”“创新创业”“教师”等（见图5-4），关注重点仍然围绕在“专业设置”“实践与就业”和“师资队伍建设”三个主要块面。说明了政策规划在“执行”环节实现了落实，同时也验证了应用型高校课程建设中一以贯之的重点内容。

和政策高频词相比，这些文本中的内容更加聚焦在课程的概念体系之下，更具备课程建设的发展逻辑。除与“规划”环节类似的关注重点外，执行文本最突出的特点在于更多地提及了科技、产业等方面的内容，反映了高校层面的课程建设倾向。究其原因有二，一是因为应用型高校层面在课程建设上更多地考虑了科技与产业发展的实际需要。课程建设的目的是应用型人才培养质量的提升，而应用型人才培养则是为地方经济社会发展服务。这种倾向也落实了省级政策层面提出的地方对应用科技人才的需求，是政策要求在课程建设实施中的具体化表现。二是由于应用型高校自身所具有的“应用技术”特性，尽管本书拥有相对较大的样本量，也尽可能平衡了样本高校中的文理类型，但整体上试点的院校仍然是理工技术类的高校偏多，试点专业也多以理工技术类专业为主。

在本书的研究过程中，大量高校加速开发和开展线上课程，“数字化”“在线”和“网络”等概念在文本中的频次也比较高。相对于政策来说，除案例库和高校公开发表的文本外，高校层面的人才培养方案、课程方案的灵活度较高，不少高校能做到每年根据需要调整和修改，因此对外部环境变化的响应更快，而政策上对于数字化方面紧贴“应用型高校课程建设”相关的提法并未及时更新。不少高校在制定新的人才培养方案和课程大纲的文本中，直接将线上课程等内容纳入课程建设的范畴。翻转课堂、微课等多种形式的课堂组织方式频繁出现在文本中,不仅是应用型高校顺应时代发展的改进,同样也是科技快速发展给应用型高校的发展提供了机遇。

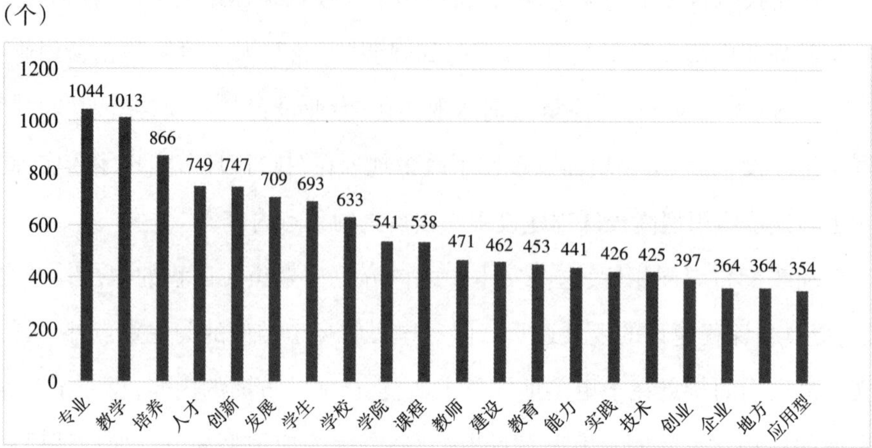

图 5-4　样本高校课程建设文本前 20 位高频词

二、具备切实可行的建设逻辑

尽管各省市的政策规划和各高校的实践执行都有着自身的特色,作为一项在政策直接引导下的课程建设,其整体逻辑是相对一致的,这也是本章对应用型高校课程建设“执行”环节进行文本分析的编码起点。

整体的编码逻辑仍然围绕应用型高校课程建设的三个重点块面,所使用的方法主要是概念编码,对描述性或解释性的文本内容进行广泛的编码,[①]从而深入详细地对应用型高校在课程建设中的执行与实施情况展开讨论。与此同时,在进行文本资料整理时,本书也结合在“评价”环节的调查研究中获得的实践数据和资料对文本进行梳理,通过调查研究和实践中获得的信息,对于相对冲突和存在异议即有可能与现实相“左”的内容进行回避,

① Bazeley P., Richards L., *The NVivo qualitative project book*, Sage, 2020, p. 54.

尽量不选择和不编码可能存在虚假的信息，从而最大限度地保证编码的科学性。

在“规划”环节政策文本的分析后，已经获得了应用型高校课程建设的路径目标与规划框架，基本上各校在课程建设乃至整体高校转型的努力方向和涉及的相关主体，均在此框架范围内（也在本节第一部分“方案关注重点”的讨论中得到验证）。尽管应用型高校的课程建设是以政策为基本导向的，但是在具体实践中，政策执行的主体对政策的理解程度不同，政策的转化率也不同。因此在实践逻辑上与政策的要求也存在一定偏差。因此基于理论和现实的基本情况，针对30所样本高校，仍以政策目标层面的“专业设置”“实践与就业”和“师资队伍建设”三个维度作为基本的编码框架；结合各校自身在课程建设方面的实践，丰富和完善了各编码主题的内容，形成了3个核心类别，13个解释类别，并将两个内容较多的解释类别分拆为4个子编码。最终共计产生了20个编码维度，编码参考点共计1283个，形成了相对完整的应用型高校课程建设的执行逻辑（见图5-5）。

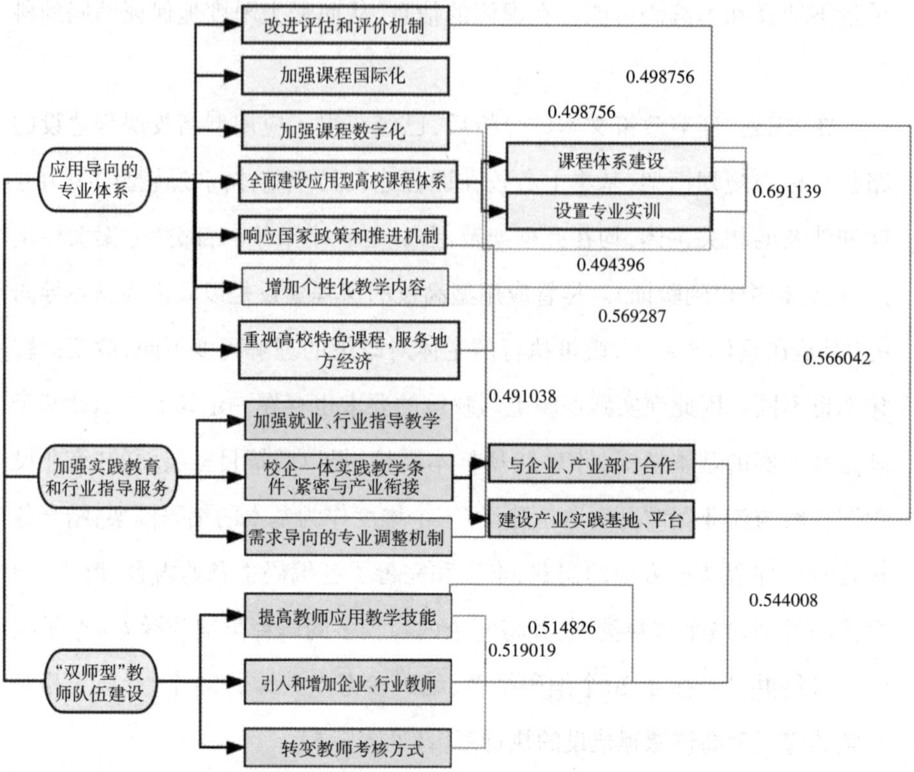

图5-5　高校课程建设的执行逻辑

三、形成互相促进的改进体系

在编码完成后,从内容上可以明显看出,“执行”环节的部分编码点之间存在着紧密联系,这对于进一步解读我国各种类型应用型高校的课程建设情况有非常重要的意义。因此剔除在同一编码维度下的项之后,对各节点按照单词相似性进行聚类分析,保留相关系数0.5以上的高相关关系(见附录4),并将处于同一编码层次的高相关性的项进行标注。

在编码上,和政策层面的编码体系相比,实践层面最大的突破体现在“应用导向的专业体系”一项上,在这个部分,各项之间也都有着明显的关系勾连，且重点较为集中。各校在课程文本中所涉及的内容更为丰富，讨论的层次也更加具体，包括课程的国际化和数字化，以及针对学生群体甚至个体的特色调整和改进课程的设置。

课程执行文本的逻辑中也非常明确地体现了企业、政府等多个层面对课程建设的影响，这些集中体现在“加强实践教育和行业指导服务”和“‘双师型’教师队伍建设”这两个部分。在建设教学条件层，各高校积极寻求与地方企业、大型企业以及地方政府合作，建设一批优质的合作平台、专业和课程，并积极将自身的专业特色反哺社会；在教师层，各校在“资金投入”层面并无过多涉及，更多体现在实际操作上，其中“引入和增加行业企业教师”也直接与其他层之间有明显的相关关系，并且这个部分的各项之间也存在非常正向的关联，三个层面之间形成了较好的勾连形式，各校形成了相对良性的课程建设的改进系统。

第三节　应用型高校课程建设执行的特点与路径

从内容和形式上看，在政策的引导下，各个省市、地区的应用型高校有着相似甚至相同的建设路径，也在政策要求的基础上体现了地方和高校的自身特色。

一、积极探索和挖掘本校课程特色

大部分样本高校都在政策要求的基础上，进行了卓有成效的课程建设探索，如根据学校发展特色，制定了“校级核心能力指标(A1e)”[①]，对照指标

① 文中楷体字部分为引用样本高校课程改进相关文本中信息，括号内为高校代码，为保护高校隐私，涉及高校名称、地区名称均模糊化处理，以下同。

合理规划课程建设并改革学分制度,制定并持续改进“本科专业创新学分实施细则(A2g)”,尽管没有明确地改进课程评估和评价机制,但已经有意识地向革新课程结构和评价方式努力。

不少样本高校在课程整体升级的同时,探索以项目作为课程体系重构的引擎,“针对学院发展层面,在办学思路,专业建设方面所进行的多个教改项目研究,以及教师针对课堂教学和自己的研究专长,通过多个教改和科研项目等,从不同层面牵动教学内容和手段的不断创新(A1e)”。以及“项目将实践范例内容合理地引入课堂,成为项目牵动教学的经典范例(A2g)”,以项目制为主要导向的课程建设也是很多应用型高校努力的方向。

与此同时,在课程内容和理念的改进方面,部分高校已经将本地文化和特质融入了课程建设中,提出了本校课程特色,抓住自身有别于其他高校的特质,大力发展相关课程,积极开展与同类高校的合作和交往(A3c),有高校还将本地文化与精神特质与课程建设结合起来(A2g),提出具有本地气质的人才培养目标,并结合本地文化标志积极开展教育教学实践。不少基础相对较好的高校也基于本校实际情况,提出适合应用型高校的特色课程系统概念,如有高校针对通识课程实施“三层三类”重新建构;理论课程夯实基础,强化应用,重点解决四个关键问题即理论有魅力、课堂有活力、学习有动力、学生有能力;技能课程强化能力,有效迁移,重点解决听懂与会做、反馈与反思、熟练与创新四个关键环节。综合能力课程课内外融通,教学做合一(C3b)。

二、开始具有系统课程开发的意识

在课程方案的制定上,不少高校已经具备了课程的系统观念,在进行课程建设之前,便展开细致深入的市场调研、就业调查等:共组织了75个专业调研组,奔赴300多家企业(行业)、学校、党政(事业)机关部门开展人才需求大调研。在调研的基础上，研究修订人才培养方案，更加突出对学生应用能力的培养（B7d），亦有高校基于高校自身的专业倾向展开调研，组织34个本科专业开展产业调研，重点调研本地本省产业的构成和布局及HT行业需求，紧紧抓住本地本省的主导产业及HT企业在工艺层面的人才和技术需求，结合学校实际情况开展专业群构建研究（B8f）。基于调查研究反复修订和调整人才培养方案与课程方案。从而能够更深入地调整课程理念，关注学生能力的培养，在课程设置上，要将学科标准转变为能力标准，构建基于知识应用和未来发展的前瞻性课程体系。在教学上，从教师中心转变为学生中心，教学方法从“传授知识”转变为“培养能力”。在学生学习中，将学生的被动学习转变为主动学习，注重培养学生参与学习的热情和主动性（C6d）。

三、重视实践实训与校企合作课程

作为应用型高校课程建设的核心，“实践和实训”的整体建设是各校关注的重点，在这些方面，“校本色彩”则更加浓厚，不少转型基础较好的高校，在课程设置的规定与安排上更加具体，如有高校实施分段教学，第一学年和第二学年第一学期按照“通识教育+学科教育”模式培养，设置通识教育平台课程、学科教育平台课程，遴选部分课程作为线上在线课程建设项目（B9e）。将课程数字化嵌套在课程体系中的同时，也关注学生自身的需求和需要。学生的学习时间按照“专业教育+职业教育”模式培养，设置专业教育平台课程、创新创业平台课程。学生以工作需求和职业能力为导向，选择专业方向，最后在学校评估的基础上，实行专业和学生双向选择（B9e）。部分高校在校企合作方面已经非常深入，企业更多地参与到人才培养的过程中，不少高校在搭建校企平台时，让行业企业专家直接参与到人才培养方案与课程方案的制定中，建立课程建设的校企协同机制。如有高校提出：“协同创新的架构依靠学校、政府与企业共建,在合同的基础上,实现多元主体、资源共享、道路创新、专业协调(B6e)”。基于机制,通过专业建设与人才培养的合作,逐步促进专业链与产业链、课程内容与专业标准、教学过程与生产过程的衔接(B7d)。

在校企合作方面,多所高校积极与行业企业联合开发课程,共同开展工作技能训练和岗位职业发展能力认证等教育教学活动,还积极地弥补当前职业证书体系不完善给学生择业带来的问题,相关课程的考试和考核将与职业技能鉴定同时进行,使学生在取得毕业证书的同时,获得相关专业的职业资格证书和行业岗位的职业能力证书,提升了应用型人才培养的针对性(B9e)。高校与政府、企业的合作方式也较为多元,如建立企业董事会,邀请企业参与课程管理,校企双方共同制定人才培养方案,共同编写课程方案,共同培养教师,建设实践基地、平台以及实验班(C6d)。

四、注重“双师型”教师队伍建设

在教师培养和“双师型”教师队伍建设上,和政策要求相比,方式更为多样,一方面,高校大幅度提高行业企业导师的比重,各二级学院强化学校与对口单位的战略合作关系,建立协同教学专家数据库,并根据专业发展的核心能力要求,邀请业界和企业的专家担任部分课程或章节的讲师,由企业专家承担或联合讲授的课程近200门(B3b)。让行业企业教师更多参与到课程实践中,通过校企共同实施课程置换、卓越工程、创新学分、混编师资队伍等方式,不断推进应用型人才培养模式创新(B7d)。其中比较引人注目的是对教师评价方式的改进。鼓励教师将科研创新、科技成果转化为教学内容,一是制定促进科技成果转化的管理措施,建立“前期有孵化、后期有收益”的支持体系,鼓励师生进行科研创新,促进成果转化。二是制定了科研成果转化教学内容管理措施,鼓励教师将科研成果转化为教学内容,并在职称评定、年终考核中给予倾斜(B3b)。亦有直接实施教师薪酬方式的改进,在薪酬制度方面,优化薪资绩效分配方案,推行年薪、月薪、日薪、时薪、项目制等多元薪酬体系,保证内部公平,强化外部激励,满足多样化人才需求(B6e)。

部分转型较早,课程建设历史较长的高校,相关方案则更加具体,实操性也更强,更加注重对教师教学能力的培养。如有高校创造性地建设了"双师型"队伍建设机制,与企业建立教师到企业,企业高级人才到学校的"双挂"制度以及学校、系部聘任企业人才的"双聘"制度(C2e)。并且特别注意教师之间的平衡以及新的教师培养制度下评价方式的改进,同时设立实验技术教研室,同等对待实验教师和理论教师。创新评价体系,改变以论文、项目为衡量标准的单一评价方式,鼓励并支持教师和企业联合开发新产品新技术(C2e)。不仅如此,在评价方式上少部分高校充分利用办学自主权,实施了大胆的革新,甚至对诟病已久的教师薪资结构进行改进,根据教师在实际工作中表现出的不同特征和发展方向,将应用型教师细分为多个类型与层级,制定科学的分类考核标准和评价机制,根据分级分类结果进行薪酬补贴,实行一年一认定的动态管理,形成应用型教师梯次发展、考核与激励并举的政策体系,有效调动广大教师加入应用型教师队伍的积极性和主动性(C9e)。

五、加强课程建设制度和政策跟进

部分应用型高校已经进行了内部制度和政策的调整,专门制定相关转型政策的高校相对较多,如《关于转变发展方式、建设应用型人才培养特色名校的决定》(C1e),相对粗放地对课程建设进行规定。亦有高校全面修订了包括《学籍管理规定》《学士学位授予实施办法》等教学管理文件,如实施夏季实践小学期制,加强实践教学;尽量满足学生专业选择,本科四年有三次专业选择机会;大学英语和高等数学等课程实施分层、分类教学(B8f)。操作层面上,为保障课程建设的顺利实施,不少高校也在制度上做出改变,由教务处牵头,组织二级办学单位相互协作,与相关的企事业单位联合建设大类专业平台。整合多个利益相关群体的资源,打通师资队伍建设、课程体系建设、课题申报和实践教学的建设与管理,从而构建学校、政府、行业、企业"四位一体"、跨学科、多专业协同培养机制(B9e)。

课程建设较为深入的高校,在积极执行相关转型教育政策的同时,还响应了与本校课程相关的大政方针,如农林相关学科积极响应"新农村"建设,推动自身科研成果转化,帮助和扶持地方建设(C5e)。这部分高校与政策的衔接程度更好,涉及的课程建设的内容与范畴更广,改进也更为深入。在此基础上也考虑以学生为中心,教师们创设真实育人环境,积极开展项目教学、案例教学等现代教学方式,着力培养学生的专业能力、方法能力和社会能力。在学习方式上,学校大量开放各种类型、校内校外的实训实践基地,让学生能够在真实场景中完成课程作业与创新创业训练项目(C6d)。

六、初步呈现课程建设执行路径图

尽管当前高校实践层面的课程建设仍然有很多不完善之处,但从政策执行上来看,已经形成了一条较为清晰的建设路径,大多数高校在地区和自身特色的基础上,沿着相似的路径向持续改进迈进(见图5-7)[①]。

处于不同阶段、不同地区、不同学科特色的高校在课程建设上有着各自特色,但通过对文本的解构,可以很明显地发现,在"执行"环节,高校在实施

① 在本书中,对应用型高校课程建设的探讨主要基于全局性的分析,并未涉及转型阶段的深入探讨。但作为教育改进学的研究,"高校转型与课程建设应根据自身的情况逐步实现改进"的理念一直是暗含在研究的价值内核里。尽管讨论中并未过多涉及相关方面,但在发展过程中,必须承认处于不同阶段的应用型高校强调的重点是有差异的,因此尽管不是本书讨论的主题,为呈现更为全面的应用型高校课程建设的情况,在图谱的构建中也基于高校的实际情况和专家意见,对转型阶段进行简单划分。

内容与方式正在试图走出一条中国特色的课程建设之路。若将我国高校应用型转型看作一个系统，每个阶段的高校都在执行一套建设的工作流程。在发展的现阶段把握最为需要和紧缺的课程要素，着力实施改进；在到达新的阶段之后，高校对前序阶段的要素进行扬弃，保留需要持续改进的内容，并逐步加深，再根据本校、本地实际情况加入新的要素，如此往复，不断增删和深化课程要素，从而保证改进的持续进行。与此同时，循政策的逻辑，随着高校转型深度的提升，课程的改进也由课程内容和课程结构的调整不断扩展，向师资引进、服务经济社会发展等外延层面延伸，在广度上也不断扩展。

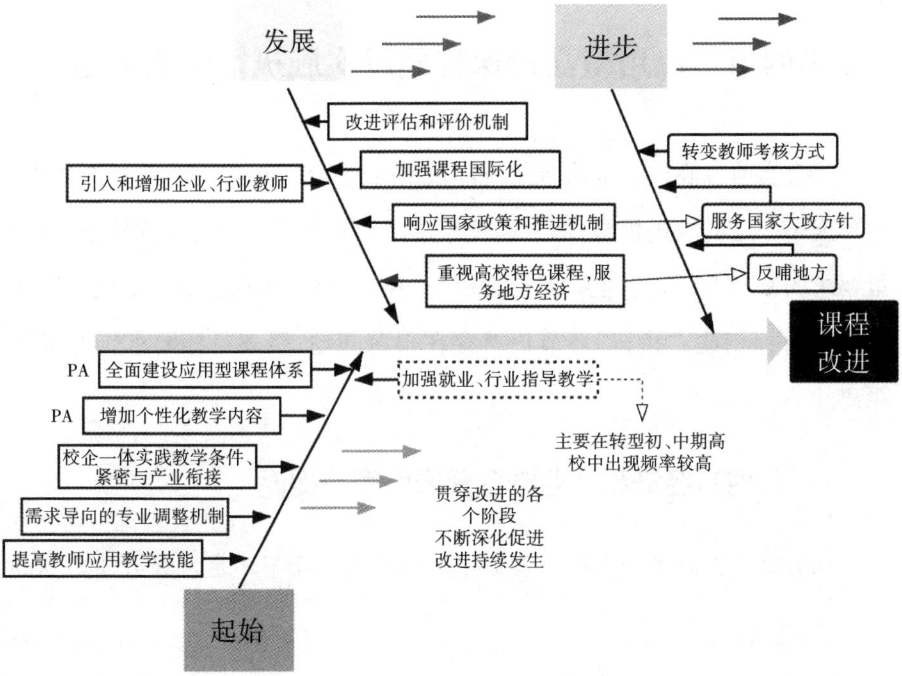

图5-6　应用型高校课程建设路径图谱

在高校内部,转型发展越完善的高校,改进发生的逻辑也越清晰,整体上形成了较为完善的改进流程,也即鱼骨图(Fishbone Diagram),或可称为因果图(Cause-and-effect Diagram)或石川图(Ishikawa Diagram),通过这一图表有助于完成问题分析并直观地表现研究结果,收集和组织有关问题或变化潜在原因的当前知识。[①]在本书的分析中,面对相同的课程建设目标,每一个大的"鱼刺"都代表着应用型高校建设的不同阶段,每个阶段所强调的课程建设重点有所不同,对高校的影响也有差异。在PDSA循环中,它可以帮助应用型高校发现、组织和总结关于导致变化或产生问题的原因。[②]也可以在这一执行路径中,通过后续评估和评价手段的提升,改进已有的执行方式和方法,不断反思存在的问题,从而不断深化,促进改进持续发生。

第四节　应用型高校课程建设实施执行中的问题

综合当前各高校政策执行的实际效果,课程建设已经在实践层面发生,也形成了一定的改进机制,部分高校甚至已经具备了自身的课程特色,在政策要求的基础上得到创生。但是无论与"规划"环节国家层面还是地方层面的政策目标相比,"执行"环节仍然存在很多问题,距离目标要求仍有很大距离。

一、与地方经济和产业结合紧密度有待提高

部分高校在服务地方经济发展上所做的努力明显不足。在人才培养的

① Bryk A. S., Gomez L. M., Grunow A., et al, *Learning to improve: How America's schools can get better at getting better*, Harvard Education Press, 2015, pp.87-88.

② Langley G. J., Moen R. D., Nolan K. M., et al, *The improvement guide: a practical approach to enhancing organizational performance*, John Wiley & Sons, 2009, pp.427-429.

定位上，各校都将自身定位于培养“应用型人才”，但作为“服务地方”的高校，在课程建设上，在各校的高校案例库文本、人才培养方案、课程方案和高校公开发表的文本中，很少涉及“促进地方经济发展”和“与地方产业相匹配”等概念。整体上仍然没有对本地行业企业的需要进行深入研究，课程体系在与地方经济发展的对接上存在不小的差距。

一方面，部分高校并未将自身特色与当地经济社会发展结合起来，在基础薄弱的情况下，仍然维持传统的专业体系。在课程设置上，并未提及“服务地方经济”“与企业需要结合”。这个问题也同时体现在样本高校对于政策和当前形势的理解相对滞后和粗浅，尽管已经意识到了转型发展的重要性，也对课程理念进行了大幅度调整，但这些理念并未与学生的培养紧密衔接。存在课程和教学与学生就业、经济发展脱钩的问题。另一方面，虽然样本高校在课程设置上，或以项目制为主要推动力，或以实训基地为主要推动力，在人才培养方案中已经提及通识课程和专业课程的安排。但在实际的课程方案和体系中基本不考虑通识课程和专业课程设置的比例和考核方式，落实在实践上的实践教学和实训课程的比重并没有明确的规定。这一问题也同样体现在课程评价方式的滞后上，样本高校均未明显涉及转变课程评价方式，仍然以知识的掌握作为主要目标，以传统的纸笔考试为主要考核方式，距离真正的课程建设的改进仍有距离。

二、对教师考核评聘改革关注力度亟须加强

部分高校出现了“转变教师考核方式”这一重要参考点的缺失（A1e等）。按照古德莱德对课程的分类，无论政策层面提出的“理想的课程”乃至高校层面自主设置和实施的“正式的课程”如何改进，无论课程理念如何革新，作为课堂的直接实施者，教师无法在其“领悟的”和“实施的”课程中进行落实，所有前序的努力都将化为泡影。教师不做出改变，不能理解课程并实施，课

程建设的理念和内容就很难转化为学生的经验。部分高校较少谈论“双师型”教师队伍的建设,尤其是对于教师实践实训教学技能的培养比较缺乏,这也对课程的建设直接产生影响。

三、对课程评估评价和改进重视程度尚待深入

大多数样本高校在评价和评估的建设上较为缺乏,真正提出改进课程评估方式的高校较少,部分高校存在“评估与评价”参考点块面的缺失。

> 基础相对薄弱的高校在课程建设的实施上处于相对初级的阶段,对于课程评估与评价的改进仍然停留在理念角度,在内容上并未出现评估指标或指数等内容(A1e,A3c等)。而转型发展历史较长,积淀较为丰富的高校已经建立起应用型高校课程评价指标体系(C8c,C11g),有部分高校也对评价指标进行了科学性的验证(C8c)。

出现的问题也比较明显,建立好了指标却不使用成了一个普遍的现象。截至目前,从教育行政部门到各应用型高校,并未有权威性较强、覆盖面较广、可供比较和参考的应用型高校课程建设指数。在课程评估和评价的主体上,以引入企业评价为主,尽管有部分转型经验相对丰富的高校在这方面做得相对较好,已经有高校进行了课程考核方式的改革,如改革课程考核办法,大量采用“笔试+操作”“笔试+项目”等考核方式,加大了对学生学习过程、实操能力和创新能力评价的比例。学校各专业应用型课程建设质量持续提升(C6d)。但真正改进整体课程与人才培养评价和评估体系,并将新的评估方式应用在实践中的高校却屈指可数。

四、对课程国际化建设发展全面性仍需挖掘

在课程国际化上，尽管有少部分高校已经意识到，应将合作重点聚焦于课程内容和教学方法上，将课程对接相关国际职业证书、与海外高校合作开设课程、接受相关认证体系评估、借鉴德国和芬兰等国相关课程开设经验等。但大多数高校的工作相对于课程体系和专业设置的改进相对滞后，不少工作仍然停留在传统高校评价的框架内，盲目追求外籍学生比例，事实上并未将国际合作落实在人才培养上。这和政策的要求有所背离，如大力开展留学生教育工作，在国际交流、留学生招生、教育管理和服务保障等方面积极探索，初步形成了具有本校特色的国际化办学模式（B6e）。仍然是以培养留学生作为本校国际化办学的主要方向。为了取得形式上的"国际化"，将大量资源用以培养留学生，本土学生却并没有得到国际化的教学资源，与国外高校合作停留在"一纸协议"的情况屡见不鲜。

本章小结

"执行"是应用型高校课程建设PDCA教育改进循环中的第二个环节，泰勒曾说："改进课程的愿望能够通过对课程编制和计划过程的研究而得到实际的支持"[①]，因此本书主要通过对30所样本高校的高校案例库文本、人才培养方案、课程方案等内容的分析，来全面分析当前我国应用型高校课程建设的实施重点，并勾勒出课程实践执行系统内的建设路径。通过分析，可以发现：

第一，"执行"环节基本落实了"规划"环节提出的要求，高校在执行上也

① ［英］菲利浦·泰勒、［英］科林·理查兹：《课程研究导论》，王伟廉、高佩译，春秋出版社，1989年，第16~17页。

主要围绕“规划”环节的几个方面展开。在“专业设置”上,高校关注并改进评估和评价机制,加强课程国际化、数字化,全面建设应用型高校课程体系,响应国家政策和推进机制,增加个性化教学内容,重视高校特色课程和服务地方经济的几个方面;在“实践与就业”上,高校关注了加强就业、行业指导教学,校企一体实践教学条件、紧密与产业衔接(包括与企业、产业部门合作,建设产业实践基地、平台),需求导向的专业调整机制;在“师资队伍建设”上,高校关注了提高教师应用教学技能,引入和增加企业、行业导师,转变教师考核方式。从改进度量的角度来看,说明PDCA教育改进循环中“规划”环节的设计在“执行”环节中基本得到有效实践。

第二,“执行”环节形成了我国应用型高校课程建设的路径特色,课程建设作为系统工程,也在规划到实施的过程中不断实现底层创新,尽管部分高校自身的探索以个案亮点居多,但已经在已有规划的基础上实现了改进。本书在分析和探讨的过程中,针对“执行”环节各高校的发展现状,以教育改进学为理论支撑,将其总结为我国应用型高校课程建设的路径图谱(图5-7),以期为处于各个转型阶段的应用型高校提供路径参考。

第三,“执行”环节仍存在没有达成的目标和现实的问题,尽管所选择的样本高校已经实施了高校转型,形成了针对应用型高校课程建设执行的相关文本,但整体无论从课程形式还是课程内容上都未能进行系统化地建设。本书所选择的样本中,在尚未解决“规划”环节中已经存在问题的同时,并无一所高校能够建立起“规划”环节要求的从课程、教学、人才培养、学生就业、师资等多个层面整体转型的课程体系。改进的发生以“点”为主,力度相对不足。尽管样本高校调整了培养目标和课程目标,但在内容上仍然多以学术、科研作为主要导向,未能切实关注学生自身发展和地方经济的需要。对于绝大多数应用型高校来说,自身基础相对薄弱,课程的建设与改进是艰难的,仍然存在大量在样本以外的高校亟待转型发展,但这些高校并不具备课程建设和改进的意识。

通过本环节的分析,在已经取得成果的基础上,如能按照本书总结出的发展路径,积极吸收其他高校的经验,将高校自身发展、学生需要与地方经济社会发展相结合,从学生的需求和本校、本地特色出发,相信优秀的课程建设样例将会不断出现。

第六章　我国应用型高校课程建设的评价分析

通过对PDCA教育改进循环中“规划”环节的政策梳理，获得了当前我国应用型高校课程建设的目标，经由“执行”环节高校实施情况和案例的分析，进一步明晰了应用型高校课程建设的系统过程，从研究中也能够发现应用型高校在实施课程建设方面也存在诸多挑战。因此需要完成PDCA教育改进循环的“C”即“评价”环节的分析，来了解究竟应用型高校课程建设存在哪些实际的问题。为了避免评价的主观性，本部分主要采用实证调查的方式，从内部评价的角度，针对样本高校，基于学生问卷与教师访谈展开调查，结合文本分析中各高校自述的内容，对当下的情况进行全面的描绘。

第一节　学生对应用型高校课程建设的理解与需求

从高校转型到课程建设，从国家层面到高等教育系统内部，无论出发点是什么，其指向是人才的培养。人才培养的质量提升也是本书所明确的课程建设的最终目的，因此评价课程建设最为直接的方式之一就是对学生展开调查。

一、调查工具和调查对象的说明

对学生的调查主要通过问卷调查的方式展开，因此有必要首先对调查工具进行说明，并且在问卷设计中设置了对调查对象基本信息的收集，从一定程度上反映了当前应用型高校学生的基本情况，以及在实践中的一些特色信息，从而为课程的评价提供基础。

（一）调查工具的说明

作为PDCA教育改进循环中的一环，评价部分的主要指向应是衡量在课程建设实践中对“规划”环节提出的目标与要求的达成程度，以及对“执行”环节应用型高校课程建设实践的效果进行评价，因此问卷的维度围绕前文提出的建设重点展开，具体问卷的信效度和回收情况在研究方法部分（见第二章）已经进行了介绍，在本部分不再进行重复讨论。题目和量表共计21个题项，主干题目共13项，其余8项依赖于主干题目（见图6-1）。

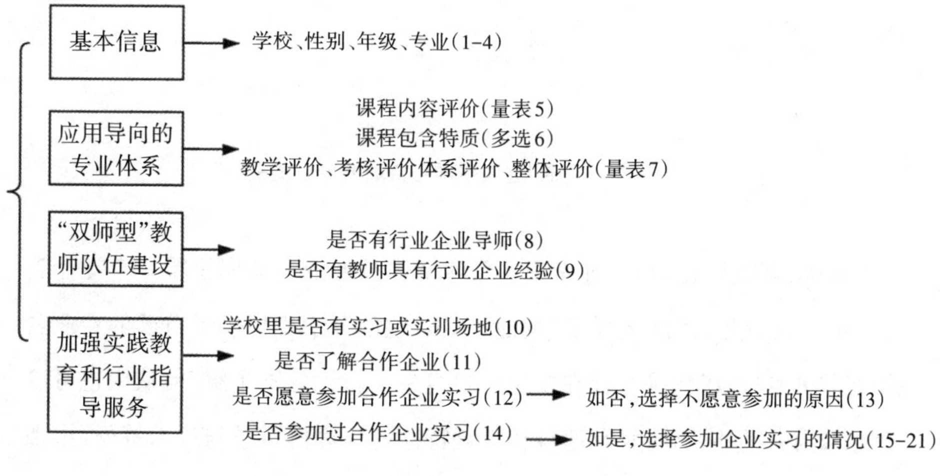

图6-1　问卷的基本逻辑和题目指向

(二)调查对象的说明

首先,当下正在进行应用型转型的试点高校,以理工类占大多数,尽管在抽样时尽量避免全部选择理工类学校,在选择学生时也只筛选了转型试点专业的学生,并未规定学生的专业方向。但从数据结果来看,理工类专业的学生仍然是最多的,占所有样本的近80%。

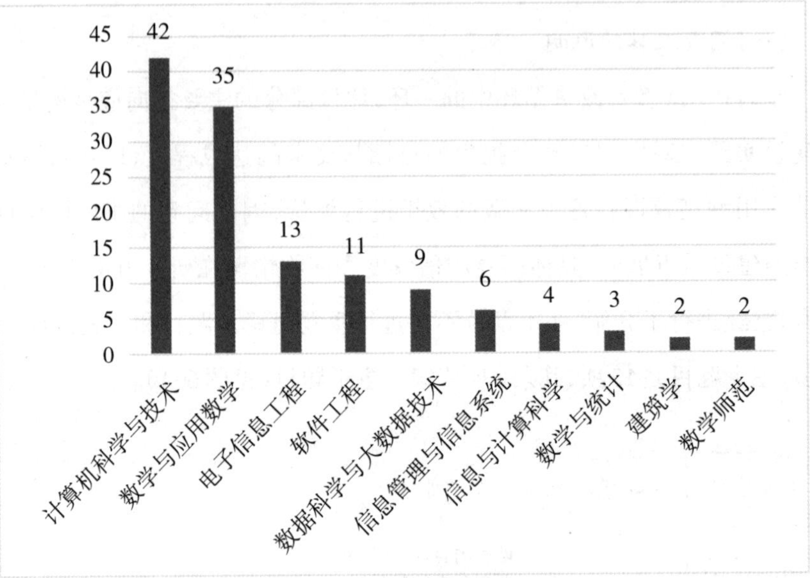

图6-2 “其他”选项中学生自填的专业类别

其次,调查数据显示,亦有很多学生对自己专业究竟属于哪一个专业类型并不是很清楚,因此选择了“其他”选项,这部分学生提供了自己的专业名称(见图6-2)。尽管确实存在学生对自身专业特性的不了解,但从中也可以发现,除了一些传统的兼有理科和工科特性的计算机科学与技术等外,出现了一些新兴的专业和跨类别专业,如“数据科学与大数据技术”“信息管理与信息技术”,在一定程度上体现了当前应用型高校学科的多样性和跨学科性,这也是现下应用型高校更面向实践、更贴合市场的表现。

最后，在性别方面，男生803人，占比57.32%，女生598人，占比42.68%，整体男生略多于女生。从全国来看，有网站基于自身平台数据和大学生问卷调查获得数据表示，在2020届高校学生中，女生占比52.04%，男生占比47.96%，从学科分布来看，十二大学科中，理学、工学、医学、农学是典型“男多女少”的学科门类，其中工学类男生占比最大，高达63.89%；艺术学、管理学、历史学、经济学、文学、法学、哲学、教育学则是“女多男少”的学科门类，其中文学类女生占比最多为87.82%。[①]尽管这一数据可能与网站自身的用户群体有关，近年来，无论是官方还是民间的数据，都能够很明显地看出存在女大学生多，男大学生少的情况，高校学生性别比失衡的问题也屡屡引发热议。在调查中，也可以发现，尽管样本中多数学生为理工科专业，从传统意义上讲，这些专业男生占比相对比较高，但在本书的调查中女生和男生的比例相对均衡，从分析中能够发现不同性别对于课程的感知存在一定差异，也是需要纳入考量的。

二、学生对当前应用型高校课程建设的看法

具体到调查的主干部分，主要关注了前文中PDCA教育改进循环中“规划”环节和“执行”环节所提出的应用型高校课程建设最为关切的核心内容，学生针对这几个方面分别有着自身的看法与评价。

（一）期待创新创业能力培养，课程数字化认可度高

由于所涉的专业和课程范围较广，区别也相对较大，很难设计出针对全部学科类别课程内容的评价量表，因此对课程的评价和对教师的评价都使用了李克特五点量表进行相对中立的描述语句测量。针对学生对课程的理

① 梧桐果：《2020大学生男女比例报告发布：校园“阴盛阳衰”趋势显著》(2020-08-18)[2021-01-21]，https://www.sohu.com/a/413448548_100019615。

解,根据前文中分析出的应用型高校课程建设重点,围绕课程目标、课程内容和课程有效性几个方面,设计了5个描述语句,让学生按照符合程度进行打分,为便于学生理解,符合程度与分数逆序设计。

为了有效反映实际情况,将所有数据转置,正序排列,满分为5,均分超过4可视为近"优"。从量表的统计结果来看,可以看出调查涉及的几个方面,学生打分情况都在4上下。其中"所学专业课程体系有助于拓宽就业面"的分数最高,为4.1185,说明学生们对课程建设对就业所产生的效果是满意的,与之相联系的"课程内容有助于培养技术技能"的分数为次高,为4.1113,也足以说明当下对课程建设培养学生实践能力产生的效果。尽管相差不大,但"所学专业的知识和技能在日后的工作中能发挥出来"题项的分数并不高,在一定程度上反映了当下的课程能够帮助学生就业和提高实践实训能力,学生对于所学的知识和技能是否在长期工作中有效发挥并不如其他方面那样有自信。而评分唯一略低于4的题项是"所学课程内容有助于培养创新创业能力",说明课程建设在创新创业能力方面的培养上存在欠缺,而这部分内容是政策明确提出的,因此更需要在后续的课程建设工作中着力加强(见图6-3)。

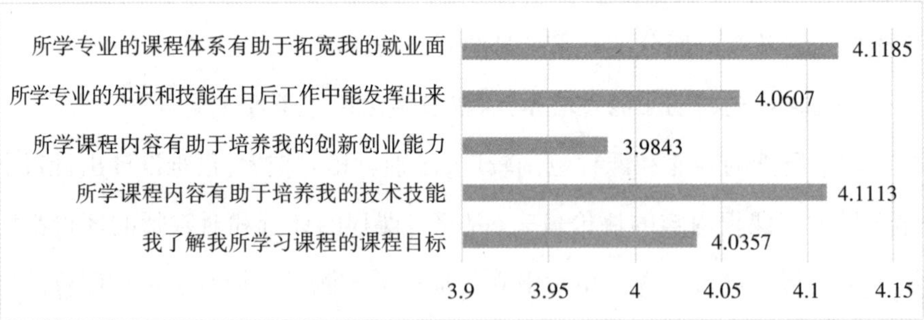

图6-3 学生对当前应用型高校课程目标、内容和效果的评价均值

在课程应具备的特征上,前文中对"规划"和"执行"环节分析出了诸多特性，但当下很多应用型高校并不具备相关课程建设与改进的条件，并且问卷调查主要是通过网络进行，很难对每个部分的情况展开深入的讨论。因此本书主要针对高校是否具备相关特质进行调查。在众多选题中，选择相关题项即视为学生认为该校应用型高校课程具备该特质，没有选择则视为学生认为该校不具备该特质。几项中，选择率最高的是数字化，有79.35%的学生认为其所在高校的应用型课程具备课程数字化的特质，由此印证“执行”环节分析中高校在课程数字化改进方面的努力。情况相对较差的是课程国际化，有65.3%的学生认为其所在高校的应用型课程并不具备课程国际化的特质，也同“规划”环节与“执行”环节分析中发现的问题相互印证，说明应用型高校的国际化建设确实在课程层面不够深入，至少在学生层面并没有很多学生能够体会到应用型高校课程在国际化建设方面的效果。个性化课程和学校特色课程的选择率都仅仅略高于半数，说明这方面的工作仍然需要加强和努力（见图6-4）。

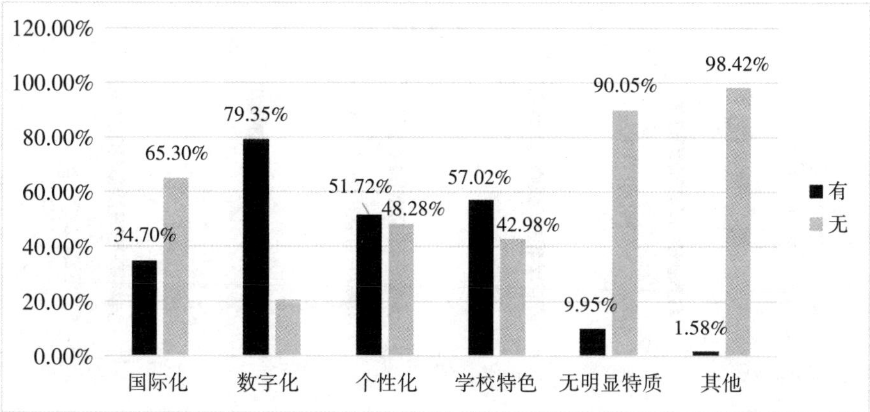

图6-4　课程有无当前应用型高校课程建设应具备的特质

并且在调查中还有9.95%的学生认为当前所在高校课程没有明显特质，在选择“其他”选项的学生中，很多学生填写的内容是“课堂教学”“课本面授”等教学的传统方式,甚至有学生填写了“单纯的上课”,说明有很多学生感受到的课程方式仍然是相对传统的课堂教学方式。

(二)理解课程目标存在欠缺,内容评价有性别差异

具体到每个方面,尽管选择“比较符合”和“非常符合”的学生占全部选择的大多数(75.69%),但还有近四分之一的学生对课程给出了一般和以下的分数(见图6-5)。尤其是对课程目标的理解上,作为一个相对表层的常规问题本不应该出现如此多的低分情况。在问卷设计之初,共设计与课程目标相关的描述语句三个,但其他更为深层次的描述语句均未通过测试,究其根本原因在于,很多学生根本不知道所学科目的课程目标。而在正式的评测中,学生对于课程目标的了解情况比较一般,均分偏低(4.0357),有超过四分之一的学生(25.84%)给出了一般及以下的评价,说明学生对课程目标的理解程度不够。

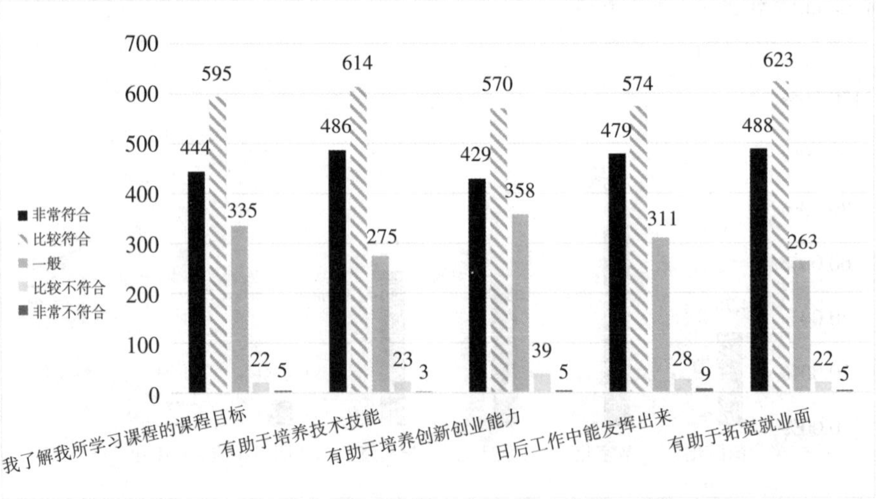

图6-5 学生对当前应用型高校课程目标、内容和效果的具体评价

为了探索基本信息与各题项之间的关系,笔者在分析之初就对各项进行了相关性分析,发现了多组信息之间具有显著相关性。而性别一项,与学

生对课程的五项评价之间均有显著相关性，其中与课程目标、技术技能、创新创业和长效作用的相关性在0.01层上显著，与拓宽就业面在0.05层上显著，且均呈现为正相关关系。由于所涉题项相对较多，且性别并不是本书重点讨论的内容，就不再对与此相关内容进行进一步深入的统计处理。在问卷录入时，男生被记录为“1”，女生被记录为“2”，而各打分项为逆序录入，可认为相较于女生，男生对课程的接受度和满意度更高，而当前的课程内容更不能令女生满意（见表6-1）。尽管“相关性”概念在统计学上存在一定争议，但至少可以反映出不同类型的学生群体对于课程的看法存在不同，这是需要今后在长期的课程建设中更加关注的。

表6-1　性别与课程内容评价各项之间的相关关系

	了解所学习课程的课程目标	有助于培养技术技能	有助于培养创新创业能力	日后工作中能发挥出来	有助于拓宽我的就业面
性别 Pearson 相关性	0.108**	0.093**	0.113**	0.070**	0.064*
显著性（双尾）	0	0	0	0.009	0.017

** 在置信度（双测）为0.01时，相关性是显著的。
* 在置信度（双测）为0.05时，相关性是显著的。

（三）了解实训实践课程不够，学生整体参与意愿强

在实际走访中，笔者发现，很多学生仅对高校或院系开设的、自身修读过的课程有一定感知，能够进行评价。但他们对于学校的实训实践课程、校企合作课程情况根本不了解，因此本书仅对学生对于高校“双师型”建设和实训实践基地建设的了解情况和参与情况进行调查。

1. 了解实施实践课程的学生占比低

调查发现，有40%—50%的学生不知道这几个方面的情况，说明学校在“双师型”教师队伍建设和实训实践基地建设在学生层面的渗透程度很低。

相对来说,高校在培养本校教师具有产业经验,以及实训实践基地建设上的工作相对做得比较好。除“不知道”的情况外,在知道相关情况的学生中,有86.72%的学生认为教师中“有教师具有产业经验”,有83.8%的学生表示学校设有“有实训实践基地”,只有在“任课教师中有企业的员工进行授课吗?”这一项中,有近60%的学生认为任课的教师中没有企业教师(见图6-6)。

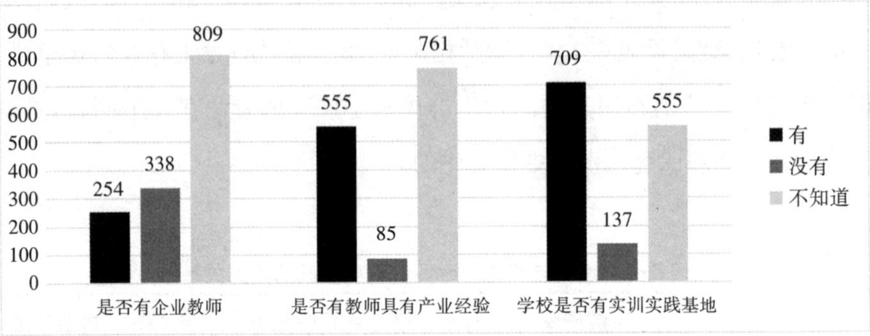

图6-6　学生对学校“双师型”教师和实训基地建设的了解情况

而这种认识和学生的年级有着显著的相关关系,为了验证二者之间确实存在统计学的意义,对数据进行了独立样本T检验,将年级按照高年段和低年段进行分组(见表6-2),其中低年段的学生占79.44%,高年段的学生占20.56%。

表6-2　不同年段学生对学校“双师型”教师和实训基地建设的了解情况

	年级	数字	平均值(E)	标准偏差	标准误差平均值
是否有企业教师	低年段	1113	2.46	0.742	0.022
	高年段	288	2.16	0.857	0.050
是否有教师具有产业经验	低年段	1113	2.21	0.943	0.028
	高年段	288	1.91	0.980	0.058

续表

	年级	数字	平均值(E)	标准偏差	标准误差平均值
学校是否有实训实践基地	低年段	1113	1.93	0.944	0.028
	高年段	288	1.74	0.929	0.055

通过独立样本T检验，可以看出高年段和低年段在这三个方面都有显著差异，“是否有企业教师”以及“是否有教师具有产业经验”这两项，莱文方差等同性检验，F值分别为23.234和11.355，P值分别为0.000和0.001，拒绝方差齐性假设，T检验P值均为0.000小于0.01，在0.01层显著，说明不同年段的学生在对于“双师型”教师队伍的了解上具有显著的差异。而对于“学校”是否有实训实践基地，莱文方差等同性检验，F值为1.064，P值为0.302，大于0.05，不能拒绝方差齐次性假设，T检验P值为0.002，在0.05层显著，说明不同年段的学生在对于实训实践基地建设的了解上也具有显著的差异(见表6-3)。

表6-3　不同年段学生对实训实践课程了解情况独立样本T检验

莱文方差等同性检验				平均值相等性的t检验						
		F	显著性	t	自由度	显著性(双尾)	平均差	标准误差差值	差值的95%置信区间	
									下限	上限
是否有企业教师	已假设方差齐性	23.234	0.000	5.869	1399	0.000	0.298	0.051	0.198	0.397
	未假设方差齐性			5.395	405.283	0.000	0.298	0.055	0.189	0.406
是否有教师具有产业经验	已假设方差齐性	11.355	0.001	4.751	1399	0.000	0.299	0.063	0.175	0.422
	未假设方差齐性			4.646	434.676	0.000	0.299	0.064	0.172	0.425

续表

		莱文方差等同性检验		平均值相等性的t检验						
		F	显著性	t	自由度	显著性(双尾)	平均差	标准误差差值	差值的95%置信区间	
									下限	上限
学校是否有实训实践基地	已假设方差齐性	1.064	0.302	3.045	1399	0.002	0.189	0.062	0.067	0.311
	未假设方差齐性			3.075	452.751	0.002	0.189	0.062	0.068	0.311

从均值上看,高年段的均值每一项都低于低年段,说明无论在认识上,还是了解情况上,高年段的学生都强于低年段的学生,能够很明显地看出,年段高的学生对学校实训实践课程的情况更了解,也说明学校对于学生在课程建设理念和做法的宣传非常不够,唯有学生进入相应学习阶段,才能够对自身的培养阶段和方式、课程模式与内容、教师的情况和水平有所了解。

2.学生参与校企合作实习意愿较强

在学生的意愿层面,考虑到学生可能不知道"校企合作"等相关概念,以其较为能够理解的"学校合作企业"指代这方面的学习活动。设计了"是否愿意去合作企业实习"题项,仅有5.56%的学生表示不愿意去企业实习,而表示无所谓的学生有16.42%,有78.02%的学生表示愿意参与企业实习。对于合作企业的了解情况也相对较好,超过60%的学生对合作企业有一定了解,而不了解合作企业的学生中,也存在高校或系所本身没有实施校企合作。

在学校开展校企合作实践的层面,又设计了更为深入的问题,就当前参与校企合作实习的实际情况而言,真正参与合作企业实习的学生较少,但学生的参与意愿很强烈,想参加实习和应参加实习的学生超过90%(见图6-7)。尽管本次调查中高年段学生较少,学生的年级段情况也确实影响了校企实习的参与率，但如果视全部参与校企实习的学生均为中高年段，仍然只有不到六分之一的学生参与过实习项目。整体上的参与率过低，在一定程度上说明高校和企业提供的相关资源很不足，确实不能满足学生的需要。

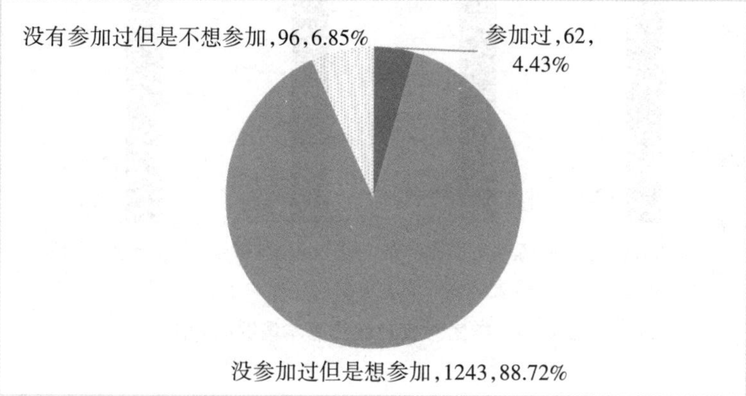

图6-7　校企合作实习参与的实际情况

3.实训课程中企业方指导较为全面

尽管在调研中收集到参与过学校组织的企业实习的样本较少，但通过这些数据也可以大致了解当前学生层面对校企合作的评价。首先，企业方面对于学生的实习指导、培训和评价都很全面，96.77%的学生表示有实习导师，93.77%的学生表示有职前培训，并且在实习结束后，90.32%的学生表示企业提供了评价考核。从课程角度上来看，基本形成了完整的企业培养流程，能够较为全面地在实践中培养学生。其次，学校也对学生的实习环节进行评价，有87.1%的学生表示学校对实习环节进行了评价，相较于企业评价的比例略低，但整体上企业和高校层面都重视了对实习的评价(见图6-8)。

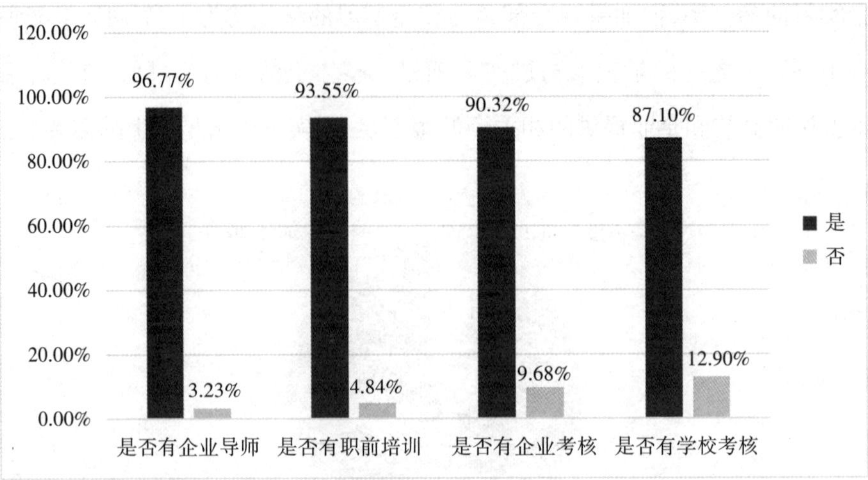

图6-8　学生对校企合作基本情况的看法

与此同时，学生对毕业后在合作企业工作的意愿也比较强，有近70%的学生表示愿意毕业之后在合作企业工作，不愿意的仅占4.84%。只有在实习环境、实习内容、实习薪资待遇等多方面能够让学生满意，才有可能留住学生，调研的结果说明样本所在的高校整体校企合作实习的情况比较好，能够很大程度上满足学生的需要。但不可忽视的是，无论在这个题项中还是前序题项中，选择“一般”和“无所谓”的比例也很高，对课程乃至工作不积极的学生很多，因此更说明了学生生涯规划教育方面的重要性（见图6-9）。

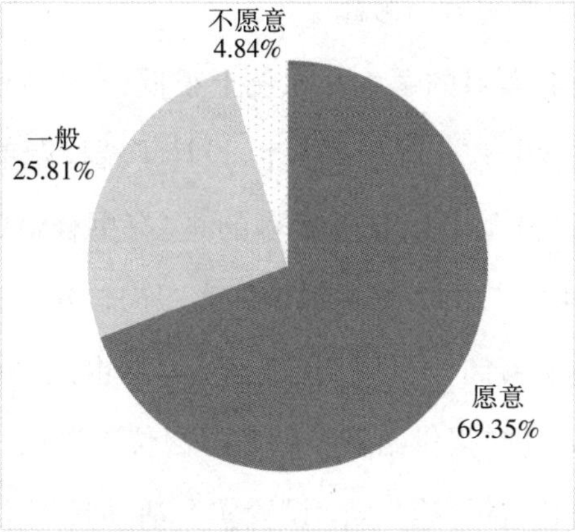

图6-9 学生是否愿意毕业后留在实习企业工作情况

讨论应用型高校课程效果,非常重要的一点是在课堂中学习的内容是否能够转化成工作场所中能运用的技能和技术。参与过校企合作实习的学生对高校在这方面的看法比较正向,没有学生认为课堂的教学内容与实践中的应用是不吻合或者完全不吻合的,超过90%的学生认为二者之间能够做到吻合和非常吻合(见图6-10)。说明在这方面的情况较为良好,尽管能够参与校企合作企业实习的学生数量不多,但整体效果很好,目前的情况是“少而精”的。

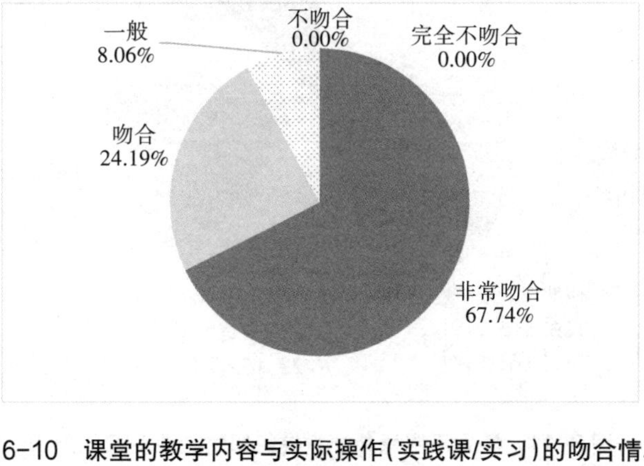

图6-10 课堂的教学内容与实际操作(实践课/实习)的吻合情况

4.拒绝参与实训课程原因多样

不愿意参加企业实习的学生在比例上很低,只占全部样本不到7%,但从数值上有近百名学生。针对这些学生,设计了选择题项,在几个方面都有学生进行选择。除"其他"外,选择最多的是"有更合适的机会(16.2%)"和"岗位不喜欢(15.64%)",说明企业提供的实习岗位对于部分学生来说不够适合。其次是认为实习岗位工资低(13.41%),这也是当前社会舆论讨论比较多的问题,少部分高校提供给学生的实习岗位工资低,还有9.50%的学生认为实习工作时间长,甚至有"大学设置实习活动是剥削廉价劳动力"的说法,但在本次调研中并未发现这种状况。与此同时,有10.61%的学生认为实习浪费时间,以及与所学专业关系不大,一方面可能是由于这部分学生对校企合作实习的认识停留在较浅的层次,另一方面可能是其所在的高校、系所设置的企业实习意义有限,因此无论是哪一种,都是需要在后续课程建设中持续关注的(见图6-11)。

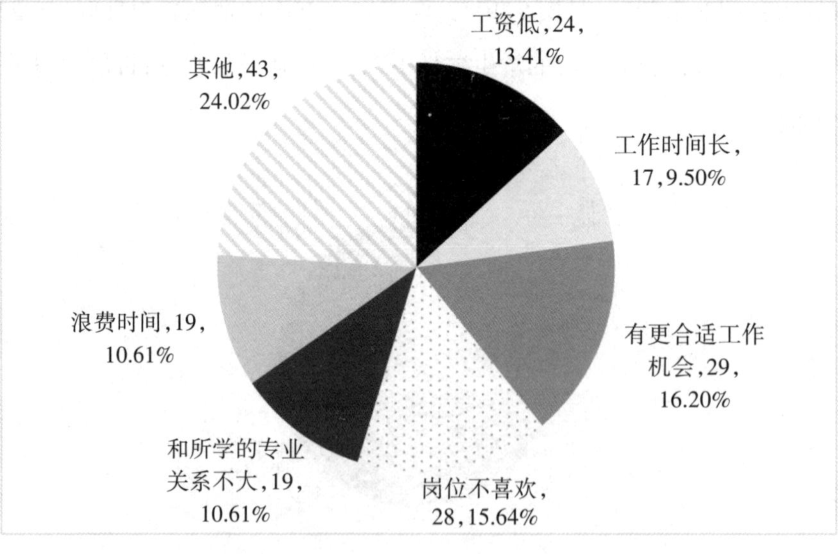

图6-11 学生不愿意参加学校组织的企业实习的原因

三、学生对当前应用型高校课程教学的评价

为了获得学生对课堂教学的评价，在量表描述语句上主要针对课程系统内的几个方面展开，[①]分别从教学方法、课堂管理和考核评价方式三个角度来衡量课堂教学的效果。首先对数据进行转置，形成平均数后，发现四个部分的评分相对比较接近，分别是教学方法4.17、课堂管理方式4.15、考核评价方式4.15、整体评价4.18。各项之间关系紧密，根据原始数据情况，能够构建出应用型高校课程学生满意度与教师教学之间的回归方程模型，R方值为0.833，模型解释度为83.3%，即模型能够解释83.3%的数据，解释度较好（见表6-4）。方差分析显著性为0.000，说明三个自变量教学方法、课堂管理方式、考核评价方式对于课程整体评价能够带来显著影响（见表6-5）。

表6-4　应用型高校课程学生满意度与教师教学和评价的回归方程模型

模型1	非标准化系数		标准系数	t	显著性
	B	标准错误	贝塔		
（常量）	0.108	0.022		4.856	0.000
任课教师的教学方法	0.353	0.028	0.352	12.665	0.000
任课教师的课堂管理方式	0.202	0.026	0.205	7.830	0.000
所学课程的考核评价方式	0.377	0.025	0.391	15.364	0.000

a. 预测变量：（常量），所学课程的考核评价方式，任课教师的课堂管理方式，任课教师的教学方法

① 避免学生将问卷调查等同于“评教”，给出相对保守的分数，或引起教师反感，影响回收率，在研究设计中尽量避免使用类似“评教”的内容，也避免直接提出“对教师的评价”等说法。

表6-5　应用型高校课程学生满意度与教师教学和评价方差分析(ANOVA)[a]

模型1	R	R平方	调整后的R平方	标准估算的错误	R方变化	F更改	更改统计量		显著性F更改
							dfl	df2	
	0.913*	0.833	0.832	0.308	0.833	2318.729	3	1397	0.000

a.因变量:我对课程的整体评价

b.预测变量:(常量),所学课程的考核评价方式,任课教师的课堂管理方式,任课教师的教学方法

整体上适合建构回归方程,并且自变量只有3项,无须设计逐步回归,而产生的常量和回归系数的显著性均为0.000小于0.01(见表6-6),显著性好,回归方程模型结构良好,构建方程如下:

Y(课程的整体评价)=0.108+0.353X_1(教学方法)+0.202X_2(课堂管理方式)+0.377X_3(课程考核评价方式)

表6-6　学生对课程教学的整体评价回归方程系数[a]

模型1	平方和	自由度	均方	F	显著性
回归	658.500	3	219.500	2318.729	0.000[b]
残差	132.245	1397	0.095		
总计	790.745	1400			

a.因变量:我对课程的整体评价

方程的构建显示,课程系统中的几个方面的系数均为正数,说明在统计学意义上,课程系统中的几个方面都对学生整体的课程评价有着正向的影响。其中考核评价方式的系数最大,教学方法次之,系数大小与考核评价接近,说明评价方式与教学方法对学生的课程评价有着非常大的作用,需要在后续教育教学中予以更多关注,其次是课堂管理方式,也是需要在课程的实施上进行调整与改进的。

第二节　教师与管理人员对应用型高校课程建设的看法

无论从主体角度来看还是师资队伍建设重要性的角度来看，在应用型高校课程建设的评价中，教师和学校管理人员都是重要的研究对象，为了提高研究的科学性，在进行学生问卷调查的同时，笔者也对教师和管理人员展开了访谈调查。

一、访谈工具和访谈对象的说明

和学生样本相比，大量的校长、书记等高校管理人员样本的获取比较困难，并且校与校之间的领导方式和组织方式也有较大的区别，采用问卷调查很难在获得大样本的同时，深入挖掘各校在课程建设上的真实情况。因此主要采用了小样本的方式展开访谈调查。同样依据“规划”环节和“执行”环节逻辑框架设计了访谈提纲（见附录5和附录6），利用开放式访谈获得了应用型高校在课程管理和日常教育教学上的信息。在对象方面，采用了“线上线下”结合的方式访谈了部分样本高校的校领导、相关专业负责人和教师，涉及样本高校中的10所不同转型阶段的高校，共访谈校长、院系负责人、学科教师22人，共计访谈时间12小时55分钟（见表6-7）。

表6-7　访谈对象的基本情况①

访谈对象	访谈时间	数量	访谈对象	访谈时间	数量	访谈对象所在的学校编号
校长	33分钟	1	学科教师	47分钟	1	A3c

① 所选样本中有学院和大学，其负责人称呼有所差别，这里进行一致的模糊化处理，受新冠病毒感染影响，很难深入更多高校内部展开调查，高校对点联系基本上也以与负责人直接沟通为主，一定程度上影响了对象的选择和结果的有效性。

续表

访谈对象	访谈时间	数量	访谈对象	访谈时间	数量	访谈对象所在的学校编号
校长	25分钟	1	学科教师	36分钟	1	B3b
党委书记	39分钟	1	学科教师	14分钟	1	B5e
党委副书记	49分钟	1	学科教师	113分钟	3	B14c
校长助理	45分钟	1	学科教师	53分钟	2	B10b
教务处副处长	52分钟	1	/	/	/	C13d
校长	23分钟	1	学科教师	74分钟	1	C8c
前副校长	17分钟	1	学科教师	23分钟	1	C11g
前校长	13分钟	1	学科教师	14分钟	1	C12e
党委书记	22分钟	1	/	/	/	C2e

访谈提纲设计的目的在于收集当前应用型高校在课程建设方面的做法,在佐证“执行”环节所使用的资料信息真实性的同时,了解高校内部对于课程建设的评价。因此实际访谈过程中,研究者收集到的很多信息是有关高校管理人员和专业教师对于当前课程建设存在问题的反思和讨论。由于访谈提纲的编制也主要依据“规划”和“执行”环节的逻辑,因此不再对访谈资料进行深度编码,仅按照内容顺序进行梳理。

二、管理人员对当前应用型高校课程建设的看法

本书所指的管理人员主要是指能够管理课程的高校行政人员,他们往往还承担着应用型高校课程的授课任务,因此对课程建设的认识与评价除了能够站在课程建设规划的立场,同时也能够从课程教学的角度出发,从而相对全面地反映出当前我国应用型高校课程建设中的问题。

(一)政策僵化影响应用型高校课程建设

尽管高校转型已经发生,但政策对于高校评价与评估的方式没有发生本质变化,课程建设的效果不能在高校排名与招生等最为实际的效益中得

到体现，“省内的评估就是对学校的科研有要求，都去搞应用型教学，放到省里一比，排名差的话，立马影响来年招生（C8c-CQ1B）”[①]。并且本身不同的学科具备不同的应用性，当前专业的裁撤和申办不可能完全符合社会需要，因此尽管高校将自身定位成“应用型高校”，但不可避免地存在“不应用”或者“不那么应用”的专业。“学数学的学生，你让他去哪里做产学一体？有一些专业的学生有考研的需求，而且这样的学生为数不少，必须考虑这些学生的需要（C13d-CQ2Ac）。”

（二）应用型高校课程评价改革力度不足

在课程的评估与评价上，高校管理人员针对当前的评价体系，也提出了自己的想法。在访谈中，有校长认为：“现下对我们这些高校的评价，主要以开设应用型专业、课程的数量作为建设的标准，没有考虑过怎么去评价课程，怎么去评价课程体系，对于实践课程的评价要么没有，要么就是混乱的（B3b-CQ1Ag）。”而从已经建设的各种课程评价体系来看，一方面，改进的力度不足，还停留在简单调整的表层工作上，“现在所谓的课程评价和量表，和原来的本科教学工作合格评估和审核评估本质上没有什么区别，这样的评价意义不大（C2e-CQ1Ag）”。另一方面，“评估与评价”的重要作用在于引导课程的发展，但当前的课程指标“体系大多是合格性、审核性的指标体系，示范性和引导性不足（C12e-CQ1Ag）”。而在应用与推广上，“现在评价方式的可比较性较差。不同专业的实训实践课程设计差别很大，在面上很难铺开，在一校一地的评价中很难做到统一，更不要说在地区乃至全国层面建设课程评价指标（C11g-CQ1Ag）”。在主体层面，目前的应用型高校仍是以“自评”为主，评价主体相对单一，极少有高校引进第三方评价机构，评价

① 前半部分编号为访谈对象的所在高校，后半部分编号为回答题项，引号内容为直接引述被调查对象的言论，没有题项内容的则为“执行”环节中文本内容的呈现，以下同。

科学性不足，也很难有新的观点和看法。

（三）应用型高校课程需要强化就业意识

在就业、行业指导服务方面，基本上各个学校都在推进，最表层的原因是要保证“就业率”。就业率成为教育行政部门、社会评价机构和社会公众评价高等学校教育质量的重要衡量指标，并同学校的招生、专业设置、经费投入和绩效考核等直接联系。因此无论是在“执行”环节的分析还是在访谈中，都提到了就业率的问题。在高校自述文本中，多多少少都有“掺水”的成分，存在一定虚假就业的情况。“有的时候不是我们想要制造‘虚假繁荣’，很多学生不想就业，随便找家里人找地方挂靠，各院系催得也比较紧，学生随随便便就业的情况也比较多（B10b–CQ2C）。”而针对就业方面的课程建设，有高校管理人员认为：“并没有做什么本质的变革，除实训课程提高学生的实践能力外，所谓的就业培训是面授的就业指导课程、讲座这些（C13d–CQ2C）。”基本上很难做到对学生长期就业、团队合作、责任感等方面就业能力进行培养，也较少有高校设置“生涯规划”课程。

（四）对“规划”环节的政策要求执行度不够

从前文的分析中可以看出当前应用型高校在课程建设的方向上能够紧密对接国家高校应用型转型相关的课程政策，但究竟在实践中如何应对相关政策、高校层面怎样消化和理解相关政策，也面临着诸多困难。比如华东某高校配合工业制造2025现代产业转型、工业机器人制造等相关人才培养工作，这些新的概念和发展方向都对课程和教学提出了新的要求。其校长指出：“国务院提出要培养数据工程师，我们没看到数据工程师的含义是什么，他是一个新的专业门类还是什么？‘互联网+’里面提到跨界融合型人才严重匮乏，教育怎么来适应跨界融合型人才的教学？很多新产业、新领域、新技术带来的新的教育需求，是不是应该有新专业、新学科、新的课程体系，这个是现在基层面临的很大的困惑（B5e–CQ1Ad）”。政策过于宏观和超前，没有对具体的培养目标和要求进行解释和完善，导致了高校层面无法及时应对转型要求，更无从实施课程建设。与此同时，实践方面的政策相对滞后，也影响了学科和课程建设。有校长提出："现在的招生政策就有问题，比如说，学校不能单独安排招生计划，也不能直接发布，都是学生到了学校之后再来重新分配。如果可以直接以产业学院的名义发布招生计划，学生就可以直接选择。现在我们有需求、有出口，而招生政策却没有完善，最终制约了校企合作的发展(B3b-CQ2B-1)。"

(五)课程体系中缺乏对管理人员的培养

在"双师型"教师培养方面，各高校校长、书记对于这一理念予以高度认可，并且也在实践中不断推进"双师型"教师队伍的建设。同时也提出了对教育管理人才的需求，"教育管理人才也应该进行培训，目前很多教务管理者不了解工科，整个教学组织方式、培训方式，都不是按工科的体系去设计的，这是应用型大学里所缺的(B5e-CQ3Aa)"。据此，该访谈对象认为在国家的应用型教育人才培养上，应该面向应用型高校，以委托培养或定向培养能够胜任应用型高校管理岗位的教师和教务管理人员。而在教师的评价上，不少学校进行了调整和改进，但对于绩效工资和职称评审方面，也存在着实际困难——"众口难调，有的老师课上得好，但没有科研成果；有科研岗的老师不怎么上课，很难保证对所有教师都公平，最好还是能分类评价吧，但学校目前没有做，事情太多了没有人能做这个事情(A3c-Cq3Aa)。"

三、教师对当前应用型高校课程建设的认识

与高校管理层的侧重点不同的是，教师更为关注与课程内部相关的部分，所提出的问题也更贴近教学实践，有很多创新的做法，提出的问题也更加尖锐。

(一)应用型专业教材的发展相对滞后

教材作为课程标准的具体化,是重要的课程工具,与课程建设紧密相关。而在“规划”环节和“执行”环节中教材被提及的频次并不高,说明教材在高校层面的重视程度相较于其他方面较低。但落实到教育教学层面,课程体系的逐渐变化、课程内容的不断革新,势必对教材提出新的要求。有教师提出“人工智能的发展很快,但教材发展得很慢。‘十四五’了还在用‘十二五’的教材(B14c-TQ1B)”。因此不少高校或是自制教材,根据本专业、本地以及学生的发展需要,编制校本教材;或是将原有教材进行拆解,适当增删内容,以校为本,编制新的课程大纲。无论何种方式,都指向了教材和课程的校本化。

(二)课程建设无法满足学生多样需求

在个性化教学方面,尽管学生有需求,受限于应用型高校的师资与教学资源,实施起来比较困难。一方面体现在系所内部,学生的学习能力和兴趣有差距,受扩招政策的影响,每个班级的学生数量都比较多。“增加了学生人数,却没有增加班级数量、教师数量,导致教学质量下降,教师和学生的互动不足,对实践教学的影响很大(B10b-TQ2B)。”另外一方面体现在高校层面,不同类型专业之间通识和专业课程的设置上,同样的课程标题在内容和方法上很难做到区分,“我们学校现在文科系所的计算机通识课程,与计算机系的通识课程基本上是一致的。即无论是文科学生还是计算机专业的学生,在学习计算机基础课上是没有差别的(A3c-TQ1Ac)”。学生对教师的要求很高,但当前学校的实际情况无论是待遇还是学术地位都很难吸引到优质的师资,要想实施个性化的教育,“因为师资实在有限,流动性又很强,对学生分层、分类,实施个性化教学还做不到(A3c-TQ1Ac)”。

与此同时,由于应用型高校基础比较薄弱,与学术型、综合型的高校相比,社会声誉的差距较大。因此无论应用型高校课程建设的情况如何,仍然有大量的学生有升学的需求。因此与应用型高校非常相关的招生考试制度也非常影响当前课程的改进进程。一方面,很多学生在入校时由于种种原因非自愿选择应用型高校、学习应用型专业,学习积极性不高,“他们不愿意参加专业实习,觉得浪费时间,有些学生去实习表现也不好,偷偷回学校的也很多,一来二回的企业也不愿意接收我们学院的学生(B5e-TQ2Aa1①)”。另一方面,笔者在走访各高校调查、收集资料的过程中,发现相当多的应用型专业学生在准备考研,因此很多高校应学生的需求加强考研相关的基础学科教学。“很多学生实践课出勤率很低,本来是搞的应用技术教育,结果好多学生进校以后就学大学语文、英语和高等数学,专业课能及格就行。或者跑去参加校外的考研培训班,我们也没办法(C11g-TQ2Ab)”。

(三)课程数字化需要后期维护的跟进

在课程数字化上,各校的情况与“执行”环节中的论述基本相符,也存在一些现实的矛盾,数字化难以推广和维持是最大的问题,除了前文案例中的基于学校自身情况的数字化教学平台外,很多学校也购买了其他高校和机构的数字化教学服务,却出现了教师积极性不高,后期维护困难等问题,“去年做应用型高校课程分享购买了某课堂的一整套服务,当时有几个老师参与培训,但是回去之后用了两次就不用了,不习惯,学生也不接受(C8c-TQ1Ae)”。

(四)国际合作未能深入课程建设内部

课程国际化的问题比较突出,最主要体现在应用型高校国际合作不够深入,很多学校名义上与海外高校签订了大量合作办学、联合培养等协议,还聘用了海外教师,邀请海外知名教授担任名誉教授,但这些合作并没有深入课程层面。“搞国际合作主要是考虑提升学校影响力,在课程层面渗透的还是少(B5e-TQ1Ad)。”在学生层面仍然是少数学生参与交换或访学活动为主,仅有少数学校能够开设国际合作课程,在课程与教学方面的改进仍然任重道远。

(五)课程建设承担着多元的就业压力

有关学生培养的问题,长期在教学一线的教师更有发言权。在“执行”环节的分析中,笔者注意到很多高校都在自述文本中描述了毕业生的就业情况,几乎所有的高校都是“报喜不报忧”。但无论是来自学生层面的数据还是与教师的交流,都可以明显看出,“不止我们一所学校,很多学校的学生的就业就是‘纸上就业’,签了合同就算完成任务了,专业根本不对口(B10b-TQ2Ac)”。这一问题不仅仅与当前课程不适需有关,也和学生自身没有明确的职业生涯规划有着直接的联系,“究竟将来要做什么、找什么样的工作,很多学生根本不清楚,对于专业实习、考证没有任何概念也没有积极性,学校无论开设什么样的课程也没办法吸引他们(C8c-TQ2Ac)”。学校在进行课程建设上承担着来自市场和学生的双重压力,如有师范类应用型高校的教师坦言:“作为师范类高校,在教师资格证书改革之后,学生的教师资格证书考试的通过率逐年降低。学校对此没有硬性规定,最主要依赖学生的自觉,很多学生没有良好的职业规划。为了帮助学生考试,学院组织了专门的培训,还联系了本地的中小学教师和学校教师一起帮助学生提高面试水平。但由于学生自身不重视,效果不佳(B14c-TQ2Aa1②)。”

(六)评聘制度僵化造成教师流失率高

与应用型高校课程建设同步进行的是,基层系所中开始对教师评价的方式进行了改革,“学校要不到政策,我们就自己调整,在教师考核上,以教学为主,也支持学术发展。对于教师评价,是教学测评+学生评价,其中学生评价占60%,为了避免不良竞争,过高或过低的学生评价分数都需要进行说明,再上报学术委员会审核,最后由纪委纪检(A3c-TQ3Ad)。”或对教师进行分类考评,“在产业学院工作的教师,单独进行职称评聘和薪资发放,这样老师做得比较有动力一些,也更公平(C12e-TQ3Ad)”。学生在课程方面的需求比较多样，对于教师的要求也就提高了，但受应用型高校基础薄弱、政策支持力度低等多种原因的影响，教师的流失率非常高，“和X大比，我们哪里留得住好老师(A3c-TQ3Aa)”，留不住好老师的同时，转型相对滞后的高校在教师的评价体系上也存在问题，“老师们对于职称的竞争太激烈了，教师多但职称少(A3c-TQ3Aa)”。缺乏良好的教师评价方式和晋升机制，导致了教师的自我获得感不强，很多老师对于现下的工作感到挫败。尽管这种情况普遍存在于各应用型高校中，好在很多教师对教书育人、服务社会具有很强的责任感，成为很多教师坚守岗位的动力。

（七）校企合作建设课程仍需持续加强

大多数教师高度认可校企合作在课程建设中的作用，“转型过程中，教学质量提升的问题，就是教学水平提升的问题。最难转型的实际上是教学形态、老师以及课程体系等。如果不引进企业，根本改造不了。虽然形式上是培养应用型人才，但老师教的还是传统的东西，因此只有引进企业来进行改造(B3b-TQ1Aa)”。但当前校企合作仍然存在于比较浅的层面上，占用了很多学校资源，并没有给学生带来实际的好处。产教融合的课程基本上只对理工科等实操性更强的专业开放，“虽然国家和学校都建设了相关平台，但在我们学校产教融合做得不好。学生花钱参加企业培训，上了课，但是没有任何就业保障(A3c-TQ2Aa1①)”。对于整体转型程度不高的学校来说，课程建设在不同的系所和专业中的发展速度是不同的，但校级层面的政策又相对固化，在企业实训等方面如费用等问题存在“政策上不支持”。不同专业课程建设的速度差别很大，以样本中某师范类应用型高校为例，同样是教育大类的专业，在该校，教师教育专业培养具体学科教师，直接设置在专业相关的院系所中，这些院所就邀请了一线教师作为导师，和学生展开“同课异构”的教学，大幅增加教学实践课程的比例。而教育理论相关的专业如教育学原理、教育心理学仍然作为该校的传统专业延续原来的课程教学方式，欠缺与实践环节的合作，而对学生创新能力培养的资源不足，导致人才培养出现很大问题。

第三节　师生视角下课程建设问题的原因

事实上，深入挖掘应用型高校的课程建设实践，就是对相关政策执行和实施情况的再检验，对标"规划"环节的政策目标和"执行"环节的实践情况，师生层面出现的看法与问题也可以在以下六个方面找到原因。

一、校企合作不够深入

当前大多数应用型高校是"省市共建，以市为主"或"省部共建，以省为主"的管理体制，从高校与政府的关系上看，应用型高校的政府化管理现象更为突出。我国高校政府化管理的外部环境非常明显，如，招生靠计划，财政靠拨款，人事靠编制，甚至硕士点、博士点的审批，学科和专业的申报，最终都必须由政府部门来决定。而区域高校则承受着来自中央政府（教育部）、省级政府（教育厅）、地方政府（教育局、人事局、财政局）三重行政规制的约束。[①]而从本书"规划"环节的分析和访谈调查的结果来看，也可以明显地看出大多数高校在实施课程建设的过程中，鲜有提及"政府"和"政府服务"等概念。大多数地方政府并未在管理体制上真正放权，行政层面过多的"管理"甚至干预，直接影响课程建设的效果。

高校和地方整体转型意识不够，直接影响课程建设的转化率，如有高校在文本中提出，"影响校企合作的主要症结在于身处转型发展初期的地方高

---

① 韩延明：《创新新建本科院校管理体制探析》，《高等工程教育研究》，2009年第4期。

校，服务地方经济社会发展的能力较弱，沟通联系地方、企业的渠道不畅（B10b）”。当前功利主义教育、依附性发展思维以及一次性教育观念等“理念偏差”成为阻碍应用型高校转型发展的关键因素。[①]

当地政府的支持直接决定了高校是否具有实质意义上的课程决策权和自主权，例如部分高校是当地唯一一所高校，且所处省份的高等教育资源相对不丰富，在资源上自然得到大力支持。在课程建设的过程中，灵活度和自由度也相对较高，无论是建设新的产业学院、增加师资投入还是招生和学费等调度上都更容易按照改进规划执行。而对于部分高校来说，获得政府、教育行政部门的支持比较困难，尽管制定了相关人才培养方案和课程方案，但缺乏资金和政策支持，也很难落到实处。

此外，各校的文本中大多提及“校企合作”“产教融合”专业和课程建设，在实践中也确实有企业深入参与教育教学的工作中，建设了一批特色专业、特色课程乃至特色学院和平台。但从访谈和问卷分析的结果中也可以很明显地看出，至少在教师和学生层面，这方面做得还不够。对于很多学生尤其是低年级的学生来说，这些概念甚至很陌生。

二、受高校自主权影响

从“执行”环节的分析中可以在各校的课程方案内体现出各高校和高校内部的各系所在自主权方面存在很大差异。高校自主权是高校转型的一个讨论重点，也直接影响了教育改进的发生。高等学校是从事学术活动的组织体，其教学、科研、社会服务职能的实现都以知识为基础。而这种知识还不是一般知识，而是高深的知识。高深知识具有探究性的特点，它需要知识

① 解德渤、赵光锋：《地方本科院校转型发展：理念、困境与突围》，《山东高等教育》，2015年第4期。

活动的主体进行创造性活动,其活动过程充分体现着活动主体的个性,即自主性。[①]当前在实践上存在的政策对接和机制调整方面的转型困难,严重阻碍了教育改进,也直接影响了课程建设效果,这些问题在实质上就是高校自主权不足带来的后果。在访谈中,不少学校也反映了尽管在宏观和中观政策上,已经形成对应用型高校的支持,高校层面也努力做出改进,积极进行专业和课程调整。但在实际操作层面,高校以及院系所并不具备招生、评价、收费等多方面的自主权,这些因素直接限制了课程建设与改进的进程。

在招生方面,不少高校为实现转型,纷纷进行产教融合探索,设立产业学院,在人才培养方面也多有创新,但由于目前政策的限制,招生的自主性弱,也很难在学费收取等方面做出改变,仅依靠企业投入容易导致企业积极性逐渐下降,不少新型专业和新型课程面临停办的风险。例如西南地区B14c校与企业合作的创新学院在高校层面作为转型发展的典型,投入了大量人力物力进行课程体系的全新建设和改进,由于没有取得招生和收费的自主资质,仅依靠学校和企业的投入难以维持长久运营,甚至在第一届学生未毕业的情况下,就无法维持运行,停招并入原工程学院。所培养的应用型人才还没有进入定向企业,还未经市场检验人才培养的质量,就草草收场。访谈中发现,有教师反映应用型高校是招收“专升本”群体的主要力量,当前的“专升本”考试,仍然是通识学科考试的传统遴选方式,不可避免地加剧中高职在教育教学方面对应用型学科的轻视,遴选到的学生也存在考试能力强,应用能力弱的问题。

在师资方面,“双师型”教师的培养以培养本校教师为主,鼓励本校教师考取职业资格类证书,亦有经验较为丰富的高校,联合企业派遣本校教师进

---

① 蒋后强:《高等学校自主权概念研究》,《西南大学学报》(社会科学版),2007年第4期。

入行业企业进修。但受制于教师编制、教师工资体系等实际情况，高校自身在教师选择和聘用等方面自主权不大。因此从分析中也可以明显看出，在开展课程的过程中，企业导师多数以开展讲座或实训带教的方式进行教育教学工作。加之资金方面的不灵活，也很难长期、持久地吸引行业企业一线专家参与教育教学工作。

而在收费方面，尽管有少部分独立院校能够收取相对较为高昂的学费，在国家统一标准下，大部分应用型高校学费标准普遍较低。我国高等教育中不同类别、不同层次高校的学费标准和水平是扭曲的、不合理的，甚至是与教育成本和教育质量倒挂的。不同类型、不同层次高校的生均成本不同，学费标准应该不同，由家庭所分担的成本比例应该不同。办学质量好、生均成本高的高校，学费标准应该较高，由家庭所分担的教育成本比例应该较高。[①]但当前的高等教育收费机制并不由市场或教育质量决定，机制体制不变革，使得高等教育学费标准常年涨幅过缓，而高校转型势必在一定程度上提升高等教育成本，尤其是课程建设需要更多的人力物力资源投入，但创新成果的转化仍需要时间，仅依靠政府层面投入很难支撑课程建设的长久实施。

三、实践实训构建困难

在应用型高校课程建设过程中，在实践教学上，最能体现转型效果的就是实践实训基地的建设。多数应用型高校发展历史较短，自身基础比较薄弱，想要以实践实训为抓手“从弱变强”，变“弱势”为“强势”无疑是非常困难的。

---

① 曹淑江：《我国高等教育成本与学费问题研究》，《中国高教研究》，2014年第5期。

首先，由于学生人数较多，与高校合作的企业相对有限，整体能够投入在实训基地建设的资金和场地也很有限，这就导致只能有一部分学生参与实训，而大多数学生都非常有意愿参与到学校组织的实践实训活动中来，很多学生的操作和实践能力没有得到锻炼，在一定程度上打击了学生们的积极性。其次，能够从事实践教学工作的教师较少，当前很多应用型高校都由原专科、职校等不同类型的教育机构合并而来，对于教师基本都是“老人老办法，新人新办法”，很多老教师习惯采用“灌输式”教学方式，很难接受新的课程内容和教学模式，更不能做到主动改进。最后，现下高校所建设的实践实训基地并无生产经营功能，也不能对外营业，高校、政府和企业所进行的投入在短时间内很难获得经济回报，加大了实践实训成本的同时也不利于学生的实践学习，尤其是对于酒店管理、旅游管理等经营管理性较强的专业，“由于这些基地的非经营性，很难很好地营造良好的职业氛围和环境，很多实训项目不能有效开展，能够开展的实训项目数量有限(A3c)”。

四、缺乏分类评估标准

尽管当前的课程理论不断强调以人为本，高等教育机构也不断完善自身，围绕学生的实际需要实施高校课程建设。但不可避免的是，任何一所高校的好坏，在大众乃至行政层面，都需要在某一具体的评价标准内获得一定的评价，才能够体现出高校建设的好坏，以及课程建设是否取得所谓的成功。而实际的情况是，课程体系相对陈旧，课程的弹性不足，没有形成课程与教学和评估与评价之间互动修正的动态调整模式，但社会对人才的要求却越来越高，当前的应用型高校课程评价体系并不能灵活地跟随社会经济、科学技术和行业企业的变化而及时演进和变化，很难带动应用型高校课程体系的改进。

在高校评估上，无论是教学检查还是高校排名，学术成果仍然是最主要的评价标准之一。目前我国本科教学合格评估和审核评估主要是根据学校设置时间长短来实施的,评估内容主要针对教学来开展,缺少对社会服务能力的评估,各类高校排名也主要考虑高校的学术水平,对应用型和学术型高校的分类不明确。现实中应用型高校往往需要同学术型高校、综合型大学包括“双一流”高校共同竞争。一方面,应用型高校自身基础相对学术型高校较差,无论在师资、生源、科研条件等多个方面很难具备竞争优势;另一方面,二者在人才培养、课程设置上有所不同,在各种工作实施时侧重点不同,很难在相同的评价模式中进行评判。并且在评价时,也很难避免评价者自身对不同类型高校的偏见,使得地方院校不能安心于应用型教育的办学定位,不能安心于已有的办学层次,不能安心于立足地方、服务地方,不能很好地实施错位发展、差异发展、品牌发展的战略,而是被迫放弃地方品牌、追求同质化。[①]应用型高校在当前评价模式中处于劣势地位,“指挥棒”不变,课程建设的发生也相对困难。

并且这种缺失不仅体现在评估引导作用的缺失,在具体的课程评价上,当下应用型高校的教学评价主要还是依赖“听评课”,但实践实训课程与传统的班级授课有很大的区别,在学生调查中可以发现当前实践实训课程已经具备一定的规模,而传统的评课模式并不适合这类课程,“实践教学环节的评价是通过传统的‘笔试’方式,很容易造成结果的不合理,挫伤学生的积极性(C10b)”。

在新的“双一流”高校建设方案的引导下,我国高校已经开始改变传统的建设方式,作为评价高校的新模式,引入了动态调整机制,所谓“顶尖”和“优质”的高校不再高枕无忧,打破了“211工程”和“985工程”带来的高校身

① 顾永安:《高教强省与地方本科院校发展——基于对高校分类指导的视角》,《教育发展研究》,2011年第1期。

份固化。“扎根中国大地办大学”的理念也给应用型高校提供更多机会。但目前入选的“双一流”高校主要为综合型大学,并未有“双一流”高校将自身发展定位在“应用型”上。这种转变对于发展相对弱势的应用型高校并没有起到发展促进的作用,不改变地方层面对高校的评价方式,很难在短时间内带来根本的变化。

五、缺乏职业证书制度

现有的职业教育证书制度,存在两套体系:一是作为教育属性的学历证书结构,其证书为学历证书,由教育部门颁发;二是作为职业属性的职业资格证书结构,它建构于初级技能、中级技能、高级技能、技师、高级技师五个等级,其证书为职业资格证书,由人社部门颁发。而这两者之间并不具有对应关系,取得某个级别的学历证书并不能够证明具备何种级别的职业资格。[①]对于应用型高校而言,在专业设置上,某一大类的学生使用如“管理学学士”“工程学学士”是无法获得如“会计资格证书”或“建造师资格证书”等行业认可的资质,也没有与之相对接的通道,尽管学生可能已经通过某一应用课程具备从事某种职业的能力,仍然需要通过考试或额外培训来获得资质,并且由于现下职业资格框架的不完善,很多应用型高校毕业生无法在短时间内证明自己具备某一专业能力,这些因素又把对毕业生的判断推回到“学历至上”“名校至上”的标准。尤其是对于一些新兴职业来说,增加了高校专业与课程和职业之间匹配和适应的难度。

高校之所以在技能教学方面没有成效,是因为技能在高校仅被当成了一门课程。旨在提高某种技能的学习计划总是同另一项不相干的任务拴在

---

① 姜大源:《现代职业教育与国家资格框架构建》,《中国职业技术教育》,2014年第21期。

一起。[①]尽管应用型高校无论处于何种阶段，都努力在课程中超越自身原有的状态，但从“执行”环节的分析中也可以明显看出，以实际应用为导向的课程建设，仍然是以技能的教学作为课程内容之一，实践实训课程的比重偏低。

六、科研成果转化率低

在教师聘用方面，还是以学历和学术背景作为主要的标准，在各应用型高校的招聘简章上，对教师职位应聘者提出的要求多为“博士学历”。这就挤压了很大一部分高技能型教师的发展空间。与此同时，多数高校教师的晋升与学历和学术成果直接挂钩，不少教学技能和实践能力非常突出的教师，无法通过高校职称的审核，甚至有教师为了能够在职务晋升和职称评审中更具优势，采用“曲线救国”的方式前往韩国、印度等获得博士学位相对容易的国家进修。但这种方式很难真正提高教师的能力，无疑在浪费教师、高校和国家的资源。尽管在“执行”环节的分析中已经能够很明显地看出高校课程建设的应用型导向，但在实际的情况中，如果强迫习惯于“灌输”式教学的教师尝试“技能型”的培育，但他们并不具备真正的技术能力和经验，会直接导致学生无法获得真正的“技能”培养。[②]

教师的实践能力还不能满足专业设置的需要，当前应用型高校的教师数量还存在很大的缺口，大部分应用型高校办学历史较短，学科结构单薄，可用的教育资源有限，很难吸引优质师资和一流学生，同时还面临优质师资

① [美]伊万·伊利奇：《去学校化社会》，吴康宁译，中国轻工业出版社，2017年，第22页。

② 袁岳驷：《地方本科院校转型发展问题、现状及路径》，《职教论坛》，2017年第25期。

流失的问题。[1]与此同时,教师结构也不够合理,尽管在问卷中大多数学生认可所在的高校中有教师具备企业经验,但事实上现在的情况是仅能做到“有”,而不能做到“多”和“优”。“能够胜任应用型高校课程的教师少,行政层面的专业负责人对专业建设的驾驭能力尚需不断提高(C7e)。”

并且与学术型高校相比,应用型高校在科研上也应以开发和开展应用型科学为主,但是在已有评价制度导向下,“科研成果的实际应用价值不高,无法实现科研成果的直接转化,大多数科研成果并没有得到利用,没能为行业和企事业单位提供技术咨询服务和产品研发的技术支持,不能满足地方经济社会发展对学院的科研需求(B10b)”。造成了极大的科研浪费也给教师增加了没有实际意义的负担。

本章小结

当前政策层面已经为应用型高校在转型发展过程中提出了非常明确的目标规划,在高等教育逐步普及化的背景下,通过质性和量化两方面的分析来看,应用型高校正在为自身未来的发展乃至生存谋求一席之地,当下已经积累了一定的经验,开始探索具有中国特色课程建设的道路。在本章的探讨中,通过对师生双方面的调查,获得了应用型实践层面对应用型高校的评价:

第一,当前应用型高校课程建设受到了学生的欢迎,学生对应用型高校课程建设对就业方面的作用基本上是满意的,并肯定了课程建设在培养学生实践能力和就业能力方面产生的效果。在课程数字化上,当前的建设情况较好,学生对于创新创业课程、实训实践课程的参与热情高,大多数学生

---

① 刘国钦、伍维根、彭健伯等:《高校应用型人才培养的理论与实践》,人民出版社,2007年,第75页。

都愿意参加相关课程。与此同时，尽管很多学生不了解本校的“校企合作”相关课程，但参与的意愿都很高。并且从参加过实习实训课程的学生的调查结果来看，企业作为课程主体，其教学指导较为全面，学生的认可度较高，在一定程度上说明课程建设是有意义的。

第二，课程建设的进度仍然不能满足学生发展的需要，这点和“规划”环节中产生的问题一致，学生对于当前应用型课程建设的“国际化”方面的效果评价较差，大多数学生认为本校的课程并不具备国际化特性。与此同时，学生对应用型高校课程整体的目标、体系了解不够，很多学生对“双师型”教师、实训实践课程等课程建设重点认识不足。这些内容是“评价”环节学生对于应用型高校课程建设提出的要求，也是当前存在的问题。

第三，教师层面，教师进行应用型高校课程建设的实践压力大，学校管理人员和专业教师也付出了很多努力，但收效缓慢，受高校自主权的影响，课程系统中各个环节的评价方式与评价制度是制约课程建设发展的重大阻碍，当前的课程设计与内容仍然不能适配就业需要。甚至不少访谈对象向笔者倾吐“委屈”，在多重压力下，很多教师坦言课程的变革相较于其他方面的工作更加“吃力不讨好”，对于那些非试点单位、尚未转型或转型刚刚开始的高校，情况只能更严峻。

将师生评价中对应用型高校课程建设的看法进行归纳，结合“规划”和“执行”环节的探讨，本书总结了当前应用型高校课程建设存在瓶颈和问题的主要原因：校企合作不够深入、受高校自主权影响、实践实训构建困难、缺乏分类评估标准、缺乏职业证书制度和科研成果转化率低，是需要在“总结再行动”环节采取实际措施进行改进的。

前文中无论是文本资料还是案例，更多展现了应用型高校在课程建设方面的作为，在这些内容中不乏高校已经开始反思在课程方面存在的问题，也对当前存在的困难进行深思。而通过对师生双方的调查，验证并深挖了

“执行”环节分析中已经发现的漏洞。从调查结果出发,在快速发展的时代背景之下,“规划”环节的政策设计不免与“执行”环节的课程实施存在矛盾与冲突,对于一些高校来说,能够很好地将改进的目标落实在实践中,而相当一部分的高校,不可避免地存在“水土不服”的问题,政策的执行和调试也成了当前各校进行课程建设的重点。

通过“评价”环节的分析可以发现,当前的课程建设力度还远远不能完全满足学生的需求,更多的课程建设内容还是聚焦在对当下课程体系的改造和升级,事实上做的工作仍然是“改”的内容多,“进”的内容少。在政策不适配或不完善的情况下,学生对应用型高校课程的需要十分迫切,因此决不能让课程建设和人才培养变成高校与企业的“情怀”工作,也不能将转型和改进的责任全部压在高校教师和企业导师身上。而仅幻想通过社会经济的进步来实现课程的自然发展与淘汰,不仅不科学也会直接影响应用型人才培养的效果。正因为如此,本书认为,在“总结再行动”环节的讨论中,更要将政策的覆盖面从宏观层面切实落在高校执行层面,为课程建设打开通道,针对当前存在的困难与问题进行卓有成效的改进,从而提高人才培养的质量,继续深化应用型高校课程建设路径。

第七章　我国应用型高校课程建设的改进建议

通过“评价”环节的分析，不仅发现了当前应用型高校课程建设从“规划”环节的设计到“执行”环节实践转化中存在的问题，也挖掘出了当前高校在进行课程建设中遇到的困难。但仅了解问题和困难是不够的，在“规划—执行—评价”三个环节分析的基础上，还需要对应用型高校课程建设已有的经验进行总结，根据出现的问题和面临的困难提出改进建议。从而形成PDCA教育改进循环中最后一个环节“A”即“总结再行动”环节的讨论，这个环节既是一个周期的结束，也是另一个周期的新起点，在评价结果的基础上提出新的发展建议，以推广这些经验教训，[①]从而为应用型高校课程建设的持续改进提供帮助，最终全面实现应用型人才培养质量的持续提升。

第一节　政策层面：引领和支持应用型高校课程建设

政策对于应用型高校课程建设有着至关重要的意义，提供了发展方向

① Fuhou Z., Pdca circulation in university education applied research, *2009 First International Conference on Information Science and Engineering*, 2009.

和质量保障,在"总结再行动"环节应作为需要重点考虑的改进内容,可以通过理念创新、赋能增权和评价改革作为主要方式,加速PDCA教育改进循环的流转,全面引领和支持应用型高校课程建设。

一、以理念创新引领课程建设

应用型高校的建设,首先要从政策的理念方面发生改变,在"规划"系统内部各个层级上实现理念改进,从而为应用型高校课程建设提供全面引领。

(一)以完善的政策体系指导课程建设

当前应用型高校在课程建设上面临着许多客观的问题,其中校企合作的困难最为突出,而地方政府积极发挥主导作用,组织、协调和推动高校与地方行业企业的合作,实现校地互动、产教融合,自然成为解决问题的关键。[①]因此需要政府首先进行理念转变,切实深入高等教育"放管服"改革。与形式上的变化不同的是,应用型高校的课程建设是发生在价值、假设、结构、过程等文化的深层面,存在的问题是根深蒂固的。作为一种非线性的改进方式,需要有弹性的目标认同、强有力的团队协作以及丰富外在资源的支持。[②]

针对这一情况,2017年教育部联合发改委等五部门发布了《关于深化高等教育领域简政放权、放管结合、优化服务改革的若干意见》,提出破除束缚高等教育改革发展的体制机制障碍,进一步向地方和高校放权,给高校松绑

---

① 陈小玲、汪大喹、张翠平:《地方本科院校向应用技术型大学转型发展的研究——以攀枝花学院为例》,《攀枝花学院学报》,2015年第6期。

② 陈唤春、韩笑、李军:《教育改进学的创建与中国探索:实践与展望》,《清华大学教育研究》,2020年第4期。

减负、简除烦苛，让学校拥有更大办学自主权。[①]通过“放管服”的改革能够破除制约高校发展的束缚，通过改革创新释放出新的利益空间和发展空间，[②]能够帮助应用型高校发挥教学育人的内生动力，提高教师教学的积极性，促进课程建设，提高应用型高校人才培养的质量。

在面对高校转型发展时，针对省级层面政策对国家层面政策的转化不够、政策不适需等问题，更需要地方政府牢牢把握理念为先。首先，应更加考虑应用型高校的实际需要，探索按需放权，实行“高校点菜”的具体方式，精准对接师生所盼、高校所需。[③]其次，在管理上，应简化审批环节，考虑应用型高校的实际需要，放管结合，避免由于行政原因造成改进“流产”的问题。最后，政府要重新审视自身在高校转型发展过程中的定位，对于高校需要政府参与服务的，切实担任“服务者”，积极搭建平台，帮助高校完成内部改进。可以参考台湾地区的经验，为应用型高校的发展提供类似“教学卓越计划”的促进方案，为积极参与转型、切实实现课程建设的高校提供资金补助。结合地方和区域发展的需要，搭建广层次、多维度的平台形式，如“协同创新平台”“转型协调平台”，从而以理念为指导，创新政策体系，依托平台实施课程与教学的改进。

与此同时，政府的“放管服”和提高高校自主权是一体两面的问题，也唯有真正做到政府的放权才能够让高校获得更多的自主权，因此政府转变行政理念，做到深度的“放管服”改革，才有可能在更大程度上促进应用型高校

---

① 教育部、中央编办、发展改革委、财政部、人力资源社会保障部：《关于深化高等教育领域简政放权放管结合优化服务改革的若干意见》(2017-04-05)[2020-09-20]，http://www.moe.gov.cn/srcsite/A02/s7049/201704/t20170405_301912.html。

② 钟晓敏：《加快教育“放管服”改革推进大学内部治理体系和治理能力现代化——基于大学权责清单制度的探索》，《中国高教研究》，2018年第2期。

③ 刘永林、周海涛：《深化高等教育“放管服”改革的思考》，《复旦教育论坛》，2017年第5期。

外显层面的转型发展以及内隐层面的课程建设。

(二)以职业发展为驱动引导课程建设

地方本科院校转型发展的根本出路在于秉承实用主义、独立自主以及终身教育的办学理念,通过"理念转型"实现地方本科院校的特色发展,[①]高等教育不是专业教育的代名词,高校在传授知识的前提下,更重要的是要帮助学生获得富有前瞻性的思维方式,从而让学生能够正确对待自然、社会、他人和自己。[②]随着科技变革的加速,行业兴衰变化也变得更快。人们职业选择的面不断扩宽,择业时不限于所学专业,转换职业的频率也较高,更需要高校转变思路,对标职业发展,关注对学生职业能力和素养的培养。

应用型高校中主要包含的原地方高校、新建地方本科院校和老牌地方高校。从课程上来说,部分高校已经具备了自身的特色,以单科大学为主,少部分应用型高校为师范类院校。转变为应用型高校之后,在自身发展需求的基础上,结合政策导向,已经有高校或是自行开设了与地方经济社会发展相关的专业,或是与产业部门合作,建设产教融合专业。但对于更多的高校来说,这种变化并未完全渗透到课程层面,停留在专业名称或合作协议上的表面转型较多。一些学校在专业设置上,畏首畏尾,缺乏创新,只愿意在原有的专业基础上建设新专业。此外,一些学校不按正常程序开设新专业,新增专业因人而设,有什么教师就开什么课,虽然方便了教师,但对学生发展和学校专业与课程的发展产生不利。[③]因此需要根据自身的实际情况,积极实施能够服务地方经济、适合本校学生的课程建设,既不能畏缩不前,也

① 解德渤、赵光锋:《地方本科院校转型发展:理念、困境与突围》,《山东高等教育》,2015年第4期。

② 顾明远:《高等教育与人文精神》,《高等教育研究》,2002年第1期。

③ 王者鹤:《新建地方本科院校转型发展的困境与对策研究——基于高等教育治理现代化的视角》,《中国高教研究》,2015年第4期。

不能盲目上马项目，应以职业发展为驱动，根据实际情况有步骤、有条理地实施改进。

（三）以应用型特色发展带动课程建设

在转变方式上，无论是政府还是高校都需要从改进循环的角度考虑建设，从而逐步实现改进。可以参考的方式是适当淡化从高校层面的整体转型，如葡萄牙在应用类高等教育的设置中，以课程的应用导向和学术导向作为高校分类的标准。从而立足课程建设，以高校、地域特色为抓手带动专业变革，分步实现高校转型发展。对于一些不具备支持高校全面改进的地方政府来说，不能强行为了高校建设而占用其他国家资源，可以针对课程和专业实施改进。有条件的地区和高校可以整体转型，其他高校应根据实际情况进行调节。

与学术型高校相比，应用型高校的数量更多，同质性也更强，因此政府在设置应用型高校课程建设的相关政策时，要格外注意各地各校自身的特色。高校转型的政策目标是避免"千校一面"，设计和实施"一刀切"的课程政策便失去转型和改进的初心。具体到某所高校，又存在各个系所、专业的特色发展问题，不少应用型高校的强势专业具备科研和学术能力，盲目实施应用导向的课程建设并不利于其长远发展。而对于部分薄弱高校和专业来说，自身课程体系尚不完善，更多地需要地方和学校层面的支持。不具备实施课程建设条件的高校，更应合理调整课程政策，从设计之初就应该建立健全应用型高校课程体系，扶植本地、本校、本专业特色。

大部分应用型高校的前身为"地方高校"，以教学型高等院校为主，在发展层面非常依赖地方。因此在课程建设上，要非常好地把握课程内容上的优质和自身特色的发挥。只有在课程上拥有"内容"加"特色"的双重保障，才能够很好地面对日益激烈的高校竞争，提升学生能力，服务地方经济发展。与此同时，也要注意在高等教育大众化的浪潮中，把握自身定位。

二、以赋能增权推动课程建设

在我国,大学不可能像西方大学或私营组织那样完全自治、自我管理,它处于政府的宏观管理架构之下。由于大学内部管理的特殊性与个体差异,要激活大学管理,在客观上需要给予大学充分的自治权,[①]因此为解决当前建设的制度掣肘的问题,应以能力提升为引擎,为应用型高校课程建设赋能增权。

(一)赋予高校办学能力

尽管现在国家政策上已经对应用型高校提出了转型发展要求,很多省级层面的政策也提出了扩大应用型高校办学和课程设置的自主权,但当前应用型高校建设在高校自主权方面的困境本质上仍然属于制度的困境,不仅是劳动人事制度和收入分配制度的外部制度困境,而且是高等教育办学体制、评价制度、激励机制、管理运行等内部制度困境。[②]

应用型高校在人才培养方面存在的困难在于招生权力的不自主,学生参与课程的积极性不足,从调查中可以明显地发现相当一部分学生对高校以及自己所学专业不满意,缺乏学习的有效驱动力。为此,可以考虑重新制定遴选制度,通过综合素质和核心素养来遴选学生。适度扩大应用型高校的招生自主权,提供多样化的人才选拔方式,在招生遴选和专业报读上让高校和学生之间能够双向选择,从而直接提高课程与教学的效率,不仅可以激发高校积极性,而且对中职、高职的学生培养能够起到很大的带动作用。

当下应用型高校存在师资短缺、评聘制度改进困难的问题,事实上也是

---

① 史瑞杰:《从精英教育到大众教育——高等教育发展中的效率与公平问题研究》,高等教育出版社,2008年,第248~249页。

② 黄彬:《应用技术转型:新建本科院校的困境与选择》,《高教探索》,2015年第4期。

高校缺乏制度自主权的表现。为了提高高校和教师之间双向选择的自主权，目前已经有地区取消了高校教师事业编制试点。针对应用型高校，应该更多地放权，在合理的监督监管下，根据应用型高校的实际需要，选聘合适的教师。减少对企业教师聘用的限制，让真正能够上好实训实践课程的教师有机会站上应用型高校的讲台。

为保障学生的受教育权，维护公平，我国高校收费制度一直非常严格，但目前应用型高校内部已经发生了一些办学机制上的转变，对于一些新兴的专业和课程，尤其是与企业合办、合开的课程，应该考虑给予高校一定的收费自主权。并在合理范围内，下放高校设置部分定向委托培养本科生的权力，尽量避免让企业无限投入而得不到回报的问题。

（二）扩大课程设置权力

现今，应用型高校课程设置仍然袭承了我国高等教育的传统。由中央统一规定高等学校的培养目标和人才规格、规定专业名称与内涵、限定课程内容。这种高度一致性的课程管理模式，俨然无法与高校发展的多样性相适应，也无法调动高校的积极性，更不能符合市场的需要，[①]因此需要针对课程设置进行深入改进。当前相对统一的课程设置框架，仍然将课程限制在“结构”的概念之下，很难通过课程将更多前沿、先进的知识和技术技能带进应用型高校。需要解放对课程设置的束缚，提高高校自主设置课程的能力。首先，从教育行政层面，在有效的监督之下，不再限制和规定课程的内容和组织方式，以职业发展和人才培养的具体目标为引导；其次，在高校层面，将课程设置自主权下放，减少针对全校课程结构的要求，将课程设置的权力让渡给基层系所；最后，在系所层面，需要深入研究本校、本专业的内涵和学生特征，根据社会的需求，以本地区、本区域的经济发展为导向，全方位地实现

① 刘萍：《高校课程设置自主权问题浅析》，《教育》，2014年第23期。

课程建设改进,从而提升课程与教学的质量。

三、以评价改革促进课程建设

目前应用型高校课程建设过程中无论是对高校的评价、课程的评价还是教师的评价都存在或多或少的问题,因此应在应用型高校的建设中,切实进行评价目标、方式、内容、制度等多方面的改革,牢牢把握"评价"环节对课程建设的促进作用。

(一)资历框架融入课程评价

随着教育水平的不断发展,终身教育理念的深入践行,"学术漂移"不仅仅会发生在部属高校、学术型高校与应用型高校之间,也会发生在应用型高校与职业学校之间。因此建立资格框架并不仅仅和职业教育相关,也会和应用型高校紧密联系起来。从德国的经验来看,无论高等教育机构如何发展,在应用型人才培养方面均有一个最为基本的指向,即相对完善的职业资格框架。无论毕业于什么类型的高校,作为职业的准入,毕业生需要具备一定的职业资格,因此对于应用型高校而言,在人才培养方面应以资历框架作为操作的指向,课程的评价应与资格框架直接对接。

需要将应用型人才培养纳入职业资格框架的考量中,从专业和课程建设的角度,要从高等教育体系内部提供培养应用能力的教育内容,精准对接岗位需求,让学生成为能够适应社会需求的高水平应用人才,具备一定的职业能力,提高应用型高校人才培养的针对性,进而增加文凭的含金量,获得更高的社会认可度。而从高等教育体系外部来看,在制度层面,应构建覆盖面更广的资格框架,在推动"双证融通"等职教政策不断完善的同时,对接应用型高等教育的制度设计,帮助职业资格框架和应用型课程建设尽快形成通路,加快应用型高校人才培养、科研成果等多方面的转化速度,提高应用型高校建设的效率。两方面共同作用,深度挖掘高等教育普及化带来的二次人口红利，促进我国经济的发展。

（二）全面改进高校建设评价

对各级教育主管部门而言，高校毕业生就业率已经逐步演化为评判一所高校教育质量和办学水平的标尺，以及对高校进行宏观调控和行政管理的手段。同时也成了广大民众评价大学毕业生整体就业形势最直观的工具。[①]然而这却给整个社会提供了一个错位的评价导向，即高就业率就等于高教育质量、高就业率就是高办学水平。[②]这不仅给学术型高校的办学增加了负担，更是对应用高校建设的伤害。因此在应用型高校以及应用型高校课程建设上，要建立新的价值导向和评价标准，评价的重点是要从供给端转向需求端，突出产出导向、贡献导向和质量导向，其核心是对高等学校创造经济社会文化价值和学习者发展价值的能力进行评价并在此基础上科学设计利益机制。[③]从而全面发挥评价对于应用型高校和应用型高校课程建设评价的作用。

（三）注重教师队伍能力评价

无论应用型高校的课程如何改进，教师才是将课程传递给学生的主体，因此需要以课程评价改进作为出发点，同时针对教师的培训和评聘考核制度进行全方位的调整。在教师培训方面，需要避免“穿新鞋，走老路”，现有的教师教育、教师培训、课程资源开发以及考核评价制度还存在滞后、不平衡、不健全以及不足的问题，要建立教师发展机制，并作为课程改革和课程活动中长久性的工作，以帮助教师掌握足够的课程知识，具备较强的课程实

---

① 侯定凯、林似非：《关于改进高校毕业生就业率政策的思考》，《复旦教育论坛》，2005年第1期。

② 张学敏、柴晓旭：《我国高校毕业生就业率与高校教育质量评价研究》，《东北师大学报》（哲学社会科学版），2019年第3期。

③ 陈锋：《关于部分普通本科高校转型发展的若干问题思考》，《中国高等教育》，2014年第12期。

施力,从而最终成为真正的课程主体。[①]可以参考本书样本中的某高校经验,为促进教师队伍建设,在政府的支持下,建立了教师发展中心,组织各类教师培训,改变传统的教师评价方式,与国际教师培训项目对接,在校内外推广BOPPPS有效教学设计,并组织教师参与ISW认证,极大地促进了教师专业发展。在评聘考核制度方面,需要加强政策引领,摒弃原有"唯学术,唯科研"的思想,对教师进行分类考评,建设教学型教师的评价考核方式。以"规划"环节的要求为依据,对教师提出课程与教学方面新的目标,依据目标合理设置评聘方式。让教师在教育教学上有上升发展的明确路径,同时提高对企业教师和本校"双师型"教师的薪资待遇,从而全面提升教师的积极性。

第二节 高校层面:以学生为中心多元设置课程体系

当前应用型高校大多并未形成完整的课程体系认识,也没有对课程进行有效的管理,易造成课程内容零散、组织方式混乱;在课程设置上部分高校维持传统的必修加选修的模式,出现了大量陈旧、重复的课程内容。因此以应用型人才培养质量提升为目标,需要以学生为中心,沿着总结出的建设改进图谱,全面改进课程体系。

一、提升高校课程管理能力

于高校管理而言,课程建设是高校的根本,课程管理决定效益,[②]在政策

---

① 刘启迪:《课程理论与实践创新——第六次全国课程学术研讨会综述》,《课程·教材·教法》,2008年第12期。

② 曹勇安、任志新:《应用型课程建设的原则,方法与评价》,《职教论坛》,2020年第12期。

层面提升课程设置自主权的同时，还需要提高高校自身的课程管理能力。当前很多应用型高校在系所层面拥有一定课程设置的能力，但在课程管理方面更多的还是接受高校的统一管理。往往无论专业方向，一所高校上下都遵循一套相似甚至相同的课程管理体系。没有形成对课程管理的意识，停留在教学方式和内容转变的课程建设与改进比较多，没有在高校内部形成课程建设与管理的系统。因此需要按照改进循环中“规划”环节的政策要求，参考本书中总结的我国应用型高校课程建设的路径图谱，进行课程系统化建设，并同时建立专业动态调整和适时响应机制等外部管理体制和运行机制。

改进的发生不是一蹴而就的，课程建设改进图谱中每个步骤也并非要应用型高校一次性全部达成，高校应在目标上争取做到每一门课程都是“优质课程”，每一堂课都是“金课”，但也允许发展程度的不一致。实践层面主要通过两种课程管理方式来实现课程建设的改进，都是可供各应用型高校参考的。一个是不改变课程名称，将内容和大纲进行修改更新，增加如程序设计、数据库更新等内容，系所牵头设置课程处，通过集体备课和讨论等方式在课程的各个阶段进行调整。另一个方式就是直接删减部分课程，尤其是在技术发展速度比较快的专业，部分课程中知识相对老旧，也不适合学生需要，可以考虑直接从课程体系中删掉部分内容。在整体上形成一套合理可行的课程进出的流程，从而能够针对社会经济发展和科学技术进步及时进行调整，更好地体现课程建设的效果，系统促进应用型人才培养质量的提升。

二、加强通识教育课程建设

作为高等教育的一种类型，应用型高校在课程设置上，也必须考虑高校的知识观，以提升学生核心素养为基石，将应用知识放在整体知识概念中进行课程内容的架构。如果将应用知识从大知识概念中剥离出来,或忽略通识知识的教育,应用型高校课程也就变成了无源之水、无本之木。更无法培养出具有优秀素养、能够适应工作岗位需求,并能够继续在就业之后不断发挥创造力的应用型人才,更遑论优质应用型科研的产出。

作为一种人才培养模式,通识教育不仅应该包括学习本专业之外的知识和技能,而且应该包括对部分知识结构相对狭窄的专业进行改造。此外,更加重要的是,还应该统领学生在本科教育所有方面(包括学术基础、社会适应性、伦理道德价值观)的形成和发展,其教育手段不仅包括课堂内的学习,还包括招生方式、专业选择、课程设置、选课方式、课外活动、学生的学业和生活管理等环节。通识教育与专业教育并非对立的关系,后者包容在前者之中,是前者的组成部分。[①]

当前在我国高等教育课程设置中存在着浓重的科学与人文二分的观念,认为人文教育就是“人文社会科学知识”教育,人文精神就是通过这些课程来达成。因此应改变传统僵化的认识方式,使人文精神立足所有知识体系的基础上,通过合理的人文教育,不断生成,[②]因此应用型高校应以通识课程为载体加强人文教育。高校戴上了“应用型”的帽子,并不是对大学精神或人文教育的贬低,以就业和市场为导向的教育,并不应该成为“媚俗”和功利主义的工具。应将人文精神同专业课程结合起来,将学生素养的培养落实在每一节课、每一个教育内容中。

面对复杂多变的未来社会,优质通识教育模式下培养的宽口径的专业人才更能灵活地适应工作转换,因此必须大力建设实训实践课程,培养学生专业技术技能的同时,提高和改善通识教育的质量,以通识教育课程的质量

① 陈向明:《大学本科通识教育实践研究》,《大学》(研究与评价),2008年第4期。

② 时伟、薛天祥:《论人文精神与人文教育》,《高等教育研究》,2003年第5期。

提升带动整体教育质量的提升，为学生终身学习和终身发展服务。

三、构建专业核心课程制度

在课程建设的改进流程中，“以学生为中心”是政策层面的价值要求，无论是在“规划”环节、“执行”环节还是“评价”环节，都可以发现高校已经在实践中强调了育人观念的转变，不少教师直言“把课堂还给学生”，也在实践中不断增加学生在课堂中的自主权。但这些仍然是基于教师个体的改进居多，在单个课堂上发挥着作用，并没有体现在整体的课程框架中。因此在实施通识课程设置的同时，可以考虑建设专业核心课程制度，筛选和组织专业中基本的、不会随时间而改变的、又能体现该专业核心理念的知识点，组建成该专业的核心课程或专业核心课程模块。教师在教授这种类型的课程时，要让学生知其然，也知其所以然，讲明这些核心知识的来源和应用价值，以及对学生将来职业生涯的意义，同时还要告诉学生这一专业领域还有哪些未知的问题。[①]从而帮助学生对自己所学专业进行深入地思考，并基于自身对专业核心课程或专业核心课程模块选择其他课程，也通过这种方式，自然淘汰部分不适合学生发展的课程，从而提升教学效果。

四、聚焦模块化课程的设计

在高等教育面向世界、面向未来时，国家鼓励和支持具备条件又愿意转型的高校，向有中国特色、世界水准的方向发展，并建设若干个应用型的、有水平的学科。但在这个过程中，高校自身也应当注意的是应用型人才的培养并不意味着不培养高水平的人才，在知识水平和理论建构上并不是低水平的，甚至在高端应用型人才培养方面比学术型人才培养更为复杂。在夯

① 汪明义：《对地方本科院校转型发展的思考》，《中国高等教育》，2014年第8期。

实学生理论基础的同时,要求其具备应用素养。因此可以借鉴海外经验,参考美英等国的“模块化设计”,打破培养“专业”“学科”的刚性约束,遴选和就业能力直接相关的核心知识、技能组织成“教学单元”,以同类需求的相互关系为依据,将若干“单元”组成“学习包”,供学习者选择学习。[①]拆解传统培养体系,实现课程、教学和学生的微组织化,突出应用型人才的培养,以此转变理论知识和学历教育的传统倾向。

五、增强创新创业课程效果

在“规划”环节、“执行”环节和“评价”环节的分析中,已经明确了创新引领在课程建设的过程中有着非常重要的作用。需要切实考虑在新一轮科技革命的背景下,将培养学生创新创业能力置于课程体系的重要位置,落实在课程内容中。并且要能够接受时间的考验,不能随波逐流,短视盲目地开设“生命周期短”的课程,不利于学生长期发展,更不符合社会长期需求。要抓住课程建设两方面的质量,一方面,要脚踏实地,服务地方经济发展,与行业企业合作;另一方面,要搭建创新创业平台,及时将学校、地方乃至国家、国际层面的创新成果转化为可教可用的课程内容,以“建设高质量的课程体系,组织高质量的课程内容,培养高水平的应用型人才”的标准不断促进课程建设与改进。

六、改进课程考核评价方式

在课程中进行考核评价时,结合政策层面的评价改进,通过对标资历框架,参考已有的相关案例经验。在评价目标上,以应用型人才培养为导向,

---

① 国卉男、秦一鸣、赵华:《扩招100万:重点人群进入高职教育所面临的现实矛盾与变革路径》,《职教论坛》,2019年第7期。

加强对学生操作技能层面目标的关注，根据资格框架，形成相对动态的目标体系，及时根据社会发展调整课程目标，从而引领课程建设。在评价内容上，增加对课程中实训实践部分的关注，建设从通识课程到实践课程多个维度的评价体系。在评价方式上，打破传统评价模式的束缚，不简单以纸笔考试成绩作为判断依据，综合评价学生的学业成就，并且增加评价主体，让行业企业、社会组织以及学生自身成为课程评价的主体，从而提高评价的全面性，增加各利益相关者的参与感。在评价结果呈现上，应更具有时代特色和校本特色，不仅以分数作为评价学生课程学习的唯一结果，增加如实习评价、实训评价等相对个性化的评价呈现，从而真正做到以评促学，以评促建。

七、把握高校课程人文价值

我国应用型高校办学历程较短，缺乏一定的历史积淀和文化底蕴，同时应用型高校中理工科大学偏多，多年来受“重理轻文”思想的影响，普遍缺乏人文精神。[①]因此应用型高校大学文化呈现出文化建设的同化、功利主义的泛化和文化活动的虚化等文化偏离现象。而办学模式的趋同与个性特色的淡化、工具理性的越位与价值理性的衰落、形态文化的堆积与本体文化的空虚是造成应用型高校大学文化偏离的主要原因。[②]文化作为应用型高校的大学内核与特质，不应该在应用型高校建设中被忽视，应是人文主义精神与工匠精神的有机统一与彰显。[③]因此应牢牢把握应用型高校课程的育人价值，将课程的育人性，置于“高校之所以为高校”的基础上进行考量，以“智慧

---

① 于淼：《立德树人视角下应用型高校大学文化建设的思考——以长春工程学院为例》，《长春工程学院学报》（社会科学版），2013年第2期。

② 周亚军、洪林：《应用型高校大学文化的偏离与矫正》，《教育探索》，2021年第3期。

③ 朱亮：《应用型高校：塑造人文精神和工匠精神相结合的大学文化》，《高等工程教育研究》，2016年第6期。

的创获、品性的陶镕、民族与社会的发展"为基石,合理设置课程。

第三节 企业方面:提高课程建设中企业的参与度

企业在应用型高校课程建设中的重要作用和地位在整个PDCA教育改进循环的几个环节中已经多次被强调,从海外经验上来看,应用型高校课程设置相对完善的国家,行业企业都承担了重要角色,并真实参与到课程设置乃至教育教学工作中,这是我国应用型高校课程建设中需要加以借鉴的。

一、强化行业组织在课程建设中的角色

行业协会是行业企业的代表,作为校企合作的一个协作主体,真正反映行业企业的现实状况和利益诉求,能够在校企合作课程建设的规划制定、决策形成中发挥有效的作用。[①]为此需要强化以行业协会为代表的行业组织在课程建设中的角色定位,参考德国行业协会、企业协会等组织在应用科学大学中发挥的作用,在"双元制"的背景下,德国行业协会是德国职业教育和人才培养领域最主要的管理与组织机构,广泛而深入地参与到高技能人才培养的全过程,并且其职责、权利和义务都以法律形式得到保障。[②]促进我国行业协会等组织以合作主体而非企业个体的形式参与到课程建设中,在行业企业和应用型高校中发挥资源配置作用,完善和加强校企合作中市场和政府的角色定位,从而提升课程的应用价值。

---

① 邢赛鹏、陶梅生:《应用技术型本科高校师资队伍体系构建研究——基于"产教融合和校企合作"的视角》,《职教论坛》,2014年第29期。

② 王敬:《我国高技能人才培养的内部政策研究》,天津大学硕士学位论文,2016年,第2~33页。

二、建设完善科学的行业企业参与机制

如今我国行业企业参与校企合作教育、开展应用型高校课程的首要动因仍然是对经济利益的追求，因此需要从多个方面出发，全面提升企业参与度和参与效果，建立健全企业社会责任实现机制，以制度保障的方式吸引行业企业参与到应用型高校课程建设中。首先，在制度层面要健全校企合作教育法律法规建设，将企业的权责问题予以明确，保障企业在课程建设中的利益和主体地位，与此同时要给予企业一定的物质保障，设立项目鼓励行业企业参与应用型高校课程建设，对有贡献的企业和个人要予以奖励和表彰。其次，参考美国、加拿大等国的经验，加大对企业承担参与校企合作教育责任的舆论宣传，增强大众期望、媒体看法等非正式规范对企业价值观和行为的约束力度。[①]最后，增强企业管理者的社会责任意识，强化对企业管理者有关企业社会责任理论等知识的培训，充分发挥企业管理者对于企业社会责任行为的影响。

三、加强行业企业与高校之间的关联度

高校作为参与主体，也是校企合作课程建设的主要发生场所，应把握住当下的发展机会，在课程建设和改进的过程中，为企业搭建平台，主动为构筑校企合作共同体铺平通路。扩大校企合作的方式方法，不囿于实训实践课程、吸纳企业导师等传统方式，应拓宽思路，将行业企业纳入课程建设的全过程。时下，以自动化、智能化为代表的第四次工业革命正在全球蔓延，政府为此创设多个层面和领域的战略，这为应用型高校打破身份固化甚至

① 马永红、陈丹：《企业参与校企合作教育动力机制研究——基于经济利益与社会责任视角》，《高教探索》，2018年第3期。

超越创造了良好的机遇。作为理性和智慧之摇篮的大学,其超越不能流于不假思索或漫无目的地生长,而要追求适应社会并尽可能为社会直接或间接地创造价值。[①]因此在课程建设的合作中,需要高校在把握自身主体地位的基础上,信任和吸纳行业企业主体,从而帮助学生提升应用技能,更容易就业并融入生产工作,全面促进人才培养质量的提升。

第四节 教师层面:重视教师的课程建设主体地位

作为课程的实施者,教师层面的改进对于应用型高校课程建设有着非常重要的意义,在前文提出的改革应用型高校教师评价的基础上,围绕教师在课程建设中的主体性地位,有许多工作可以持续推进。

一、保障教师教育教学的自主权

在实践中,无论"规划"环节和"执行"环节如何理解和安排课程,按照古德莱德的分类方式,最终在课堂上呈现的,是由教师为媒介,将课程内容与教师自身的经验相结合,并在课堂上实现创生的课程,因此必须在课程安排、教材选择乃至专业设置上,保障教师的自主权。作为能够直接接触学生的主体,需要让教师成为课程的主人。而学生并非空着脑袋走进教室的,其习得知识的方式、对知识的理解均受到其过往经验的影响,需要教师在充分了解学生的基础上,在新知识和旧知识之间的构筑中适当联结,搭建"最近发展区",从而促进学生对课程的内化吸收,进而实现课程目标,同时,也在这一过程中实现课程的持续改进。

---

① 陈星、张学敏:《依附中超越:应用型高校深化产教融合改革探索》,《清华大学教育研究》,2017年第1期。

二、增强教师课程建设的参与度

作为课程建设的主体之一，教师在当前应用型高校课程建设中的参与度严重不足。在“评价”环节的研究中可以发现教师对于已有的课程体系、课程内容有很多意见，对于课程目标存在一定的认识不清问题。因此需要让教师参与课程建设的全过程，让教师参与或主导课程建设，将自身对于应用型高校课程的理解、看法渗透到课程建设的进程中，在保证课程目标达成的前提下，促进课程内容和组织方式更贴近实际的教育教学工作，进而能够将课程目标落实到学生身上。

三、提升教师之间课程建设合作

在高校领域中，教师层面的课程与教学合作是较少提及的话题，但在应用型高校课程建设的过程中，讨论“合作”，并非削弱教师在课程与教学中的主体性，而是面对新理念指引下的课程，在多个方面加强合作。课程建设的合作至少包含两方面的含义，一方面是指，加强高校普通教师与企业教师之间的合作。尽管在“规划”环节内，国家政策层面多次强调“双师型”教师的重要性，各省的政策中均提及了增加企业教师比重等要求，而从“执行”和“评价”环节的分析中可以很明显地看出当前实践领域对于“双师型”教师的理解仍然非常僵化，校企双方在教师层面的合作非常粗浅。因此需要加强高校教师与企业教师之前的交流与合作，有条件的地方，应由行业协会牵头，联合高校和行业企业，搭建平台，促进双方交流，共同探讨课程建设，从而让课程能够适合应用型人才培养，以生产实践应用为目的。另一方面是指，加强高校教师之间的合作。随着高等教育普及化发展以及当前设计高校转型发展、转置合并等多方面政策的推进，应用型高校的师资队伍不断优化和提升，在针对老旧课程的改进、新课程的设置过程中，部分老教师在课程理解上相对陈旧,而教师合作则可以很好地改进这些问题,提高他们对新知识、新思想的理解,进而促进课程与教学的效果。与此同时,新教师也能够在这一过程中向老教师学习教育教学的经验,在教学方式上得到改进。

四、加强教师应用课程教学能力

在高校转型的大前提下,保障教师课程自主权的同时,必须提高教师在应用型高校课程中的教学能力。尽管本书在“评价”环节的分析中,学生对于教师教学的评价较好,但应用型高校教师的教学问题一直是社会关注的重点,也是实现课程目标的保障。因此在课程建设的过程中,需要同步提升教师的教学能力。尤其是在如今的科技环境下,需要切实增强教师理解应用技术以及使用应用技术的能力。如本书在“执行”环节所关注的信息技术式课程建设模式,该模式通过使用全新多媒体手段创设课程平台,在推广时便多次针对新平台使用展开教师培训,整体上在科技改变课程组织方式的过程中也提升了对教师信息和科技素养的要求。

五、着力构建新型师生交互关系

在课程建设不断推进的过程中,随着课程理念和课程环境的不断更迭,学生和教师之间逐步从单一“以教师为主体”或者单一“以学生为主体”的“主体-客体”型关系,逐步演变为主体与主体之间交互的新型关系,即交互主体性师生关系。这样的关系拉近了学生和教师之间的距离,也促进了师生关系的民主化。因此在转变的过程中,需要重新理解学生与教师之间的关系,将师生双方纳入课程建设的进程中。在教师的引导之下,强化师生双方的课程建设参与,进而重塑师生关系,以课程为平台,促进双主体之间的交互。

本章小结

“总结再行动”环节是PDCA教育改进循环的最后一环，同时也是教育改进再次开始的起点，围绕“评价”环节中总结出的当前应用型高校课程建设的问题与原因，结合“规划”和“执行”环节中存在的困难，针对政策、高校、企业和教师四个层面提出应用型高校课程建设的策略与建议。

第一，在政策层面，应注重引领和支持应用型高校课程建设。主要针对PDCA教育改进循环的“规划”环节在未来发展中提出建议，应以理念创新引领课程建设、以增权赋能推动课程建设、以评价改革促进课程建设。以期以“规划”环节的改进，促使PDCA教育改进循环的加速流转。

第二，在高校层面，应以学生为中心设置课程体系。针对当前在“执行”环节中存在的问题，本书提出应提升高校课程管理能力、加强通识教育课程建设、构建专业核心课程制度、聚焦模块化课程的设计、增强创新创业课程效果、改进课程考核评价方式以及把握高校课程的人文价值几方面的建议。旨在促进高校在“执行”环节，围绕本书提出的执行改进图谱，在课程建设上实现全面提升。

第三，在企业层面，应提升课程建设中企业的参与度。从PDCA教育改进循环中几个环节的分析，可以看出行业企业在应用型高校课程建设中的重要作用。结合文献综述中对境外经验的分析，本书认为在企业层面，应强化行业组织在课程建设中的角色意识、建设完善科学的行业企业参与机制以及加强行业企业与高校之间的关联度。从而在各个层面提升企业在课程建设中的地位，促进应用型高校课程建设的速度与效果。

第四，在教师层面，应重视教师在课程建设中的主体性地位。教师是应用型课程的实施者，课程建设的效果要在教师的课堂教学中得到实现，因此需要在应用型高校课程建设中保障教师的主体地位，从而能够更为全面地发挥课程建设的作用。在“评价”环节中,通过对教师的访谈获得了当前教师在应用型高校课程建设上最关心的问题和最主要的困惑。因此本书提出应保障教师教育教学的自主权、增强教师课程建设的参与度、提升教师之间课程建设合作、加强教师应用课程教学能力以及着力构建新型师生交互关系,以期能够在“执行”环节进一步促进教育教学工作能够按照新的规划展开,将教育改进的成果真正落实到人才培养上。

除此之外,学生作为课程学习的主体,也需要在自身学习的过程中加强和提升自我修养,积极参与高校开发的各种课程,全面强化自身创新创业技能,切实提高实践动手能力,从而将课程内容转化为在工作生活中可以使用、能够促进自身发展的知识与技能。

总的来说,在“总结再行动”环节,围绕PDCA教育改进循环,本书针对几个相互关联的层面提出了策略与建议,希望通过这些建议在新的PDCA教育改进循环中,能够促进各个环节在已有基础上实现改进。做到“改”之为“进”,“进”后再“改”,加强各环节之间的联系,提升改进速度,促进应用型人才培养的质量提升,为社会提供更多具备全面素养的高技能人才。

第八章　结论与展望

课程建设作为高校理念转变的重要内容，是应用型人才培养质量提升的引擎，对于应用型高校如何在强校林立的现实环境中获得发展，显得尤为重要。在新一轮科技革命正在轰轰烈烈发生的当下，无论是对于学生成长还是应用型高校自身生存来说，课程建设的意义无疑是巨大的，这也为政策和行政层面对应用型高校课程发展的规划提出了新的要求，高校在“执行”环节中，对校长领导力以及教师的教育教学能力也提出了挑战。本书针对这一较为前沿的教育政策话题，基于课程基本理论，以教育改进学为理论视角，构建PDCA模型作为分析框架对应用型高校课程从政策到实践进行了系统化的分析，较为全面地总结分析了当前的经验与问题。

第一节　研究结论

本书聚焦于应用型高校课程建设，在教育改进学的理论指导下，构筑了PDCA教育改进循环，在循环框架内深挖当前的政策要求和高校执行特点，针对学生与教师展开调查，获得其对应用型高校课程建设的真实评价，形成对应用型高校课程建设从政策到实践的策略与建议。通过以上分析，本书

主要形成以下六个方面的结论:

第一,应用型高校课程建设具有教育改进内涵。作为2010年前后出现的政策新词,当前对应用型高校以及应用型高校课程建设的概念仍存在界定不清的问题,并且与国际上相关概念常出现混淆。通过文献分析和概念的比对,本书认为应用型高校课程建设是以培养应用型人才为主要目的,应用型高校中学科和教育活动的总和,应包括教学内容、教学进程、教学资源、师资队伍、教材教法等多个层面。从内涵来看,应用型高校由原来的地方本科院校、新建本科院校、老牌地方高校转型发展而来,已经有了一定的发展历程和经验,不是“破旧立新”,也不是“回炉重造”,应该是在原有课程基础之上,根据应用发展的要求,通过各种方式,实现“改”之为“进”的目的,从而形成质量更高、体系更完善、效果更好的应用型高校课程。

第二,政策围绕应用型高校课程建设提出“专业设置、实践与就业和师资队伍建设”三方面核心要求。经过在“规划”环节对国家层面政策的全面剖析,发现在应用型高校政策框架下,体制机制改革、多元人群与主体的发展、地区与区域建设和学习型城市与终身教育的建设共同影响了应用型高校课程建设的产生与发展,是政策层面课程建设的价值追求。在此基础上,专业设置、实践与就业和师资队伍建设是当前课程建设的政策目标和要求重点。在省级政策层面,通过针对15个省市的转型政策文本的分析,发现这三个块面也同样体现在省级政策文本中。并且省级层面的政策内容能够将制度设计和宏观要求,转化成高校能够施行的、具体的课程建设目标。但在省级层面的政策设计上,对于国家层面的政策落实,存在保障措施、课程对外交流方面的政策缺陷。整体上“规划”环节存在的问题在于政策层面对课程建设的相关提法比较松散,仍然未能给“执行”环节提供更为直接的课程建设目标。在未来的持续改进中,可以借鉴本书中对“规划”环节析出的核心政策内容,针对课程建设,合理规划设计相关政策。

第三，应用型高校课程建设基本能够落实政策的要求，具备了一些有价值的实践特点。通过“执行”环节对30所样本高校的课程建设文本（高校案例库文本、人才培养方案、课程方案和高校公开发表的文本）分析，发现在“执行”环节基本上能够将“规划”环节关注的政策目标与要求落实，并且取得了良好的实施效果。并明确了当前应用型高校在“执行”环节具备的特征：深入挖掘自身课程特色、具有系统课程开发意识、重视实践实训与校企合作课程、注重“双师型”教师队伍建设、加强课程建设制度与政策的跟进等。因此针对“执行”环节各高校的发展现状，本书以教育改进学为理论支撑，将其总结为我国应用型高校课程建设的路径图谱，以期为处于各个转型阶段的应用型高校提供路径参考。同时发现了当前执行过程中存在的与地方经济与产业结合不够、对教师考评的改革关注不够、课程评价及其改进的深度不够等问题。

第四，学生对应用型高校课程建设既充满期待，又存在对课程目标、体系了解不足等问题。依据“规划”环节和“执行”环节中总结出的应用型高校课程建设的关注重点，对学生展开实证调查，形成了体系较为完整的学生问卷。通过对调查结果的分析获得了学生对课程建设的评价，研究发现，学生视角下，当前课程数字化建设情况较好，学生对于创新创业课程、实训实践课程的参与热情高，但对应用型高校课程整体目标、体系了解不够。

第五，教师承担了应用型高校课程建设的多元压力，评价方式与制度制约了课程建设的发展。依据“规划”环节和“执行”环节中总结出的应用型高校课程建设的关注重点，对学生展开实证调查，形成了体系较为完整的学生问卷和教师访谈提纲。教师视角下，受高校自主权的影响，当前应用型高校课程建设的实践压力较大，课程系统中各个环节的评价方式与评价制度是制约课程建设发展的重大阻碍。教材发展相对滞后、国际合作未能深入以及校企合作力度不够等问题，导致已有的课程设计与内容仍然不能满足当下的多元需求,不能适配就业需要。

第六,围绕政策、高校、企业和教师四个层次提出改进建议。重点围绕“评价”环节中分析得出的结果,结合“规划”“执行”环节中已经发现的问题。在政策方面应引领和支持应用型高校课程建设,在高校方面应以学生为中心多元设置课程体系,在行业企业方面应提高其在课程建设中的参与度,在教师方面应重视教师在课程建设中的主体地位等,从而全面支持应用型高校课程建设持续发展,不断推进应用型高校人才培养质量提升的进程。

总的来说,在对应用型高校课程建设的系统认识基础之上,本书在PDCA教育改进循环框架内进行应用型高校课程建设研究,发展并完善了这一模型,模型中“规划—执行—评价—总结再行动”四个阶段紧密相连,在每一个周期后,达成预计的规划目标,解决出现的质量问题或找到改进的方法后,促进新的规划产生,重新开始新的循环,在课程建设不断改进的过程中,达到人才培养质量持续提升的目的(见图8-1)。

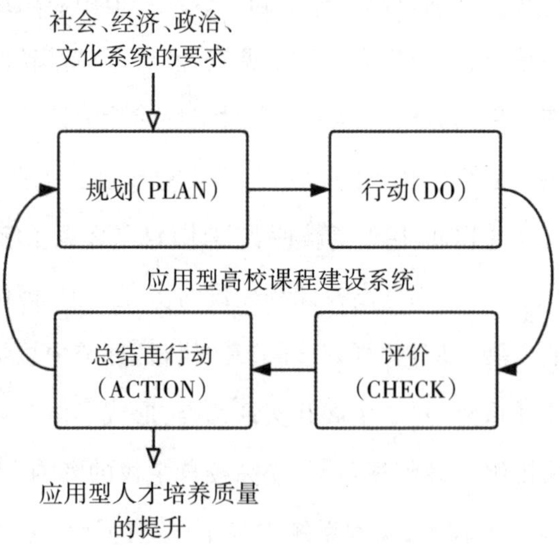

图8-1　我国应用型高校课程建设的PDCA循环模型

经由PDCA循环四个方面的分析，本书发现当前我国应用型高校课程建设，在借鉴已有经验的基础上，已经具备了走出中国特色路径的条件，在政策的引导和保障下开始实施应用型高校课程建设；在实践中根据各校实际情况，以专业为单位通过产教融合、师资队伍建设、实践实训平台建设等多种方式开展课程实践。在实践路径的基础上，本书通过调查研究获取了师生对当前课程建设的评价，根据评价结果提出进一步发展的建议，从而再次促进政策层面提出新的要求与目标，产生教育改进的新循环（见图8-2）。

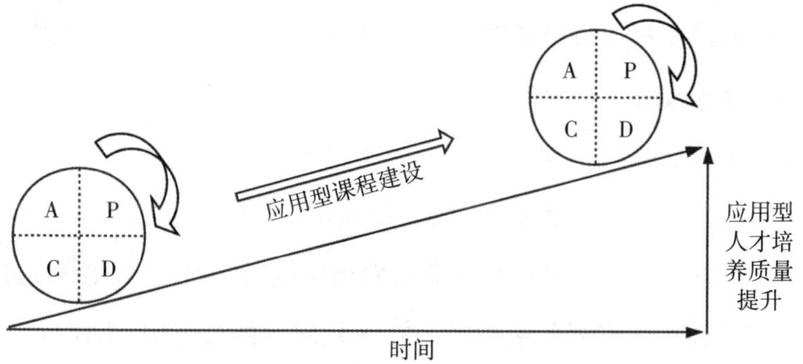

图8-2　应用型高校课程建设的质量提升路径

在并未形成专门的应用型高校课程政策、应用型高校课程体系建设尚不完善的当下，通过PDCA教育改进循环，明晰存在的问题，厘清发展方向，以政策改进为引擎，以实践中各个环节的改进提升为抓手，引导整个循环加速流转，从而促进应用型人才培养的质量提升。

第二节　研究展望

基于本书的讨论，未来发展中，若要实现应用型高校课程建设的改进，需要高校自身能够主动参与到应用型高校课程建设的过程中来。如果高校无法意识到自身存在的问题,无论政策如何改变,流程设计多么合理,高校课程改进都不可能发生。尽管本书试图将所有参与转型的高校都纳入研究范畴,但仍不免有所遗漏,也存在少数高校资料不全的问题,并且在谈及转型时,不少高校负责人均有"讳疾忌医"的问题,尤其是一些老牌地方高校,没有跟上高校发展的步伐,不愿意谈"转型",害怕谈"问题",这也成为本书的挑战之一。现在已经出现在转型过程中的问题,不少高校只重视管理机制的调整和改变,在发展上盲目追求科研能力的提升,不重视科研成果的有效性和转化率,忽视课堂教学的改进,高校发展的成果也很难体现在人才培养上。因此需要高校自身能够意识到课程改进的重要性,并且能够长期、持续地实施课程改进。

研究中多次探讨了课程建设和人才培养如何为社会经济发展服务,但应用型高校作为高等教育机构,需要持续把握"大学"作为社会发展引领者的责任。大学不仅仅要对社会的需求做出反应,作为社会发展的先驱,高等教育应该成为社会发展的引领者。在高校转型的过程中,不仅仅需要在形式上转变,也需要在课程内容和方式上回应社会需求,同时肩负起社会责任,从专业到课程,引领社会发展。作为高等教育内部的重要支撑,课程建设能够为高校发展带来重大变化,正如科技本身不能促进组织发展一样,课程的建设需要与组织和治理共同进化,才能够带来更大意义上的高校改进,进而引发应用型高等教育乃至高等教育体系实现改进。如弗莱克斯所言:"大学不是一个温度计,对社会每一个流行风尚都做出反应。大学必须经常给予社会一些东西,这些东西并不是社会所想要的,而是社会所需要的。"[①]在课程建设的过程中,仅做到顺应当前社会发展的需要是不够的,还应充分

① 吕其庆、李乐:《大学精神,守望在民族航行的船头——专访清华大学人文学院院长胡显章教授》,《政工研究动态》,2008年第1期。

实现高等教育对社会发展的引领作用。不仅仅要回应政策的要求,更要从实际出发,结合高校自身的情况和人才培养的需要合理实施课程建设,继续探索具有中国特色的应用型高校课程建设持续改进路径。

高校的自我解构,也将会使高校的大门越来越向社会敞开,技能技术的培养也必须涵盖在高等教育课程中。正如伊万·伊利奇(Ivan Illich)在《去学校化社会》中所言的"如果学校并非学习技能的合适场所,那也就更非接受教育的合适场所"[①]。伴随社会发展,高校应不断转变自身的形式,课程也需不断突破传统,进一步强化人才培育功能和文化传播功能。学术型高校、应用型高校无论如何转型与重构,只要秉承了高等教育的育人理念,不管结构上如何消解,高等教育的精神也将蕴含在人才培养的各个方面,人们可以在任何需要的时候接受自身需要的教育才是长久发展的方向。

本书在一些问题上也存在一定的研究局限,作为一项教育政策学的研究,本书大部分内容的讨论在中宏观层面展开,重点关注了应用型高校课程建设,因此相对遗憾的是,对课堂教学的关注较少。此外,本书针对应用型高校课程建设当前的各个环节进行讨论,作为一个发展历史较短的政策实践,力图展现的是当下执行情况的切面,因此想要获得更为全面的应用型高校课程建设情况,需要长时间的检验。

持续改进是一个过程,改进科学是达成持续改进的诸多框架之一。本书基于教育改进的基本环节,试图一步步厘清高校应用型转型过程中课程改进发生的原因,宏观描绘当前改进的基本状况,发现存在的问题,并提出改进建议。同时,需要针对改进后再实施的教育实践进行评价,继续发现新的问题和矛盾点,进而形成持续改进的循环,促使教育不断发展,改进永不止步。

---

① [美]伊万·伊利奇:《去学校化社会》,吴康宁译,中国轻工业出版社,2017年,第22页。

附　录

附录1:应用型高校课程建设相关政策汇编

一、国家政策

《国家中长期教育改革和发展规划纲要(2010—2020年)》

《国家新型城镇化规划(2014—2020年)》

《国务院关于加快发展现代职业教育的决定》

《关于深化体制机制改革加快实施创新驱动发展战略的若干意见》

《关于引导部分地方普通本科高校向应用型转变的指导意见》

《中国共产党第十八届中央委员会第五次全体会议公报》

《2016年政府工作报告》

《国家教育事业发展"十三五"规划》

《国家职业教育改革实施方案》

《加快推进教育现代化实施方案(2018—2022)》

《中共中央 国务院深化新时代教育评价改革总体方案》

《中华人民共和国国民经济和社会发展第十四个五年规划和2035年远景目标纲要》

《关于推动现代职业教育高质量发展的意见》

二、省级政策

《湖北省教育厅关于在省属本科高校中开展转型发展试点工作的通知》

《山东省教育厅、山东省财政厅关于实施普通本科高校应用型人才培养专业发展支持计划试点工作的通知》

《云南省教育厅关于推动部分本科高校转型发展的实施意见》

《江西省关于在全省普通本科高校开展转型发展试点工作的通知》

《浙江省教育厅、省发展和改革委员会、省财政厅关于积极促进更多本科高校加强应用型建设的指导意见》

《甘肃省教育厅关于引导部分省属本科院校向应用技术型大学转型发展的通知》

《辽宁省人民政府办公厅关于推动本科高校向应用型转变的实施意见》

《河南省教育厅、省财政厅关于启动示范性应用技术类型本科院校建设计划的通知》

《四川省教育厅、省发展和改革委员会、省财政厅、省经济和信息化委员会、省人力资源和社会保障厅关于引导部分地方普通本科高校向应用型转变的实施意见》

《河北省教育厅、河北省发展和改革委员会、河北省财政厅关于印发河北省本科高校转型发展试点工作实施方案的通知》

《福建省教育厅、省发展和改革委员会、省财政厅关于开展普通本科高校向应用型转变试点工作的通知》

《重庆市教育委员会、重庆市发展和改革委员会、重庆市财政局关于引

导市属高校向应用型转变的意见》

《海南省教育厅、海南省发展和改革委员会、海南省财政厅、海南省、人力资源和社会保障厅关于推动本科高校向应用型转变的实施意见》

《吉林省教育厅、吉林省发展和改革委员会、吉林省工业和信息化厅、吉林省财政厅、吉林省人力资源和社会保障厅关于推动省属普通本科高校向应用型转变的实施意见》

《山西省教育厅关于推进应用型本科高校建设的指导意见》

附录2:高校转型政策的词频汇总

词汇	计数	词汇	计数	词汇	计数	词汇	计数	词汇	计数	词汇	计数	词汇	计数	词汇	计数	词汇	计数	词汇	计数
职业	390	社会	87	培训	63	水平	50	能力	39	参与	34	中等	31	制定	29	发挥	24	引导	22
教育	338	专业	86	办学	62	加强	49	转型	39	学生	34	加快	31	应用型	29	扩大	24	特色	22
发展	159	高校	83	服务	62	政策	49	提高	38	开展	34	指导	31	作用	28	模式	24	统筹	22
技术	122	制度	82	标准	55	质量	46	政府	38	招生	33	设置	31	条件	28	组织	24	规定	22
企业	110	创新	72	行业	55	推动	45	地方	37	现代	33	应用	30	融合	28	重要	24	评估	22
人才	109	建设	71	教师	53	国家	44	实施	37	管理	33	普通	30	积极	27	区域	23	分类	21
院校	107	教学	70	试点	52	推进	44	经济	37	鼓励	33	落实	30	课程	27	地区	23	国务院	21
培养	105	学校	66	合作	51	工作	43	评价	37	就业	32	高等学校	30	高等	27	学习	23	基地	21
技能	91	建立	66	完善	50	资源	42	产业	35	本科	32	促进	29	需求	26	经费	23	探索	21
改革	89	支持	64	机制	50	体系	40	证书	35	结构	32	健全	29	人员	24	结合	23	提升	21
词汇	计数	词汇	计数	词汇	计数	词汇	计数	词汇	计数	词汇	计数	词汇	计数	词汇	计数	词汇	计数	词汇	计数
高等教育	21	先进	18	单位	17	创业	15	办法	14	升级	13	考试	13	共同	12	主要	11	布局	11
实习	20	基础	18	基本	17	学历	15	实现	14	学位	13	衔接	13	取得	12	人力	11	机构	11
实践	20	开发	18	科研	17	层次	15	方面	14	实验	13	规范	13	合理	12	以上	11	考核	11
深化	20	规划	18	调整	17	接受	15	生产	14	导向	13	财政	13	坚持	12	优质	11	部分	11
相关	20	规模	18	部门	17	比例	15	研究	14	强化	13	转变	13	增强	12	倾斜	11	队伍	11
对接	19	计划	18	方案	16	等级	15	研究生	14	战略	13	重大	13	科学	12	公开	11	领域	11
形成	19	过程	18	更加	16	要求	15	项目	14	投入	13	需要	13	继续	12	力度	11	领导	11
方式	19	优化	17	督导	16	高中	15	举办	13	提供	13	人民政府	12	职责	12	各地	11	协调	10
毕业生	19	保障	17	重点	16	中国	14	内容	13	符合	13	依法	12	行政部门	12	国际	11	广泛	10
适应	19	力量	17	全面	15	具有	14	加大	13	类型	13	充分	12	面向	12	定位	11	思想	10

续表

词汇	计数	词汇	计数	词汇	计数	词汇	计数	词汇	计数	词汇	计数	词汇	计数	词汇	计数	词汇	计数	词汇	计数
报告	10	各级	9	职工	9	兼职	8	教材	8	资格	8	信息	7	我国	7	终身	7	中西部	6
特别	10	学科	9	联合	9	劳动者	8	文化	8	进一步	8	具备	7	新增	7	给予	7	全国	6
环境	10	学院	9	退役	9	原则	8	流动	8	逐步	8	农村	7	有效	7	综合	7	公办	6
资金	10	师资	9	集团	9	实行	8	现代化	8	不断	7	协同	7	构建	7	融入	7	共建	6
转移	10	意见	9	驱动	9	建成	8	科技	8	专家	7	多种	7	知识	7	设立	7	动态	6
配套	10	成果	9	上来	8	情况	8	精神	8	世界	7	委员会	7	示范	7	贫困	7	吸引	6
一线	9	活动	9	专科	8	技能型	8	素质	8	事业	7	定期	7	社区	7	进步	7	咨询	6
中心	9	省级	9	主体	8	招收	8	组建	8	优秀	7	工程	7	积累	7	问题	7	城乡	6
共享	9	经验	9	任务	8	拨款	8	责任	8	体制	7	形式	7	突出	7	骨干	7	复合型	6
各类	9	绩效	9	信息化	8	改善	8	贯彻	8	依据	7	待遇	7	纳入	7	中央	6	奖励	6
词汇	计数	词汇	计数	词汇	计数	词汇	计数	词汇	计数	词汇	计数	词汇	计数	词汇	计数	词汇	计数	词汇	计数
完成	6	格局	6	资助	6	作出	5	同等	5	家庭	5	承担	5	激励	5	联席会议	5	一定	4
岗位	6	治理	6	转换	6	公共	5	困难	5	尊重	5	推广	5	率先	5	自主	5	一流	4
市场	6	特殊	6	进行	6	兴办	5	围绕	5	履行	5	新兴	5	监管	5	若干	5	不同	4
当地	6	用人	6	适当	6	具体	5	多样化	5	带动	5	显著	5	目标	5	覆盖	5	业态	4
总体	6	监督	6	阶段	6	军人	5	大力	5	平台	5	校园	5	着力	5	设计	5	东部	4
成员	6	相应	6	个人	5	农业	5	大师	5	应当	5	核心	5	积极性	5	贡献	5	主动	4
成长	6	职务	6	交流	5	农民	5	大赛	5	开放	5	毕业	5	税收	5	达到	5	产学研	4
收入	6	覆盖面	6	产业链	5	分配	5	安全	5	思路	5	民族	5	紧缺	5	途径	5	以下	4
新型	6	负责	6	产品	5	切实	5	实际	5	总结	5	法规	5	职称	5	高职	5	体现	4
校长	6	购买	6	享受	5	制订	5	宣传	5	成才	5	深度	5	联动	5	一体	4	使用	4

续表

词汇	计数	词汇	计数	词汇	计数	词汇	计数	词汇	计数	词汇	计数	词汇	计数	词汇	计数	词汇	计数	词汇	计数
健康	4	县级	4	工匠	4	招聘	4	框架	4	相互	4	营造	4	高素质	4	义务教育	3	传统	3
免除	4	发布	4	工资	4	持续	4	歧视	4	社会主义	4	设施	4	鲜明	4	之间	3	位置	3
公平	4	启动	4	年度	4	提取	4	沟通	4	突破口	4	课时	4	一半	3	乡村	3	低于	3
军队	4	团队	4	建议	4	支出	4	法律	4	系统	4	资本	4	不得	3	争取	3	修订	3
决策	4	在线	4	必须	4	支撑	4	注重	4	紧密	4	进入	4	不足	3	互联网	3	借鉴	3
利用	4	地位	4	成为	4	教育部	4	渠道	4	经营	4	选择	4	专项	3	交叉	3	倾向	3
制造业	4	城市	4	扣除	4	方向	4	特点	4	联盟	4	通道	4	中外	3	人民	3	免试	3
动力	4	大学	4	把握	4	时代	4	理念	4	自主权	4	部署	4	中小	3	优势	3	党中央	3
劳动力	4	学分	4	投资	4	时间	4	用于	4	良好	4	金融	4	为主	3	会议	3	党组织	3
升学	4	学杂费	4	担任	4	服务业	4	目录	4	获得	4	集中	4	主动性	3	传承	3	全体	3
词汇	计数	词汇	计数	词汇	计数	词汇	计数	词汇	计数	词汇	计数	词汇	计数	词汇	计数	词汇	计数	词汇	计数
关系	3	发达	3	大体	3	引进	3	收取	3	校内	3	流程	3	瞄准	3	补贴	3	辐射	3
典型	3	变革	3	大国	3	当前	3	改进	3	根本	3	深入	3	硕士	3	表彰	3	进展	3
军民	3	合力	3	委托	3	急需	3	政治	3	案例	3	激发	3	确立	3	要素	3	远程	3
准入	3	听取	3	学习者	3	打造	3	整合	3	正确	3	独立	3	稳步	3	解决	3	遴选	3
创造	3	国外	3	学前教育	3	扶贫	3	普及	3	残疾人	3	理事会	3	经历	3	认定	3	配置	3
初中	3	在校生	3	学徒	3	拓宽	3	普遍	3	每年	3	生活	3	职教	3	认真	3	采取	3
努力	3	在职	3	巩固	3	振兴	3	有利于	3	比重	3	畅通	3	聘任	3	设备	3	院所	3
参加	3	城镇	3	师范	3	捐赠	3	有力	3	氛围	3	相当	3	育人	3	超过	3	集聚	3
及时	3	培育	3	常态	3	推行	3	有机	3	没有	3	真实	3	董事会	3	路径	3	青年	3
双向	3	士兵	3	并举	3	提出	3	来源	3	活力	3	真正	3	虚拟	3	载体	3	顶岗	3
																		高级	3

附录3:高校课程改进文本分析代码之间的相关性

代码A	代码B	Pearson相关系数
全面建设应用型高校课程体系	课程体系建设	0.976565
提高教师应用教学技能	“双师型”教师队伍建设	0.939741
应用导向的专业体系	全面建设应用型高校课程体系	0.936799
校企一体实践教学条件、紧密与产业链接	加强实践教育和行业指导服务	0.911351
应用导向的专业体系	课程体系建设	0.905055
校企一体实践教学条件、紧密与产业链接	建设产业实践基地、平台	0.889733
设置专业实训	全面建设应用型高校课程体系	0.830489
建设产业实践基地、平台	加强实践教育和行业指导服务	0.813853
应用导向的专业体系	设置专业实训	0.803338
应用导向的专业体系	加强实践教育和行业指导服务	0.767828
与企业、产业部门合作	校企一体实践教学条件、紧密与产业链接	0.755682
引入和增加行业企业教师	“双师型”教师队伍建设	0.735073
全面建设应用型高校课程体系	加强实践教育和行业指导服务	0.721349
与企业、产业部门合作	加强实践教育和行业指导服务	0.71255
应用导向的专业体系	校企一体实践教学条件、紧密与产业链接	0.700451
需求导向的专业调整机制	加强实践教育和行业指导服务	0.697268
课程体系建设	加强实践教育和行业指导服务	0.694153
设置专业实训	课程体系建设	0.691139
应用导向的专业体系	建设产业实践基地、平台	0.661047
转变教师考核方式	“双师型”教师队伍建设	0.6569
校企一体实践教学条件、紧密与产业链接	全面建设应用型高校课程体系	0.650477
重视高校特色课程,服务地方经济	应用导向的专业体系	0.641595

续表

代码A	代码B	Pearson相关系数
校企一体实践教学条件、紧密与产业链接	课程体系建设	0.626814
设置专业实训	加强实践教育和行业指导服务	0.625705
全面建设应用型高校课程体系	建设产业实践基地、平台	0.615381
设置专业实训	建设产业实践基地、平台	0.60144
与企业、产业部门合作	应用导向的专业体系	0.596793
增加个性化教学内容	应用导向的专业体系	0.591133
与企业、产业部门合作	课程体系建设	0.586844
与企业、产业部门合作	建设产业实践基地、平台	0.583269
与企业、产业部门合作	全面建设应用型高校课程体系	0.574656
应用导向的专业体系	改进评估和评价机制	0.571609
重视高校特色课程，服务地方经济	响应国家政策和推进机制	0.569287
课程体系建设	建设产业实践基地、平台	0.566042
校企一体实践教学条件、紧密与产业链接	设置专业实训	0.562005
增加个性化教学内容	设置专业实训	0.559454
重视高校特色课程，服务地方经济	加强实践教育和行业指导服务	0.554186
增加个性化教学内容	全面建设应用型高校课程体系	0.550516
应用导向的专业体系	加强数字化教育	0.548749
与企业、产业部门合作	引入和增加行业企业教师	0.544008
应用导向的专业体系	响应国家政策和推进机制	0.540915
引入和增加行业企业教师	加强就业、行业指导教学	0.533235
应用导向的专业体系	需求导向的专业调整机制	0.531687
转变教师考核方式	提高教师应用教学技能	0.519019
全面建设应用型高校课程体系	改进评估和评价机制	0.517387
引入和增加行业企业教师	提高教师应用教学技能	0.514826
需求导向的专业调整机制	全面建设应用型高校课程体系	0.51158
课程体系建设	改进评估和评价机制	0.498756
增加个性化教学内容	课程体系建设	0.498106

附录4:学生调查问卷

亲爱的同学:

您好,我们是“应用型高校课程改进”课题组,为了解当前应用型高校课程建设情况,特设计本问卷。问卷结果仅作为学术研究使用,不会涉及您的个人隐私,请根据实际情况作答,非常感谢您的合作。

“应用型高校课程改进”课题组

(*号为必选题)

1.您所在的学校是[下拉框单选]*

2.您的性别[单选题]*

□男　　　□女

3.您所在的年级是[单选题]*

□大一　□大二　□大三　□大四

4.您就读的专业类别为[单选题] *

□哲学 □经济学 □法学 □教育学 □文学 □历史学 □理学 □工学 □农学□医学 □军事学 □管理学 □艺术学 □其他________________

5.请根据您所学习过的专业课情况,判断以下语句和您对课程的认识是否相符,根据程度进行勾选。[矩阵单选题] *

	非常符合	比较符合	一般	比较不符合	非常不符合
我了解我所学习课程的课程目标					
所学课程内容有助于培养我的技术技能					
所学课程内容有助于培养我的创新创业能力					
我认为自己所学专业的知识和技能在日后工作中能发挥出来					
当前我所学专业的课程体系有助于拓宽我的就业面					

6.您认为所学的专业课程包含以下哪种特质?[多选题]*

□有国际化的内容

□有数字化的内容

□有针对我个人发展的个性化的内容

□有学校特色的内容

□无明显特质

□其他________________

7.请根据您对目前所学专业课的看法进行评价。[矩阵单选题]*

	很满意	满意	一般	不满意	很不满意
任课教师的教学方法					
任课教师的课堂管理方式					
所学课程的考核评价方式					
我对课程的整体评价					

8.任课教师中有企业的员工进行授课吗?[单选题]*

□有　□没有　□不知道

9.任课教师中有学校教师同时具有产业工作经验的吗?[单选题]*

□有　□没有　□不知道

10.您所在学校里有实习或实训场地吗?[单选题]*

□有　□没有　□不知道

11.您了解与学校有合作的企业吗?[单选题]*

□非常了解　□比较了解　□一般了解　□完全不了解

12.如果学校提供机会,您愿意去与学校合作的企业学习吗?[单选题]*

□愿意　□不愿意　□无所谓

13.(如12题选不愿意则此题出现)不愿意到与学校合作的企业实习,原因是什么? [多选题]*

□工资低

□工作时间长

□有更合适工作机会

□岗位不喜欢

□和所学的专业关系不大

□浪费时间

□其他

14.您参加过校企合作实习吗? [单选题] *

□参加过

□没参加过,但是想参加

□没参加过,但是不想参加

(如14题选择参加过则出现15–21题)

15.企业有安排专门教师指导你们实习吗? [单选题] *

□有

□没有

16.企业会对我们进行实习前的培训吗? [单选题] *

□有

□没有

17.课堂的教学内容与实际操作(实践课/实习)相吻合吗? [单选题] *

□非常吻合

□吻合

□一般

□不吻合

□完全不吻合

18.实习的结果直接影响毕业吗? [单选题] *

□影响

□一般

□不影响

19.毕业后愿意直接留在实习单位工作吗？［单选题］*

□愿意

□一般

□不愿意

20.企业有对你们实习进行考核吗？［单选题］*

□有

□没有

21.学校有对你们实习进行考核吗？［单选题］*

□有

□没有

附录5:访谈提纲(管理人员层)

CQ1 课程体系建设情况。

CQ1Aa:当前是否针对课程体系实施改进?有哪些举措?

CQ1Ab:是否设置了专业实训课程?又是如何设置的?

CQ1Ac:是否有学校特色的课程内容或方式?又是如何实施的?

CQ1Ad:高校如何理解转型政策/课程政策?

CQ1Ae:是否涉及课程国际化,有何做法?

CQ1Af:是否涉及数字化?有何做法?

CQ1Ag:是否进行可课程评价的改进?有何做法?

CQ1B:对当前课程体系改进的评价。

CQ2 实践教育和行业指导服务的情况。

CQ2Aa:高校是否曾经/正在/将要进行校企合作?

CQAa1:(CQ2Aa答是)

①对曾经/正在/将要进行的校企合作情况的评价。

②在课程方面,以何种形式或方法进行的校企合作?

CQAa2:(CQ2Aa答否)不进行校企合作的原因是什么?

CQ2Ab:是否对专业进行调整?调整/不调整的原因是什么?

CQ2Ac:是否有就业、行业指导方面的课程?又是如何进行的?

CQ2B:对当前实践教育和行业指导服务的评价。

CQ3 “双师型”教师队伍建设的情况。

CQ3Aa:高校是否进行“双师型”教师队伍的建设?

CQ3Ab:是否针对教师应用技能教学的能力进行培养?以何种方式进行培养的?

CQ3Ac:是否引进了企业教师或导师？合作的方式是什么？

CQ3B:对当前“双师型”教师队伍建设的评价。

附录6:访谈提纲(教师层)

TQ1　课程体系建设情况。

TQ1Aa:您是否了解当前高校针对课程体系实施改进?有哪些举措?

TQ1Ab:您所在的系所/教授的专业是否设置了专业实训课程?又是如何设置的?

TQ1Ac:您所在的系所/教授的专业是否有学校特色的课程内容或方式?又是如何实施的?

TQ1Ad:您所在的系所/教授的专业是否涉及课程国际化?有何做法?

TQ1Ae:您所在的系所/教授的专业是否涉及课程数字化?有何做法?

TQ1B:对当前课程体系改进的评价。

TQ2　实践教育和行业指导服务的情况。

TQ2Aa:系所/专业是否曾经/正在/将要进行校企合作?

TQ2Aa1:(TQ2Aa答是)①对曾经/正在/将要进行的校企合作情况的评价。

②在课程方面,以何种形式或方法进行的校企合作?

TQ2Aa2:(TQ2Aa答否)不进行校企合作的原因是什么?

TQ2Ab:是否对专业进行调整?调整/不调整的原因是什么?

TQ2Ac:是否有就业、行业指导方面的课程?又是如何进行的?

TQ2B:对当前实践教育和行业指导服务的评价。

TQ3　“双师型”教师队伍建设的情况。

TQ3Aa:您所在的学校是否进行“双师型”教师队伍的建设?

TQ3Ab:是否针对您及其他教师应用技能教学的能力进行培养?以何种方式进行培养的?

TQ3Ac:是否引进了企业教师或导师?合作的方式是什么?

TQ3B:对当前“双师型”教师队伍建设的评价。

参考文献

一、中文著作

[1]陈向明:《质的研究方法与社会科学研究》,教育科学出版社,2000年。

[2]褚宏启:《教育政策学》,北京师范大学出版社,2011年。

[3]戴士弘:《职业教育课程教学改革》,清华大学出版社,2007年。

[4]高有华:《高等教育课程理论新探》,江苏大学出版社,2009年。

[5]黄政杰:《课程评鉴》,师大书苑出版社,2000年。

[6]姜大源:《职业教育学研究新论》,教育科学出版社,2007年。

[7]李钢:《公共政策内容分析方法:理论与应用》,重庆大学出版社,2007年。

[8]李庆丰:《大学课程知识选择的实践逻辑研究》,北京师范大学出版社,2014年。

[9]刘国钦、伍维根、彭健伯等:《高校应用型人才培养的理论与实践》,人民出版社,2007年。

[10]钱国英、徐立清、应雄:《高等教育转型与应用型本科人才培养》,浙

江大学出版社,2007年。

[11]施良方:《课程理论:课程的基础、原理与问题》,教育科学出版社,1996年。

[12]史瑞杰:《从精英教育到大众教育——高等教育发展中的效率与公平问题研究》,高等教育出版社,2008年。

[13]孙绵涛:《教育政策论:具有中国特色的社会主义教育政策研究》,华中师范大学出版社,2002年。

[14]谭贞等:《新建本科院校转型发展模式研究》,科学出版社,2017年。

[15]王策三:《教学论稿》,人民教育出版社,2000年。

[16]王文科:《教育研究法》,五南图书出版公司,1998年。

[17]徐国庆:《职业教育课程论》,华东师范大学出版社,2015年。

[18]杨德广:《高等教育学概论(修订版)》,华东师范大学出版社,2010年。

[19]钟启泉:《课程与教学概论》,华东师范大学出版社,2004年。

二、中译文著作

[1][美]艾伦·C.奥恩斯坦、[美]费朗西斯·P.汉金斯:《课程:基础、原理和问题(第三版)》,柯森主译,江苏教育出版社,2002年。

[2][美]伯顿·克拉克:《高等教育系统——学术组织的跨国研究》,王承绪译,杭州大学出版社,1994年。

[3][美]伯尼·特里林、[美]查尔斯·菲德尔:《21世纪技能:为我们所生存的时代而学习》,洪友译,天津社会科学院出版社,2011年。

[4][美]丹尼尔·坦纳、[美]劳雷尔·坦纳:《学校课程史》,崔允漷等译,教育科学出版社,2006年。

[5][英]菲利浦·泰勒、[英]科林·理查兹:《课程研究导论》,王伟廉、高

佩译,春秋出版社,1989年。

[6][英]霍尔姆斯、[英]麦克莱恩:《比较课程论》,张文军译,教育科学出版社,2001年。

[7][美]罗斯玛丽·希普金斯、[美]蕾切尔·伯斯塔德、[美]萨利·博伊德、[美]苏·迈克道尔:《面向未来的核心素养》,高振宇译,华东师范大学出版社,2020年12月。

[8][美]玛格丽特·米德:《文化与承诺》,周晓虹、周怡译,河北人民出版社,1987年。

[9][美]伊万·伊利奇:《去学校化社会》,吴康宁译,中国轻工业出版社,2017年。

三、中文期刊

[1]柏晶:《台湾应用型高校人才培养特点及启示》,《广东技术师范学院学报》,2014年第12期。

[2]别敦荣:《普及化高等教育的基本逻辑》,《中国高教研究》,2016年第3期。

[3]蔡心心、秦一鸣、李军:《教育改进学的创建与中国探索:知识基础与学科框架》,《清华大学教育研究》,2020年第3期。

[4]曹淑江:《我国高等教育成本与学费问题研究》,《中国高教研究》,2014年第5期。

[5]曾玲晖、张翀、卢应梅、马楠:《基于卓越教学视角的大学应用型人才培养模式研究》,《高等工程教育研究》,2016年第1期。

[6]陈方红、张立青:《应用型本科教育研究的历史嬗变及述评——基于2001—2009年CNKI的统计分析》,《中国高教研究》,2010年第5期。

[7]陈锋:《关于部分普通本科高校转型发展的若干问题思考》,《中国高

等教育》,2014年第12期。

[8]陈桂生:《“课程”辨》,《课程·教材·教法》,1994年第11期。

[9]陈唤春、韩笑、李军:《教育改进学的创建与中国探索:实践与展望》,《清华大学教育研究》,2020年第4期。

[10]陈解放:《模式支撑——求解人才培养方案改革的整体性》,《中国高教研究》,2009年第10期。

[11]陈小虎、刘化君、曲华昌:《应用型人才培养模式及其定位研究》,《中国大学教学》,2004年第5期。

[12]陈小虎、杨祥:《新型应用型本科院校发展的14个基本问题》,《中国大学教学》,2013年第1期。

[13]陈小玲、汪大喹、张翠平:《地方本科院校向应用技术型大学转型发展的研究——以攀枝花学院为例》,《攀枝花学院学报》,2015年第6期。

[14]陈新民:《应用型本科的课程改革:培养目标、课程体系与教学方法》,《中国大学教学》,2011年第7期。

[15]陈星、张学敏:《依附中超越:应用型高校深化产教融合改革探索》,《清华大学教育研究》,2017年第1期。

[16]邓志辉、赵居礼、王津:《校企合作工学结合重构人才培养方案》,《中国大学教学》,2010年第4期。

[17]丁承瑞:《日本高等学校的校际联合及其借鉴》,《外国教育研究》,1990年第3期。

[18]丁建洋:《日本大学学分制变迁:外部博弈与内部调适》,《阅江学刊》,2009年第1期。

[19]范亚林:《打造特色:新建本科院校生存发展的战略选择》,《宜宾学院学报》,2011年第2期。

[20]高苛、华菊翠:《基于改进AHP法的高校创新创业教育评价》,《现代

教育管理》,2015年第4期。

[21]龚震伟:《应用型本科应重视创造性的培养》,《江南论坛》,1998年第3期。

[22]巩丽霞:《应用型高校本科教育改革的思考——基于创新创业教育与专业教育相结合的探讨》,《国家教育行政学院学报》,2011年第9期。

[23]顾明远:《高等教育与人文精神》,《高等教育研究》,2002年第1期。

[24]顾永安:《高教强省与地方本科院校发展——基于对高校分类指导的视角》,《教育发展研究》,2011年第1期。

[25]关仲和:《关于应用型人才培养模式的思考》,《中国大学教学》,2010年第6期。

[26]郭纯平:《地方本科院校提高应用型人才培养质量的相关思考》,《高教学刊》,2015年第21期。

[27]郭建如:《地方本科高校转型发展中的核心问题探析》,《黄河科技大学学报》,2017年第1期。

[28]国卉男、秦一鸣、赵华:《扩招100万:重点人群进入高职教育所面临的现实矛盾与变革路径》,《职教论坛》,2019年第7期。

[29]韩晓燕、张彦通、王伟:《高等工程教育专业认证研究综述》,《高等工程教育研究》,2006年第6期。

[30]韩延明:《创新新建本科院校管理体制探析》,《高等工程教育研究》,2009年第4期。

[31]何华清:《地方师范院校英语专业教师教育类课程设置与教学现状调查》,《中国高教研究》,2015年第1期。

[32]何艳丽、徐红:《新建地方本科高校转型发展的路径分析》,《中州大学学报》,2016年第4期。

[33]侯定凯、林似非:《关于改进高校毕业生就业率政策的思考》,《复旦

教育论坛》,2005年第1期。

[34]侯玉秀、杨勇、孟鹏涛:《大数据下高校网络教学平台的构建与运行》,《情报科学》,2016年第3期。

[35]胡瑞文:《我国大学毕业生供求形势与高等教育结构调整》,《国家教育行政学院学报》,2007年第11期。

[36]胡善风、汪茜、程静静:《地方应用型本科院校的课程考核改革探索与实践——以德国应用技术大学为例》,《国家教育行政学院学报》,2016年第1期。

[37]华小洋、蒋胜永:《应用型人才培养相关问题研究》,《高等工程教育研究》,2012年第1期。

[38]黄彬:《应用技术转型:新建本科院校的困境与选择》,《高教探索》,2015年第4期。

[39]季诚钧:《应用型人才及其分类培养的探讨》,《中国大学教学》,2006年第6期。

[40]贾东荣:《省属本科院校转型的现状、问题与对策》,《山东高等教育》,2014年第4期。

[41]姜大源:《关于"双元制"职教模式评价的国际比较》,《中国职业技术教育》,2003年第3期。

[42]姜大源:《现代职业教育与国家资格框架构建》,《中国职业技术教育》,2014年第21期。

[43]解德渤、赵光锋:《地方本科院校转型发展:理念、困境与突围》,《山东高等教育》,2015年第4期。

[44]李波:《PDCA循环理论在高校教学质量管理体系中的应用》,《现代教育科学》,2010年第5期。

[45]李桂霞、钟建珍、王立虹:《构建应用型人才培养模式的探索》,《教

育与职业》,2005年第20期。

[46]李江、刘源浩、黄萃等:《用文献计量研究重塑政策文本数据分析——政策文献计量的起源,迁移与方法创新》,《公共管理学报》,2015年第2期。

[47]李礼:《从“助学”到“培养”看我国高校研究生助教制度的转变》,《大学教育》,2020年第9期。

[48]李儒寿:《应用型本科人才培养模式改革探索——以湖北文理学院“211”人才培养模式为例》,《高等教育研究》,2012年第8期。

[49]李圣、李勇、王海燕:《基于过程的应用型人才培养质量集成管理模式研究》,《研究生教育研究》,2015年第5期。

[50]李小平:《我国大学教与学活动的片面现象反思》,《高等教育研究》,2005年第4期。

[51]李星毅、曾路平、施化吉:《基于单词相似度的文本聚类》,《计算机工程与设计》,2009年第8期。

[52]李志义:《解析工程教育专业认证的持续改进理念》,《中国高等教育》,2015年第3期。

[53]梁林梅、罗智慧、赵建民:《大学教师网络教学现状调查研究——以南京高校为对象》,《开放教育研究》,2013年第1期。

[54]林杰:《世界一流大学:构成的还是生成的?——基于系统科学地分析》,《复旦教育论坛》,2016年第2期。

[55]刘宝、李贞刚、阮伯兴:《基于工程教育专业认证的大学课堂教学模式改革》,《黑龙江高教研究》,2017年第4期。

[56]刘宝存:《洪堡大学理念述评》,《清华大学教育研究》,2002年第1期。

[57]刘国瑞、高树仁:《高等教育发展方式转变的历史逻辑与现实选

择》,《高等教育研究》,2015年第10期。

[58]刘焕阳、韩延伦:《地方本科高校应用型人才培养定位及其体系建设》,《教育研究》,2012年第12期。

[59]刘健:《新建地方本科院校转型发展路径研究》,《三明学院学报》,2014年第3期。

[60]刘启迪:《课程理论与实践创新——第六次全国课程学术研讨会综述》,《课程·教材·教法》,2008年第12期。

[61]刘彦军:《我国应用型高等教育的发展历程与展望》,《高等工程教育研究》,2018年第5期。

[62]刘钊:《"非认知"视角下本科生毕业去向和求职结果的实证研究——基于"高等理科教育(本科)改革"调查数据的分析》,《教育学术月刊》,2016年第5期。

[63]吕其庆、李乐:《大学精神,守望在民族航行的船头——专访清华大学人文学院院长胡显章教授》,《政工研究动态》,2008年第1期。

[64]马永红、陈丹:《企业参与校企合作教育动力机制研究——基于经济利益与社会责任视角》,《高教探索》,2018年第3期。

[65]马云阔、罗瑶嘉:《提高地方高水平大学本科应用型人才培养质量的策略》,《教育探索》,2018年第6期。

[66]牟延林:《普通本科高校转型进程中课程改革的思考》,《中国高教研究》,2014年第9期。

[67]潘春胜、刘聃:《职业教育"项目教学热"的理性思考》,《中国高教研究》,2011年第5期。

[68]潘懋元、董立平:《关于高等学校分类、定位、特色发展的探讨》,《教育研究》,2009年第2期。

[69]潘懋元、王琪:《从高等教育分类看我国特色型大学发展》,《中国高

等教育》,2010年第9期。

[70]潘懋元、周群英:《从高校分类的视角看应用型本科课程建设》,《中国大学教学》,2009年第3期。

[71]邱均平、邹菲:《关于内容分析法的研究》,《中国图书馆学报》,2004年第2期。

[72]王雅静、齐宁、袁海萍:《"创新导生制"的探析与实践——导生制在大学生创新活动中的应用》,《高校辅导员》,2012年第1期。

[73]王者鹤:《新建地方本科院校转型发展的困境与对策研究——基于高等教育治理现代化的视角》,《中国高教研究》,2015年第4期。

[74]魏景柱、段志雁、陈权英:《导生制——当前高校学生管理的一种新模式》,《呼兰师专学报》,2004年第1期。

[75]邢赛鹏、陶梅生:《应用技术型本科高校师资队伍体系构建研究——基于"产教融合和校企合作"的视角》,《职教论坛》,2014年第29期。

[76]熊淳、杨迪、陈筱:《日本高等职业教育的演变与发展》,《世界高等教育》,2020年第1期。

[77]徐理勤、顾建民:《应用型本科人才培养模式及其运行条件探讨》,《高教探索》,2007年第2期。

[78]许钢、俞晓峰:《基于德国"应用科学大学"教育模式探索地方性高校应用型人才培养模式——以安徽工程大学为例》,《吉林广播电视大学学报》,2020年第7期。

[79]薛玉香、王占仁:《地方高校应用型人才培养特色研究》,《高等工程教育研究》,2016年第1期。

[80]颜洽茂、金娟琴、谢桂红:《课程建设和精品课程建设项目的实践与思考》,《中国大学教学》,2004年第8期。

[81]周德俭、莫勤德:《地方普通高校应用型人才培养方案改革应注意

的问题》,《现代教育管理》,2011年第3期。

[82]周建平:《应用型本科教育课程改革亟待解决的几个问题》,《大学教育科学》,2009年第2期。

[83]周亚军、洪林:《应用型高校大学文化的偏离与矫正》,《教育探索》,2021年第3期。

[84]周宗钞、张文军:《课程理论的后现代转向》,《教育发展研究》,2004年第1期。

[85]朱安安:《同辈群体对大学生价值观影响的社会学研究》,《广东教育学院学报》,2000年第2期。

[86]朱亮:《应用型高校:塑造人文精神和工匠精神相结合的大学文化》,《高等工程教育研究》,2016年第6期。

[87]朱恬恬、舒霞玉:《我国高校创新创业教育课程建设的调研与改进》,《大学教育科学》,2021年第3期。

[88]朱永江:《新建地方院校应用型本科课程体系建构取向》,《现代教育科学》,2010年第1期。

[89]邹茹莲:《高校学生教育管理机制探究——辅导员、班主任、班导生、导师四位一体管理模式的思考》,《沈阳教育学院学报》,2007年第3期。

[90]赵海峰:《应用型本科院校的商科人才培养模式》,《高等教育研究》,2012年第4期。

[91]赵新亮、张彦通:《地方本科高校向应用技术大学转型的动力机制与战略》,《高校教育管理》,2015年第2期。

四、外文文献

[1] Bazeley P., Richards L., *The NVivo qualitative project book*, Sage, 2000.

[2]Bryk A. S., Gomez L. M., Grunow A., et al., *Learning to improve: How America's schools can get better at getting better*, Harvard Education Press, 2015.

[3]Bryk A. S., Gomez L. M., Grunow A., et al., *Learning to improve: How America's schools can get better at getting better*, Harvard Education Press, 2015.

[4]Crow R., Hinnant-Crawford B. N., *The Educational Leader's Guide to Improvement Science*, Myers Education Press, 2020.

[5]Dale B. G., Van Der Wiele T., Van Iwaarden J., *Managing quality*, John Wiley & Sons, 2007.

[6]Hall G. E., Hord S. M., *Implementing Change: Patterns, Principles, and Potholes*, Pearson, 2015.

[7] Hinnant-Crawford B. N., *Improvement Science in Education*, Myers Education Press, 2020.

[8]Hopkins D., *School Improvement for Real*, Routledge, 2003.

[9]Kooiman J., Governance and Governability: Using Complexity Dynamics and Diversity, Sage, 1993.

[10] Langley G. J., Moen R. D., Nolan K. M., et al., *The improvement guide: a practical approach to enhancing organizational performance*, John Wiley & Sons, 2009.

[11] Langley G. J., Moen R. D., Nolan K. M., et al., *The improvement guide: a practical approach to enhancing organizational performance*, John Wiley & Sons, 2009.

[12]McCarthy C., *The Wisconsin Idea*, Macmillan, 1912.

[13]Monear D. A., *Explaining stability and upheaval in state-level higher education governance: A multiple-case study analysis using advocacy coalition theory and punctuated equilibrium theory*, University of Washington, 2008.

[14]Raiffa H., Richardson J., Metcalfe D., *Negotiation Analysis: The Science and Art of Collaborative Decision Making*, Harvard University Press, 2007.

[15]Schroeder C., *Coming in from the margins: Faculty development's emerging organizational development role in institutional change*, Stylus Publishing LLC, 2012.

[16]Seeber M., *Non-university Higher Education*, Springer Netherlands, 2016.

[17]Taylor J. S., et al., eds., *Non-university higher education in Europe*, Springer Science & Business Media, 2008.

[18]Asif M., Raouf A., Setting the course for quality assurance in higher education, *Quality & Quantity*, 2013, 47(4).

[19]Brook R. H., The End of the Quality Improvement Movement: Long Live Improving Value, *Jama The Journal of the American Medical Association*, 2010, 304(16).

[20]Heckman J J, Stixrud J, Urzua S., The effects of cognitive and noncognitive abilities on labor market outcomes and social behavior, *Journal of Labor economics*, 2006, 24(3).

[21]Cohen-Vogel L., Tichnor-Wagner A., Allen D., et al., Implementing educational innovations at scale: Transforming researchers into continuous improvement scientists, *Educational Policy*, 2015, 29(1).

[22]Creemers B. P. M., Reezigt G. J., School effectiveness and school improvement: Sustaining links, *School Effectiveness and School Improvement*, 1997, 8(4).

[23]Hallinger P., Heck R. H., Exploring the journey of school improvement: Classifying and analyzing patterns of change in school improvement pro-

cesses and learning outcomes, *School Effectiveness and School Improvement*, 2011, 22(1).

[24]Henriques P. L., Matos P. V., Jerónimo H. M., et al., University or polytechnic? A fuzzy-set approach of prospective students' choice and its implications for higher education institutions' managers, *Journal of Business Research*, 2018, 89.

[25]Hill M., Hupe P., Analysing policy processes as multiple governance: accountability in social policy, *Policy & Politics*, 2006, 34(3).

[26]Houston D., TQM and higher education: A critical systems perspective on fitness for purpose, *Quality in Higher Education*, 2007, 13(1).

[27]Hyatt J. A., Restructuring Public Higher Education Governance to Succeed in a Highly Competitive Environment, *Research & Occasional Paper Series: CSHE*, 2015.

[28]Jones L. R., McCaffery J. L., Reform of the Planning, Programming, Budgeting System, and management control in the US Department of Defense: Insights from budget theory, *Public Budgeting & Finance*, 2005, 25(3).

[29]Karapetrovic S., Rajamani D., Willborn W., Quality assurance in engineering education: comparison of accreditation schemes and ISO 9001, *European Journal of Engineering Education*, 1998, 23(2).

[30]Karapetrovic S., Rajamani D., Willborn W., The University Manufacturing System: ISO 9000 and Accreditation Issues, *International Journal of Engineering Education*, 1997, 13.

[31]Knight P. T., Trowler P. R., Department-level cultures and the improvement of learning and teaching, *Studies in Higher Education*, 2000, 25(1).

[32]Korpi T., Mertens A., Training Systems and Labor Mobility: A Com-

parison between Germany and Sweden, *Scandinavian Journal of Economics*, 2010, 105(4).

[33]Langley G. J., Nolan K. M., Nolan T. W., The foundation of improvement, *Quality Progress*, 1994, 27(6).

[34]Little D., Guiding and modelling quality improvement in higher education institutions, *Quality in Higher Education*, 2015, 21(3).

[35]Lyu D., Chen C., Zhang L., et al., Expanding of social service path for application-oriented universities in China, *The Anthropologist*, 2017, 27(1-3).

[36] Macii D., Hueller M., 2016 faculty course development award: application-oriented IM teaching based on industrial electronics and instrumentation at the University of Trento, *IEEE Instrumentation & Measurement Magazine*, 2018, 21(5).

[37]Mathur R. M., Venter R. D., Quality Assurance of Engineering Education in Canada: its suitability for graduates working in global markets, *International Journal of Engineering Education*, 2000, 16(2).

[38]Moen R., Norman C., Evolution of the PDCA cycle, *Asian Network for Quality Conference (Tokyo)*, 2006.

[39]Morris A. K., Hiebert J., Creating shared instructional products: An alternative approach to improving teaching, *Educational Researcher*, 2011, 40(1).

[40]Mosher F. C., Limitations and Problems of PPBS in the States, Public Administration Review, 1969, 29(2).

[41]Overmeer T., Boersma K., Main C. J., et al., Do physical therapists change their beliefs, attitudes, knowledge, skills and behaviour after a biopsy-

chosocially orientated university course?, *Journal of Evaluation in Clinical Practice*, 2009, 15(4).

[42]Realizing the European Higher Education Area: Preamble to Communique of the Conference of Ministers Responsible for Higher Education, *European Education*, 2004, 36(3).

[43]Shewhart W. A., Statistical Method from the Viewpoint of Quality Control, *Supplement to the Journal of the Royal Statistical Society*, 1940–1941, 7(1).

[44]Shah M., Nair S., Wilson M., Quality assurance in Australian higher education: historical and future development, *Asia Pacific Education Review*, 2011, 12(3).

[45]Smith C. R., Delgado C., Developing a Model of Graduate Teaching Assistant Teacher Efficacy: How Do High and Low Teacher Efficacy Teaching Assistants Compare?, *CBE—Life Sciences Education*, 2021, 20(1).

[46]Tannock J. D. T., Burge S. E., The EPC model for quality assurance in higher education, *European Journal of Engineering Education*, 1994, 19(3).

[47]Taschner N. P., de Almeida L. G., Pose R. A., et al., Adopt a Bacterium: a professional development opportunity for teacher assistants, *FEMS Microbiology Letters*, 2020, 367(16).

[48]Vogel P. A., Vassilev G., Kruse B., et al., PDCA cyclus and morbidity and mortality conference as a basic tool for reduction of wound infection in colorectal surgery, *Zentralblatt fur Chirurgie*, 2010, 135(4).

[49]Waugh Jr W. L., Issues in university governance: More “professional” and less academic, *The Annals of the American Academy of Political and Social Science*, 2003, 585(1).

后 记

随着《教育改进:我国应用型高校课程建设研究》一书的最终定稿,我的心中涌动着无尽的感慨与深深的感激。这部书稿不仅是我个人研究心血的结晶,更汇聚了众多师长、同仁及朋友们智慧。

回顾整个研究历程,从选题的确立到资料的广泛搜集,从理论的深入探讨到实践的细致考察,每一步都充满了挑战。应用型高校课程建设是一个复杂而系统的工程,涉及教育理念、培养目标、课程体系、教学方法、师资队伍、教学资源等多个维度,而教育改进理论又是新兴概念,二者的结合更具有丰富内涵与外延,让我在研究过程中受益匪浅,也更加坚定了我为教育事业贡献力量的决心。

本书是基于我的博士论文深化而成,在转变为书稿的过程中,我尤为感激甘肃省联合国教科文组织协会书记郭伟老师的牵线搭桥,使我得以与天津人民出版社结缘,并有幸结识了我的责任编辑佐拉老师。在佐拉老师的悉心协助与宝贵建议下,本书历经打磨,日臻完善,最终得以顺利出版。

同时,作为我走上工作岗位后的首份重要学术成果,本书的形成离不开上海开放大学的全力支持,受到"上海开放大学学术专著出版基金"资助。贾炜校长对学校科研工作的深切关怀与高度重视,为我们营造了一个开放、包容且充满活力的学术环境。科研处的顾凤佳老师、陈劲良老师在本书的筹备与撰写过程中给予了不可或缺的支持与帮助。此外,作为上海市终身教育学分银行管理中心的一员,我还要特别感谢我的领导陈海建教授,他多次关心本书的进度,给予了我极大的鼓励与指导。

在撰写书稿的过程中,我得到了来自各方的无私帮助。我的导师朱益明教授以及海外访学期间的导师李军教授,为我指明了研究的方向。教育部学校规划发展建设中心以及众多高校的领导和老师提供了无私的帮助,不仅为我提供了详实的调研资料,还在百忙之中接受了我的访谈,为我的研究增添了丰富的第一手信息。此外,我还要感谢上海市教育科学研究院的国卉男副研究员,在我的科研和工作之路上,她提供了诸多宝贵的建议和支持,让我获益颇多。

而在书稿的完善过程中,我的父母、爱人和朋友成为了我最坚实的后盾。特别要感谢我的母亲张楠女士,在书稿形成的初期,她多次耐心通读全文,为我指出存在的问题,可以说是这本书得以出版的“幕后英雄”。

在书稿的修改与完善过程中,我深刻体会到了学术研究的严谨与不易。每一个观点的确立、每一句表述的斟酌,都需经过反复推敲与论证,我深知本书凝聚仍有许多不足之处,需要在未来的研究中不断修正与提升。

展望未来,我衷心希望这部书稿能为我国应用型高校课程建设提供一些有益的参考与启示。同时,我也期待更多学者与实践者能关注这一领域的发展,共同推动应用型人才培养的持续改进。我相信,在大家的共同努力下,我国高等教育必将迎来更加辉煌的明天。

秦一鸣

2024年于沪上寓所